2019 年度河北省社会科学基金文化研究项目
“河北长城沿线文化遗址保护与开发研究
（HB19WH10）”资助

长城文化遗址保护与开发利用研究

白翠玲　杨丽花　王红宝　张　启　雷　欣　著

中国财经出版传媒集团
中国财政经济出版社

图书在版编目（CIP）数据

长城文化遗址保护与开发利用研究／白翠玲等著
．—北京：中国财政经济出版社，2023.5
ISBN 978－7－5223－2161－5

Ⅰ.①长…　Ⅱ.①白…　Ⅲ.①长城－文化遗址－保护－研究－河北 ②长城－文化遗址－开发－研究－河北 ③长城－文化遗址－利用－研究－河北　Ⅳ.①K928.77

中国国家版本馆 CIP 数据核字（2023）第 068088 号

责任编辑：彭　波　　　责任印制：刘春年
封面设计：卜建辰　　　责任校对：徐艳丽

中国财政经济出版社 出版

URL：http：//www.cfeph.cn
E－mail：cfeph@cfeph.cn

社址：北京市海淀区阜成路甲 28 号　邮政编码：100142
营销中心电话：010－88191522
天猫网店：中国财政经济出版社旗舰店
网址：https：//zgczjjcbs.tmall.com
北京财经印刷厂印刷　各地新华书店经销
成品尺寸：170mm×240mm　16 开　15.25 印张　220 000 字
2023 年 5 月第 1 版　2023 年 5 月北京第 1 次印刷
定价：68.00 元
ISBN 978－7－5223－2161－5
（图书出现印装问题，本社负责调换，电话：010－88190548）
本社质量投诉电话：010－88190744
打击盗版举报热线：010－88191661　QQ：2242791300

前　言

长城，作为中华民族的精神象征，自春秋战国（公元前7世纪）至明末（公元17世纪），历经2000多年的持续营造，现为我国乃至全世界体量最大、分布最广的具有线性特征的军事防御体系遗产，是人类历史上宏伟壮丽的建筑奇迹和无与伦比的历史文化景观。1987年被联合国教科文组织世界遗产委员会认定符合世界遗产的第1条、第2条、第3条、第4条和第6条标准，具有突出普遍价值，批准列入《世界遗产名录》，成为我国首批世界文化遗产。

长城不是简单的一道墙体，其修建经历了从简单到复杂的发展过程。长城的产生起源于春秋战国时期诸侯国间的大规模兼并战争，因相互防御而修建。战国时期，秦、赵、燕三个诸侯国建起防御匈奴等游牧势力的长城，开始了农耕民族对游牧民族的防御。历经2000多年不断的修造和扩建，从起初片段的墙体到连续性墙体，到明代演变成为由烽火台、墙壕、营堡、交通供给线等组成纵深立体的军事防御体系。抗日战争期间，1933年我国军民在东起山海关西至八达岭明长城一线的义院口、冷口、喜峰口、古北口、南口长城等战略要冲之地英勇抗击侵华日军。这是"九一八"事变以后，我国军队在华北地区进行的第一次大规模抗战（史称"长城抗战"）。长城抗战极大地激发了全民族的爱国主义精神和抵御外敌、视死如归的民族精神。自此，长城成为中华民族的精神象征。1935年9月，毛泽东同志等率领陕甘支队进入甘肃，在榜罗镇召开中央政治局常委会议；会后，红军以"不到长城非好汉"的英雄气概，越过长征路上最后一座高山——六盘山，抵达陕北，红军长征期间，在长城沿线留下了大量战斗足迹和英勇事迹。长城是红军长征伟大胜利和伟大长征精神的重要见证。

河北省长城现存的战国、汉、北魏、北齐、唐、金、明代等不同时期长城，总长度2498.54千米。长城资源比例占全国11.79%，资源认定总量居全国第二位。其中，涉及秦皇岛、唐山、承德、张家口、保定、廊坊、石家庄、邢台、邯郸等9个设区市及雄安新区共59个县（市、区）。河北省长城沿线文化资源得天独厚，重点包括长城遗址遗迹等物质文化遗产以及相关非物质文化遗产资源。其中世界文化遗产5项，国家历史文化名城3座，国家历史文化名镇6座，国家历史文化名村31个，长城古村落300多个，全国重点文物保护单位84处，国家级、省级非物质文化遗产270项。河北省长城是长城抗战的主要阵地和我党我军的主要抗日根据地，沿线重要机构旧址、重要人物旧居、重要事件发生地等革命文化资源丰富。河北省长城所在的燕山、太行山区是“两山理论”的践行地，沿线生态文明建设、文化建设等取得历史性成就，孕育了伟大的塞罕坝精神、李保国精神，形成一批社会主义先进文化的传承展示场所。河北长城高低盘旋于崇山峻岭，地貌景观类型丰富，组合度高，景观壮美，与周围环境和谐统一。河北省长城是旅游开发利用较多的一段，已形成了国家5A级旅游景区2家、国家4A级旅游景区5家、国家3A级旅游景区6家。山海关、金山岭长城已成为长城旅游的重要标志，在推动地方经济社会发展中发挥了积极作用。

新中国成立以来，国家和河北省都高度重视长城文化保护传承利用工作。长城保护工作从20世纪50年代起，1952年，中国政府组织开展了居庸关、八达岭和山海关的长城维修工程，这是新中国第一批长城保护维修工程。河北省的长城保护维修就是从这个时期山海关镇东楼维护工程开始的。1984年，邓小平同志号召“爱我中华，修我长城”，推动了长城保护工作全面开展，掀起了全社会关注、参与保护长城的热潮。河北省长城保护工作在秦皇岛、唐山、承德、保定、石家庄、邯郸、张家口等市逐步展开。2006年，《长城保护条例》的正式出台，具有里程碑式的意义，是长城保护史上的转折点。河北省长城保护的法律体系也逐步健全。2016年12

月，省政府常务会通过《河北省长城保护办法》，秦皇岛等市也陆续出台《秦皇岛市长城保护条例》。2017 年，在《国家“十三五”时期文化发展改革规划纲要》中明确提出，我国将依托长城、大运河等重大历史文化遗产，规划建设一批国家文化公园，形成中华文化的重要标识。2019 年 7 月，中央深改委第九次会议审议通过《长城、大运河、长征国家文化公园建设方案》，河北省被确定为长城国家文化公园重点建设区。2019 年 8 月，习近平总书记在视察嘉峪关时强调：“当今世界，人们提起中国，就会想起万里长城；提起中华文明，也会想起万里长城。长城、长江、黄河等都是中华民族的重要象征，是中华民族精神的重要标志。我们一定要重视历史文化保护传承，保护好中华民族精神生生不息的根脉。长城凝聚了中华民族自强不息的奋斗精神和众志成城、坚韧不屈的爱国情怀，已经成为中华民族的代表性符号和中华文明的重要象征。要做好长城文化价值挖掘和文物遗产传承保护工作，弘扬民族精神，为实现中华民族伟大复兴的中国梦凝聚起磅礴力量”。2021 年 3 月，河北省出台《河北省长城保护条例》，同年 6 月 1 日起施行。

面对新形势、新要求，河北省长城文化遗址的保护与利用在取得成绩的基础上，还面临诸多挑战：一是部分地段长城文物安全形势依然严峻，保护管理力量薄弱，保护抢险任务紧迫；二是长城沿线生态环境脆弱，经济发展相对滞后，保护和发展矛盾较为突出；三是长城保护和开发利用割裂，长城文物和文化资源合理利用不足、传播传承不够，让文物活起来的方法途径亟待创新，文旅融合有待加强；四是点状发展格局明显，廊道化整体开发成为当务之急；五是燕山地区高度集中，两山区域协调发展不足；六是原状供给的文化产品比重大，长城特有的文化产品体系尚未成型；七是主客共享的公共服务设施不完善，长城公共文化空间还需提升；八是行政区划边界地带长城管理矛盾突出，治理能力和治理水平尚需提升。长城沿线的文化遗产保护和经济发展是目前的重要任务。

笔者多年来一直在从事长城文化遗址保护与开发利用方面的研究。本书按照“长城文化遗址保护研究—长城文化遗址开发利用研究—长城文化遗址保护与开发利用效果评价—长城国家文化公园管理体制与建设路径研究”的思路展开。首先，在系统调研河北省长城沿线文化遗址资源的基础上，从长城文化遗址保护、非物质文化遗产保护两个维度阐释长城沿线文化遗址保护现状；其次，从展示体系、文旅融合、活化利用等三个方面对长城文化遗产保护与开发利用的主要方式进行深度剖析；再次，从经济价值和文化价值两个层面，创新性地对长城文化遗址保护与开发利用典型区域的绩效和文化体验价值进行评价研究；最后，结合河北省长城国家文化公园的建设实践，探索其管理体制，提出长城国家文化公园建设的路径选择，具有一定的新颖性和指导性。

本书认为河北省长城沿线文化遗产数量众多，文化资源价值高，但长城遗址存在分布不连续性，在地理空间分布和历史演变上存在明显的差异性。河北省长城基本上沿着燕山—太行山分布，整体上呈现“厂”字型带状分布。从文化遗产资源和开发利用情况来看，燕山区域好于太行山区域。从时间和保存程度来看，早期长城远远弱于明长城。河北省长城保护经历了早期探索保护阶段、全面保护展开阶段、保护法制化阶段和长城国家文化公园建设阶段，修缮保护区域上从秦皇岛、承德扩展到张家口、承德和唐山，由燕山到太行山，一直延续至今。因受自然因素、人文因素和管理因素的影响，河北省早期长城损毁十分严重，长城沿线生态环境脆弱，并因人类活动破坏，大多呈现出遗址保存不连续的状态；明长城，因距离年代近，成为保存程度最好的长城。

经过多年修缮保护和开发利用，河北省基本上形成了以景区、博物馆、展览馆为载体的物质文化遗产展示，以传统节庆或艺术表演为载体的非物质文化遗产展示，以古村落、历史街区和城镇为载体的综合展示，以技术手段和主题空间为载体的创造性展示等长城文化展示体系。

河北省长城文化解说系统形成了以向导式解说和自导式解说为主，居民展示为辅的解说系统。河北省长城在重要节点上的展示体系具有较好的和谐性和可达性，但从整个线性区域来看，存在空间上的不平衡，燕山区域好于太行山区域，外长城强于内长城。河北省长城沿线非物质文化遗产类型齐全，分布广泛，特色鲜明，具有空间小集聚特征，总体呈现出中北部多、南部少的格局。从全国范围来看，河北省非物质文化遗产在申报、传承人或资金方面工作突出。但也存在缺乏整体性保护，产业化和文旅融合程度不高，长城文化内涵阐释不足，资源的集聚性强但跨区域整合难度大等问题。

河北省长城沿线自然系统条件较差，生态脆弱，经济欠发达，人口密度较低。长城文化旅游产品供给体系日益完善，基本形成了资源驱动下的渗透融合模式、产品驱动下的重组融合模式和市场驱动下的延伸型融合模式。研究发现，河北省长城文旅融合经历了“严重失调—濒临失调—勉强协调—轻度协调”的发展历程，融合度越来越高。基于 DEA 模型和 Malmquist 指数模型对长城文化遗址利用典型区域的绩效进行静态和动态分析发现，一半以上的区域综合效率有效，综合绩效水平呈现明显改善的趋势。利用 SPSS 21.0 软件和 IPA 分析方法对长城文化体验价值维度进行研究可知，功能性价值中交通体验、感知性价值中环境体验、情感性价值中景观游览体验和服务体验、探知性价值中成本体验（时间成本和体力精力成本）等体验度较高；而餐饮、住宿、购物、产品体验、成本体验（金钱成本）和文化体验等体验度较低。

作为长城国家文化公园重点建设区，河北省肩负着引领和示范全国其他省长城国家文化公园建设的重担。本书结合河北省发展实际，深度剖析河北省长城国家文化公园管理体制构建在土地难以统筹管理、居民建设意愿不强、资金短缺、权责不清、功能区管理缺乏政策指引等方面障碍，提出长城国家文化公园管理体制的建设对策。系统分析河北省长城国家文化公园在管理体制机制、保护规划、法律法规保障体系、产品体系建设、长城风景道建设、长城标识系统构建、长城数字产品创新、研究发掘成果等方面实践的基础上，总结了河北省建设长城国家文化公园经验。在长城国家文化公园（河北段）的四类立体功能区五大工程的引领下，树立长城沿线整体性治理理念，以打造中华文化重要标志、传承弘扬长城精神为目标，最终构建起以长城保护为前提，融“文化遗址保护 + 文化遗址活化展示 +

文旅供给体系＋公共文旅空间服务体系”于一体，“三区一点（遗址点（段）＋园区＋社区＋文旅融合区）”的保护与开发创新发展路径。

本书致力于为河北省长城沿线遗址保护和开发利用提供借鉴，也积极向政府有关部门提出合理化建议。本书是基于作者多年研究的思考，仅供读者参考，与读者交流学习，以期为长城国家文化公园建设贡献力量。

作者

2023 年 1 月

目录

第1章　研究综述

近年来，关于长城文化遗址保护与开发方面的研究受到了越来越多的关注，经济的不断发展与需求的多样化使长城文化保护与开发利用呈现出了不同的形式，且其文化遗址的保护与开发在区域发展过程中的重要性越来越大。借助文献计量学软件 Cite Space 的知识图谱绘制功能，对 1989 ~ 2022 年有关长城和保护与开发的文献的作者、研究热点、演进趋势进行可视化分析。

1.1　研究概况

1.1.1　研究方法

研究采用 Cite Space 软件通过文献引文、被引文的关系，挖掘知识聚类及分布，分析作者、机构、关键词等并绘制知识图谱，分析该领域的演进过程。

1.1.2　数据来源

以长城沿线文化遗址保护与开发相关文献为研究对象，国内文献来源于中国知网（CNKI），以长城、保护、开发为检索词进行文献检索，来源类别以期刊文献为主，共检索获得期刊文献 367 篇，筛选后得到 326 篇；国外文献选择 Web of Science 核心合集，检索关键词“Cultural heritage site”“Protect”“Exploit”，获得文献 1109 篇，筛选后得到 887 篇。

如图 1.1 所示，通过文献年度数量变化，国内外的文献发表呈现出相同的趋势，大致可以分为四个阶段：（1）1986～1999 年，该阶段研究刚起步，国内外发文量都很少，呈现低水平波动状态；（2）2000～2007 年，发文量呈现波动增长趋势，国内研究文献数量高于国外，尤其是随着 2006 年 12 月《长城保护条例》的实施，学者们基于此方面的研究成为热点；（3）2008～2016 年，国内发文量比较稳定，国外发文量从 2014 年开始呈现倍增态势；（4）2017 年至今，国内外文献发文量均在 2020 年出现下降，国外发文量远超国内。从国内发文量来看，人们对于长城文化遗址保护与开发利用的关注度越来越高。

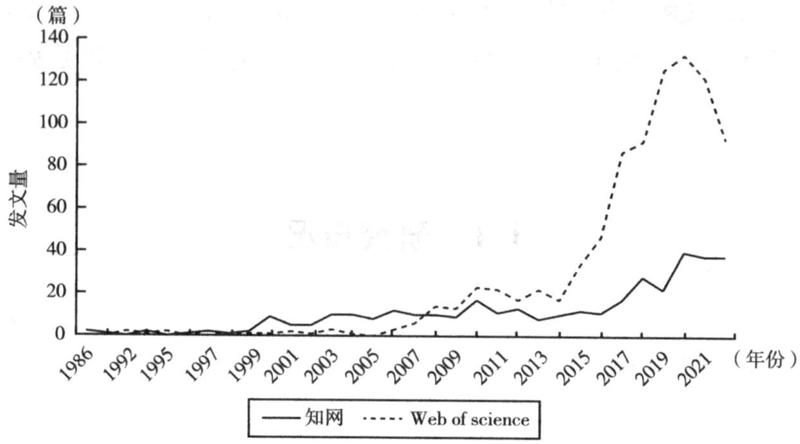

图 1.1　文献数量年度变化

资料来源：作者自绘。

1.1.3　研究作者分析

核心作者对学科研究发展具有引领导向作用。研究热度较大的领域会出现多个不同作者；研究方向较新的，作者较少，也说明该研究有更多发展价值。研究采用 Cite Space 软件挖掘知识聚类及分布，以作者为节点绘制可视化图谱。

对国外学者进行分析，如图 1.2 所示，其中得到关键节点 435 个（N =

435)，关键路径 193 条（E－193）。作者数量较多，以 LOPEZ－GUZMAN T、PEREZ GALVEZ J、ABABNEH 等为代表的研究者比较突出，在期刊文献作者图中排名靠前，各群体相对独立，但群体内连线紧密，说明群体内合作关系较强。

图 1.2　国外作者合作分布

对国内学者进行分析，如图 1.3 所示，得到关键节点 366 个（N＝366)，关键路径 261 条（E＝261）。其中，以独立身份开展工作的作者以董耀会（2020）、刘媛（2013）、孔繁德（2006，2002）为代表，以合作身份开展工作的作者以李新静、白洋、艾克拜尔・尼牙孜、路雯、谭李娜（白洋等）、白翠玲（白翠玲等，2021；杨丽花等，2017）等学者为代表。虽然专注于长城沿线文化遗址保护与开发利用研究方向的作者数量整体上较多，但他们之间连接强度并不大，中心度值基本都显示为 0.00，学者之间的合作仍然较少。

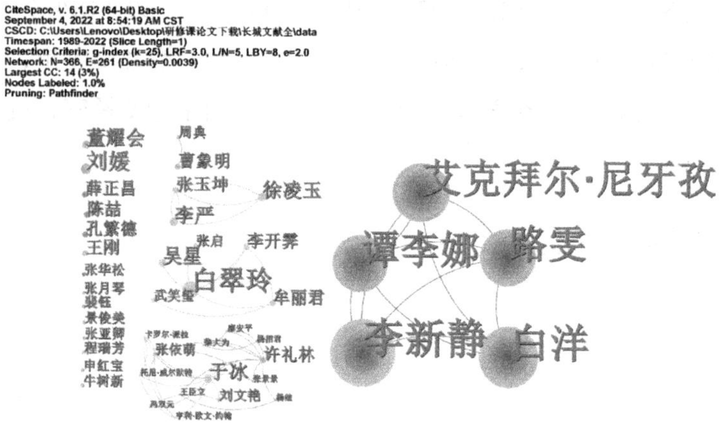

图 1.3　国内作者合作分布

1.1.4　研究机构分析

对研究机构分布进行分析，可以了解各个机构之间存在的合作关系及该领域的研究水平分布。利用 Cite Space 对发文机构进行分析可以得到机构发文网络图，如图 1.4 和图 1.5 所示，基于此网络分析得出该研究内容在不同研究机构的分布情况。

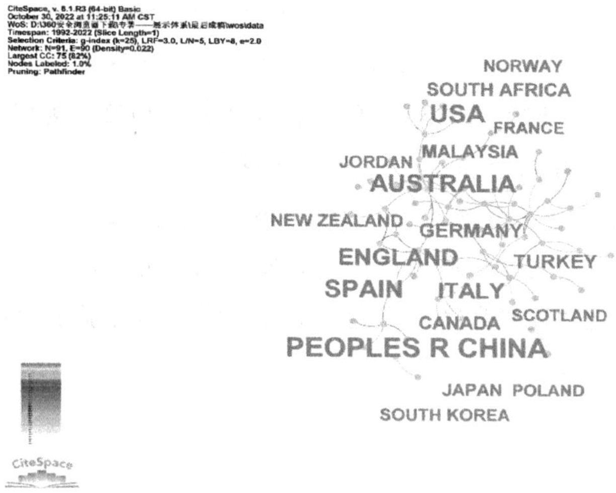

图 1.4　国外国家合作分布

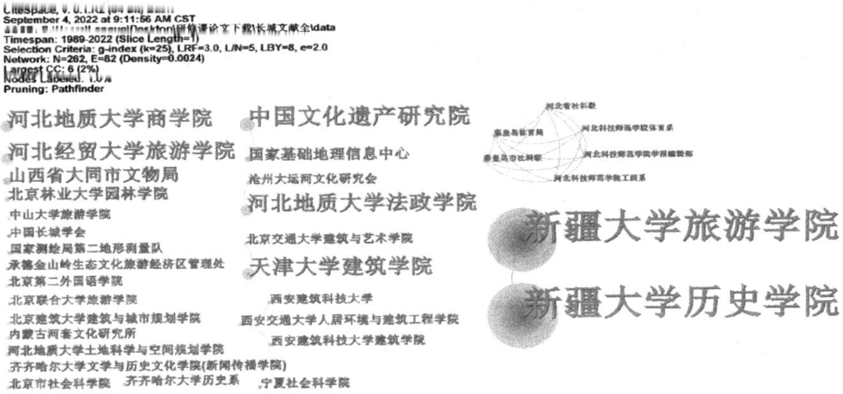

图 1.5　国内机构合作分布

从国外文献的国家分布来看，有 91 个国家，合作国家有 90 组，可见整体上外文文献的合作国家数量多，亚洲、欧洲和美洲国家之间的交流合作较强，联系较为紧密。其中，亚洲有中国、日本、韩国、土耳其、马来西亚等国家，欧洲有法国、英国、挪威、西班牙、德国和意大利等国家，美洲有美国、加拿大等国家，还有澳大利亚等国家，很多国家的发文量逐渐增多。

从国内来看，国内文献有 262 个机构，存在 85 条连边，可见整体上在文化遗址保护与开发的研究中机构的数量较多，且以高校为主。其中，独立研究的机构主要以河北地质大学商学院（白翠玲等，2020）、河北经贸大学旅游学院（程瑞芳等，2022）、山西省大同市文物局（刘媛，2013）、北京林业大学园林学院（冯潇等，2019）为代表，合作较密切的机构主要以新疆大学旅游学院、新疆大学历史学院（白洋等）、中国文化遗产研究院、天津大学建筑学院（徐凌玉等，2019）为代表，这些机构在研究领域做了大量的科研工作，也取得了一定的学术成果。但是大部分机构之间的联系较为疏散，不利于科研工作的展开。

1.1.5　研究热点分析

关键词是文献的核心思想，能直观准确地反映其主题及描述该领域的研究范围及热点。每一篇期刊文献中关键词的数量通常是 3 ~ 5 个，如果某一关键词出现次数较多，往往可以看出整体研究领域的热点。同时，通过关键词也有助于观察出未来有关的研究趋势与走向。

（1）国外研究热点分析。

以关键词为节点进行研究，得到关键词 482 个、连线 923 条，根据关键词出现频次排序，出现频次较高的关键词为 cultural heritage（192 次）、tourism（120 次）、world heritage（93 次）、world heritage site（89 次），management（80 次）、conservation（65 次），节点和连线数量都非常大，说明国外对于文化遗址的保护与利用期刊文献之间联系非常密切。

为深入了解关键词之间的关系，对其进行 LLR 算法聚类，由分析结果显示共有 47 个聚类，为聚焦研究热点，选择聚类最大的 8 个进行呈现，如表 1.1 所示。各聚类轮廓值 > 0.7，其聚类同质性结果好且聚类间联系紧密。

表 1.1　高频关键词聚类

聚类号及标签	规模值	轮廓值	平均年份	子聚类（前三个）
#0 satisfaction	43	0.930	2016	satisfaction; cultural heritage site; perceived sustainability
#1 cultural tourism	39	0.805	2011	cultural tourism; sense of place; world heritage site
#2 heritage tourism	37	0.803	2010	heritage tourism; world heritage; community participation
#3 tourism development	33	0.913	2011	tourism development; wastelands; empire
#4 natural environment	29	0.844	2010	natural environment; geothermal energy; hydropower
#5 sustainable development	25	0.853	2016	sustainable development; heritage management; stakeholder collaboration
#6 heritage value	24	0.932	2018	heritage value; adaptive reuse; tourism management
#7 social value	24	0.942	2008	social value; altamira world heritage site; economic benefits

（2）国内研究热点分析。

以关键词为节点绘制可视化图谱，得到国内文献关键词 399 个、连线 662 条，根据关键词出现频次排序，出现频次较高的关键词为长城（55 次）、旅游开发（49 次）、发展模式（35 次）、保护（26 次）、万里长城（15 次）、长城文化（13 次）、开发（13 次），节点和连线数量都较大，说明对于文化遗址保护与开发期刊文献之间联系非常密切。

同时，为深入了解关键词之间的关系，对其进行 LLR 算法聚类，关键词聚类图中 Q 值代表图谱的信息模块性，描绘聚类图内部连线的密集程度，内部连线越多，Q 值越大，聚类效果越好，当 $Q>0.3$ 时，便可以认为聚类模型模块性是显著的。聚类出的模块用 S 值表示图谱的轮廓系数，当 $S>0.7$ 时，认为聚类是高效且可信的。本书的国内聚类数据结果 Q 值为 0.7651，S 值为 0.9238，因此本书的聚类结果是十分有效并且可靠的。由可视化图谱及各聚类高频关键词分析结果显示共有 74 聚类，为聚焦研究热点，选择聚类最大的 8 个进行呈现，如表 1.2 所示。各聚类轮廓值 >0.8，其聚类一致性高，同质性结果好；各聚类重叠交错，聚类间联系紧密。

表 1.2　　高频关键词聚类

聚类号及标签	规模值	轮廓值	平均年份	子聚类（前三个）
#0 长城	49	0.933	2015	长城、长城文化、中国
#1 万里长城	42	0.95	2007	万里长城、文化旅游、长城保护
#2 保护	39	0.895	2011	保护、齐长城、旅游开发
#3 明长城	36	0.922	2014	明长城、文化遗产、田野调查
#4 旅游业	34	0.895	2008	旅游产业、协同发展、开发与保护
#5 旅游开发	27	0.841	2008	旅游开发、适宜性评价、发展模式
#6 文物局	12	0.991	2010	文物局、古代建筑、文物古迹
#7 生态环境	11	0.986	2002	生态环境、长城沿线、治理措施

1.2 国内外研究阶段

根据国内外研究文献内容划分研究阶段。

（1）国外研究阶段。

研究发现国外关于文化遗址保护与开发的相关研究主要经历了 3 个阶段。

第一阶段（1989～2009 年），这个阶段对于文化遗址的研究成果较少，主要是对于不同历史遗迹现状的分析。WHS（World Heritage Site）是联合国教科文组织和世界遗产委员会认定的人类稀有和不可替代的瑰宝，是具有普遍价值和自然价值的文化遗产地和自然景观，对全人类的今世后代具有共同的重要性。联合国教科文组织发布的《世界遗产名录》将世界遗产名录分为三大类：文化遗址（包括文化景观）、自然遗址和文化与自然混合遗址。学者们基于此，对不同国家不同文化遗址进行了研究。

第二阶段（2009～2016 年），这个阶段对于文化遗址的研究开始集中于需求、各部门协作保护、以旅游促文化遗址的保护与发展、考古旅游、保护文化遗址的真实性（客观真实性、建设性真实性和存在真实性）、相关文化遗址的政策、法律的保护等。在这个阶段研究者发现旅游利用和文化遗址保护不可避免地交织在一起，两者之间存在共生关系。同时研究表明，政府可持续管理战略的制定、社区居民参与旅游发展的认知和态度、目的地的空间演变、生态旅游中的低碳环保措施和社区生计多样化为影响文化遗址可持续旅游的因素。

第三阶段（2016 年至今），这个阶段研究热点开始转向了文化遗址保护、开发与城镇化发展关系研究，2016 年通过的《新城市议程》（NUA）强调了物质和非物质遗产在加强社会参与和公民行使方面的作用，该议程还呼吁通过促进文化和创意产业、可持续旅游、表演艺术和文化遗址保护活动等来维持和支持城市经济。同时增强文化遗产品牌的优势来促进其保护与开发，也更加注重文化遗址的保护与开发活动带来的社会效益。随着技术的不断进步，3D技术、地理信息技术、遥感（RS）、增强现实（AR）和混合现实（MR）逐渐应用于文化遗址的管理和保护。

（2）国内研究阶段。

目前国内学者们在长城沿线文化遗址的保护与开发方面的研究主要集中在长城文化遗址本体的数量、保存规模、类别等特征进行整合与梳理（李娜，2022；何军海，2020；彭菲等，2019），并从历史、生态自然环境、土地利用情况、人口密度等方面分析背景环境（王静丽，2022；宋蒙，2022；吴星，2021），并深入其遗址保护与开发现状研究，在此基础上结合国家发展战略提出相应的措施（张璐，2017；黄志强，2016；田蓁等，2021），如图1.6所示。

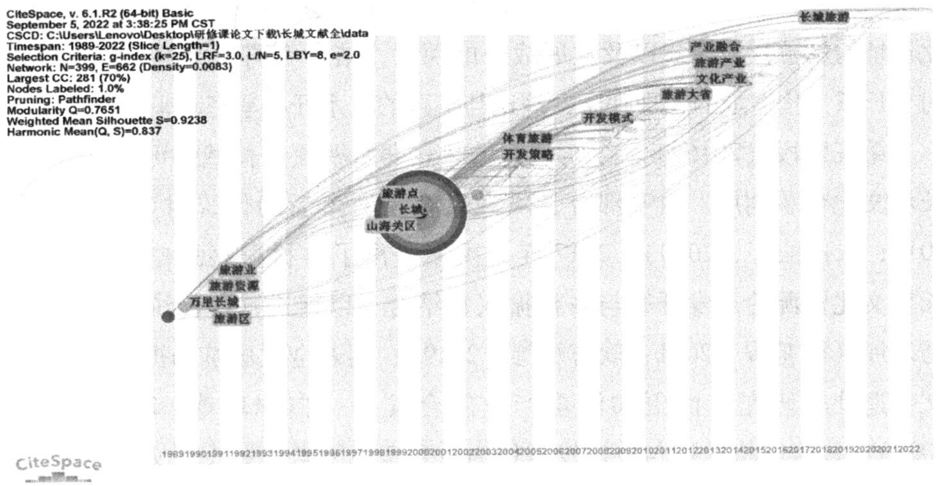

图1.6 时间演变可视化图谱示意图

研究发现长城沿线文化遗址保护与开发研究主要经历了3个阶段。

第一个阶段（1989～2000年）为长城文化遗址保护与资源梳理阶段，在这个阶段，学者们的研究热点聚焦于长城的保护、长城本体资源的梳理、长城文化资源开发设想、景区建设的看法、基于经济学角度提出相关长城学的基本理论问题以及如何科学地保护相关文物古迹初探等，主要目的是为开发长城文化资源进行理论建设（张殿仁，1998；李鸿宾，1994；田景惠，1997）。该阶段研究较为笼统，主要从宏观层面进行研究，针对长城文化资源在开发利用中可能存在障碍提出发展建议。在研究中，对新疆区域的长城关注度较高，主要是把长城文化遗址作为旅游资源进行保护与规划的初探，并为其提供理论支持（耀平等，2000）。

第二个阶段（2001 ~ 2015 年）为长城文化遗址保护与开发利用模式的探索阶段，研究角度从宏观层面转向了微观层面，从典型的长城文化遗产的案例出发，将研究对象从新疆转移到长城沿线的各个区域，如山海关区、宁夏、甘肃等，同时也深入长城在不同历史阶段的发展，如齐长城、明长城等（郭爱民等，2009；周志建等，2008；屈维英等，2003）进行探索；同时也有学者开始考虑长城与周边环境的紧密依存关系，从聚居环境的规划与整治、住宅设计、建筑节能、保护传统乡土风貌和建筑技术服务体系等多方面统一筹划、协调开展（陈喆等，2005）；研究主要集中于不同地域长城文化遗址的旅游开发模式以及发展战略的探索，结合不同的保护与开发模式，树立长城文化遗址的治理理念，理论与实践的联系开始紧密起来。

第三阶段（2016 年至今）研究的热点开始聚焦于长城的可持续发展与长城文化传承利用。由于部分长城散落在相对落后的传统村落（康建国，2019；朱荔丽等，2020），2017 年，国家提出了乡村振兴战略，因此对于长城文化资源的开发开始与乡村振兴相结合，以促进这些传统村落的传承与发展（陈基香，2021；耿娜娜等，2019）；随着全域旅游的提出，在长城文化遗址的研究方面更加注重产业融合发展（白翠玲等，2017；邵波，2022），该阶段将保护与协调发展作为重要考虑因素发展长城文化旅游，通过深挖长城文化内涵，以长城沿线文化精神和文化宣传教育为目标，最终构建起长城文化遗址保护与开发创新发展路径，并相应地结合政策规制、技术创新等进行长城文化遗址的保护与开发工作；国家对长城文化遗产的重视程度日益提高，但是长城文化遗址在开发过程中暴露出来的问题也越发突出，对于文化遗址的保护从而促进相关文化遗址可持续发展成为重点（董巧霞，2019）；我国国家文化公园建设保护取得进展，但也存在文化保护传承利用与区域经济社会发展互动不足等难题，不同学者基于长城资源提出通过科学规划整体保护、统一管理合理开发、挖掘长城文化内涵、吸纳本地居民参与、设计长城研学产品、重现长城文化记忆等方式提出了长城国家文化公园建设的框架和思路（黄耀全，2020；霍菲菲，2022）。这个阶段为长城文化遗址的保护与开发利用提供了更多的理论支撑与实践参考。

1.3 国内外研究现状

1.3.1 国外研究现状

目前，国外专门针对长城文化遗址资源保护与开发方面的研究稀少。文献大多是对相关文化遗产的研究。16 世纪欧洲就产生了遗址保护的概念，到如今已形成了较为成熟的遗址保护与发展模式。第二次世界大战后，遗址保护工作迅速发展，遗址保护的概念初步形成。

国外关于文化遗产保护与开发的相关研究起步较早，相关的文章和著作也很多。例如，《保护文化遗产：国家立法与国际远景展望》探讨了文化遗产保护的政策与立法；《文化旅游——旅游与文化遗产管理的合作》《游客管理——遗产景区案例研究》等则重点研究了文化遗产的规划与管理；有学者对遗产地的可持续发展进行了分析总结，认为遗产地旅游应该制定相应的规划及政策保障可持续发展，消除开发的负面影响，同时指出通过教育与调节的方法来实现可持续发展（Anne Drost，1996）。有学者对旅游者和本地人进行了问卷调查，总结了新加坡城市文化遗产保护的计划和措施，并提出为保护工作的“博物馆化”并不能真正保护当地的遗产（Teo Peggy，1995）。有研究具体探讨了文化遗产旅游对城镇经济发展和城镇空间拓展的影响（Chang et al. ，1996）。英国的学者提出遗产旅游的核心是认知，游客的行为研究对文化遗产地的管理有很重要的意义（Yaniv Poria，2003）。部分学者积极探索文化遗产和可持续发展之间的关系，有研究指出一定要对文化遗产进行保护和有效利用，坚持可持续发展的原则（Feeney，2017）。有学者指出文化遗产是重要的旅游资源，在城市化不断加速的背景下，加强文化遗产建设，与旅游产业相结合，可以促进区域经济快速发展（Lim，2011）。文化遗产是不同的民族与国家自身所特有的历史性遗产，其保护理念必然受到各民族自身所特有的文化传统的影响。关于文化遗址保护与利用，各个国家、各地区有所区别。

（1）欧洲国家文化遗址保护与开发现状。

严格追求保护的真实性和完整性的文化遗址保护与开发理念以欧洲为代表，如古希腊、土耳其这两个国家有一个共同的特点就是文明起源早、文明历史长、拥有丰富的人类文化遗产，两国为保护这些文化遗产均投入了巨大的人力、物力和财力。无论是古希腊的迈锡尼遗址、举世闻名的雅典卫城、被誉为“欧洲文化之都”的塞萨洛尼基，还是土耳其艾菲斯古城遗址、地下水宫，两国政府都采取了具体的保护措施，以保护这些古城和遗址的完整性和真实性，使这些长达几千年、短则几百年的不可移动文物得到妥善保护（Perperidou et al.，2021）。意大利政府在20世纪就形成了较系统的保护古迹、遗址的法律，又颁布了古城区保护新管理办法，政府强调对城市的整体保护（Mattone，2016）。当今的罗马古城没有高架桥、高速公路，主要依靠地铁来体现城市的原貌（Eriksson，2018）。法国政府在文化遗址开发保护中的积极作为有效影响了民众的保护意识，政府划定了历史文化遗产保护区，并经由文化遗产局和各地的专门机构依法调查、监督文化遗产的现状和维护情况，形成了全民保护遗址的局面（Rossler，2006）。以欧洲为代表强调保护遗址的真实性和完整性的文物保护倾向在世界范围的遗产保护领域具有主导性的作用。

（2）亚洲国家文化遗址保护与开发现状。

以日本为代表的“遗址公园”保护理念追求的是可观赏性，并以同样的立场强调了对遗存环境的重视。因此，在日本的大遗址展示方面，注重使用复原设计和“重建”手段“再现”历史场景，通过将文化遗址开发形成动态、开放的展示区，营建“活的文化”的博物馆，高度契合文化遗产整体保护理念，得到了世界各国的认同（Horowitz，2008）。具有代表性的实例有“国立飞鸟历史公园”和“国立吉野历史公园”。日本也通过立法规范保护非物质文化遗产，并将文化遗址交由文化厅委托各部、道、县的教育委员会进行保护和管理，实现了教育与保护的充分互动（Miyagawa et al.，2020）。日本的文化遗产保护理念在东亚具有一定的影响。韩国在文化遗址开发保护方面的重要特点是政府主导、市场化运作相结合的手段，以旅游开发的方式使民众能够近距离感受文化遗址的精神传承和思想影响，广泛的宣传和规模化的市场运作扩大了文化遗址开发和保护的效果，但过度的商业化行为使其文化遗址逐渐失去了其传统文化内涵，这已引起韩国学者的关注（Chen et al.，2020）。

（3）美洲国家文化遗址保护与开发现状。

以美国为代表的保护理念主要以实用为主（Barba et al.，2021）。美国虽然只有 200 多年历史，但美国政府及人民对历史文化遗产却有着异常虔诚的态度和相对完善的措施，以其健全的文化遗产保护法令和专门的文化遗址保护专家委员会结合实现制度与机构条件保障，进而由政府主导实施开放式文化遗址保护教育，鼓励开展各类文化传统和文化精神传承活动，很好地协调了现代文明进程与历史文化传承的关系（Macdonald and King，2018）。同时，美国以建设文化主题公园来保护文化遗址的方式取得了良好效果，通过依托文化遗址特征进行创新性开发，使文化遗址展示与文化情景体验融为一体，并形成了主题文化的系列活动，实现了民众与游客对文化遗址承载文化内涵的近距离感受（Chhatre，2017）。

1.3.2　国内研究现状

长城是中华民族历史文明发展的见证，也是国家的文化象征符号（裴钰，2010）。对长城的调查研究起始较早，早在 1979 年起学者们就通过长城田野调查，取得了长城研究的初步成果，2016 年发布了《长城保护报告》，报告中展示了过往的研究成果，但整体来看，现有的研究仍严重不足。通过文献梳理发现，目前针对长城沿线文化遗址的保护与开发的研究主题主要从长城保护与管理、资源开发与利用、遗址展示与规划、文化、产业与旅游融合、价值获取与体验、开发路径与模式、国家文化公园建设与规划等进行分析。

（1）长城文化遗址保护与研究。

对于长城的保护与研究，从历史的角度出发，审视长城所反映的中国长城学的独特内涵，并从文化遗产保护、文化旅游开发、长城国家文化公园等角度进行长城文化资源的整合利用与开发研究（郐东璠等，2008）。在“保护为主、抢救第一”的文物工作方针指引下，长城的保护与管理工作逐渐完善。除了进一步做好长城测绘、长城科学记录档案的工作外，不同的部门、团体和个人都对长城进行过全面、系统的考察，并且成果卓著。有些学者对某一地段、某一历史时期长城的实地专题调查（詹秦川等，2015；丛安琪，2010；张凌，2009），取得一些重大性研究进展，汇总、整理收集长城资料和数据，出版并发行了《中国长城遗迹调查报告文集》《中国文物地图集》《长城百科全书》《中国长城资源调查工作文集》以及《中国长城志》等大型综合性长城调查、研究著作，实践与理论相结合的研究为长城文化研究打下了坚实的基础；纵观物质文化遗产的保护发展历程，经历了从“静态”到“动态”的转变（陈鹏，2015）。从仅关注长城遗址物质本身的静态保护到关注遗址与外延环境整体协调发展的动态保护，发展至关注长城文化遗址内在精神价值存续完整的活态保护理念（蒋冠林等，2015）。且长城保护与管理研究突破了历史文献的局限，突破了长城本身的历史沿革、修建情况的范围局限（梁芳，2017；陈波，2014），例如，2007 年全国明长城资源调查工作是在考古学、历史学、古建筑学、地质学、地理学与地理信息系统等多个学科配合研究下进行的，涉及的规模也是空前的，学者们也意识到要从不同角度、不同学科领域去研究长城、发挥长城的作用，首先就要把长城保护好（苏静等，2018；李立等，2020）。

学者们也提出了一系列积极有效措施促进长城的保护（张璐，2017）。例如，重视长城文化遗产的保护（郭爱民等，2009），加强长城沿线保护监管力度（刘燕芳，2019）；关注长城的文化资源存续状况（刘振礼，2000），组织开展长城历史文化的研究（任凤珍等，2017；王守法，2017）；召开长城学术研究会议，为长城文化遗产保护把脉问诊；制订科学正确的长城保护规划和方案，把长城学研究成果应用于长城的整体性、活态性保护中，使长城遗产突出普遍价值得到了妥善保护，为巨型线性文化遗产和系列遗产保护贡献了卓有成效的“中国经验”和“中国智慧”（刘菽等，2020）。

（2）长城文化资源开发与利用。

学者们对不同省域、市域及特殊地区等不同地域的长城文化资源进行了调查研究。在开发过程中，学者们也提出了要因地制宜地对不同功能分区进行分区建设，只有在充分的考古保护研究基础上，才能开展后续文化遗产旅游的规划利用等方面的建议（于占海，2009）。研究主要关注长城资源的整合（张献忠，2017）、资源的保护与开发（黄志强等，2020）、长城防御体系（赵钧等，2019）、文化遗产的开发（丁疆辉等，2003）及不同时代修筑的长城资源的保护。目前有关长城文化遗址的资源开发保护研究已经涵盖了多方面的内容，如自然地理、历史文化、民族融合、社会结构、军事制度、遗址本体及出土文物等（方志强等，2022）。

从长城文化遗址开发利用方面来看，有的研究主要从遗址类型（白翠玲等，2022）、展示方式（卜琳，2012）、环境背景和管理保护（董亚波等，2011；怀松垚，2015）等方面分析长城文化遗址保护工作中的责任主体、保护身份、工作开展情况、管理运行和公众参与保护现状；也有的研究结合旅游公共服务设施等方面分析其公共文化空间服务支持体系，对长城沿线进行全面系统的田野调查、实地勘测、绘图、掌握长城第一手实测资料（吴星，2021；景俊美，2019）。

在文化遗址保护与利用方面有很多的模式，如建设遗址公园、建设遗址博物馆、虚拟展示等，通过建设长城遗址公园，以长城作为宣传主题，举办庆祝国际博物馆日等宣传展示活动，从而促进长城文化遗址的开发与利用（雍星，2005）。遗址的展示方式趋势正在由原先的单一、静态变得更具多样性、体验性和交互性（严胜学等，2018）。

河北省在非物质文化遗产传承和保护方面（宋蒙，2022；郝小梅等，2022；白翠玲等，2022），对长城非物质文化的梳理与整合，有对非物质文化遗产文化价值的研究，也有通过遗产特性分析视野分析长城检测体系等。现阶段学者们针对长城非遗的研究主要停留在整合长城具有突出意义、重要影响、重大主题的文物和文化资源上，以实现对长城非遗的保护利用。对长城非遗的保护与传承研究尚未深入探索，理论研究落后于实践研究。

（3）展示体系研究。

卜琳在《中国文化遗产展示体系研究》一书中将文化展示体系定义为遗产展示、遗产解说及公众参与的三个子系统的复杂系统（卜琳，2012）。目前，文化遗产展示体系研究的研究热点在于对某类遗产展示内容及方式的梳理，对展示理念和方式分类的认识等方面，以及遗产展示规划中的普适性经验总结不足，有待进一步系统研究遗产展示的主题和多途径方法。在长城文化遗产的内容展示方面，包括遗产本体展示（曹象明等，2016）、非遗展示（郝小梅等，2022）、遗产的周边环境展示（申红宝，2014）等内容；在展示方式方面，主要是以博物馆、展览馆为载体的物质文化遗产展示（阿敏，2011），以传统节庆或艺术表演为载体的非物质文化遗产展示（刘玉芝，2018），以历史街区和城镇为载体的综合展示（冯潇等，2019），以技术手段和主题空间为载体的创造性展示（梁爽等，2011）等。现阶段，长城（河北段）的遗产展示呈现出本体价值高、非物质文化遗产多样、自然环境优越、人文环境独特的特点（白翠玲等，2021；丁疆辉等，2003；任凤珍等，2017），因而对长城（河北段）展示体系的梳理日益重要，能促进对长城（河北段）文化资源的保护与开发。

（4）长城文化旅游研究。

自 1979 年起，长城文化旅游发展已有 40 多年。从 2001 年老龙头景区成为国家第一批 4A 级景区后，至今河北省共建有 13 家 A 级长城旅游景区。目前河北省长城沿线地区依托长城资源不断发展旅游业，取得了很好的效果（郝建斌等，2022；孙昕，2020）。长城文化旅游供给越来越丰富（白翠玲等，2020）。目前河北省长城文化旅游的需求研究主要是针对不同长城景区游客的画像、数量以及消费结构等的分析（钱升华等，2021）；针对长城文化旅游的供给研究较少，研究层次也较浅，有待深入挖掘。

长城文旅融合是指为了适应市场需求，在政府的推动下，在长城文化保护的前提下，进行的长城文化与旅游产业渗透交叉，产业边界的逐渐收缩或消失，最终融为一体，逐步形成一个长城文化旅游新业态的动态过程（余煌等，2021；吴士锋等，2020）。长城文化旅游融合本质上是一种创新，是基于技术、产品和服务等的创新。对于文化旅游融合的研究始于 2006

年，尤其是2015年之后，研究范围不断扩大，研究的成果也日渐增多。在长城保护、修复等技术提供的基础上，进行旅游产业要素的叠加，形成长城文化旅游产品，在旅游市场上具有独特的吸引力（许玉庆，2021）。有少部分研究涉及了长城文化旅游融合以及融合模式（李国庆等，2021），而对长城文化资源开发、旅游公路、长城沿线、长城文化和旅游产业研究较多（宋蒙，2022），从关键词来看，对长城旅游开发、旅游资源、旅游公路、长城沿线、长城文化和旅游产业研究较多，但是对长城文化旅游融合研究的较少，融合模式的研究则更少。

（5）长城文化遗址的保护形式与开发模式。

合理的旅游开发对长城文化遗址的保护有着积极的作用。学者们整理出的长城文化遗址的整体和局部三种保护形式：第一种是将长城遗址区建成遗址公园的保护形式（张凌，2009），其有效利用长城遗址的周边环境，通过对长城遗址本体及周围环境的有效改造，建设集教育、科研、游览等多功能于一体的长城文化空间，在这个过程中，既能对长城文化遗址进行有效的保护，又能充分扩展公园的功能，对城市的生态也有一定的好处；第二种是建设考古遗址博物馆的形式（梁芳，2017），长城遗址的结构极易受到自然环境与人为的侵蚀和破坏，针对这种破坏较严重的长城文化遗址，可采用博物馆遗址的方式进行有效保护，目前，长城文化遗址类博物馆的形式主要是在原有遗址上进行部分遗址展示的；第三种是建立长城遗址区与旅游景区相结合的大遗址保护形式（李立等，2020），这种保护模式与上述模式有所重合，在大遗址保护利用相关顶层设计不断完善的同时，各地在大遗址保护利用与旅游融合方面开展了丰富多样的实践。

现阶段针对长城文化遗址的利用开发模式主要分为以下两种：第一种是传统的政府主导的保护与开发模式（文爱平等，2011），目前众多长城文化遗址受到“人为”因素和“自然”因素的长期破坏，其观赏性受到一定的影响，并且长城文化遗址的保护与开发资金来源较为单一，对其资源的利用率也不是很高（王长松等，2020；程霏等，2022）。针对传统模式下对长城文化遗址的开发利用所存在的缺点，有学者提出了遗址保护区（朱珏，2014）、遗址区建设控制地带（2007）、文化产业园（赵凤华等，

2014）三个功能区的开发模式，不同的园区具备不同的功能及责任，利用文化品牌吸引打造文化产业经济快速发展，并将其创造出来的经济效益用于对长城文化遗址的保护。第二种是多种形式并存的开发利用模式。这种模式倡导以民营企业为主导进行开发打造，利用民间资本，开始融资，建立民营融资体系，如海港区驻操营镇北部的长城村以长城为依托，与互联网公司联合开发长城文化资源，由公司出资提供长城、山林、峡谷、河滩等旅游场地，并进行推广，形成了新的发展模式，实现了遗址文化产业的开发与利用，形成了集文化、旅游、休憩观光等多功能于一体的新开发模式（陈同滨等，2018），但是这种模式的实践性较少，还需要学者们的深入研究与探索其中的原因与深层机制。

（6）长城国家文化公园建设与规划。

自 2019 年开始，长城国家文化公园的建设吸引了众多研究者的兴趣，研究文献也开始起步，基本上聚焦于建设方向性探讨上。与国家文化公园相近的是国家公园，国家公园的相关管理体制、法律法规等对于建设长城文化公园具有重要的借鉴作用。2019 年长城国家文化公园成为研究的焦点，研究文献逐步增多，基本聚焦在内涵探讨、建设路径等方面（孙嘉渊，2021；李宏宇，2021）。长城国家文化公园的研究起源于国家公园的研究，主要集中在对国外国家公园建设经验总结、管理体制、法律法规、环境教育管理、特许经营等方面。学者对国外国家公园的研究比较全面，但缺乏深度。而对我国国家文化公园的研究主要集中在法律法规、完善管理体制、“低成本化”发展路径（邢亚萍，2020）、经营机制（周小凤等，2022）、管理体制（白翠玲等，2021）等方面，以及对长城国家文化公园涉及景区市场认知、绩效评价和文旅融合等（董耀会，2021）。

河北省作为重点建设区，坚决扛起重点建设、先行示范的政治责任，从规划编制到项目谋划建设，始终以国家标准为主，率先优质完成长城国家文化公园建设保护省级规划，率先高标准启动实施系列重大标志性项目建设。因此，需要深入研究河北省长城精神价值和内涵，打造中国风格的长城文化名片，宣扬民族精神和民族文化，为世界文物和文化资源保护工作提供借鉴（霍菲菲，2022；李开霁等，2021）。

1.4　研究评述

本书对 1989 ~ 2022 年有关长城文化遗址保护与开发的文献进行可视化分析，主要结论为：（1）在文献年度变化方面，国内外研究文献呈现出波动增长趋势，发文量在 2017 年开始增速较快，且国内文献少于国外文献，结合国家相关政策的出台，虽然长城文化遗址的保护与开发的相关文献研究的热度与政策呈现正向关系，但受政策影响较小，而主要是受核心作者发文数量的影响。（2）在作者分布方面，国内科研人员主要集中于高校和科研机构，其他领域的研究人员分布较为分散，作者之间合作程度较低，缺乏合作与交流；国外在国家分布方面主要集中于美洲、亚洲和欧洲。（3）从研究热点来看，国内文献在不同阶段学者们的关注焦点不同，从长城文化资源的开发到长城旅游的不同发展模式，再到从全域旅游出发研究长城的保护与可持续发展，对于长城文化遗址保护与开发的研究联系强度较高，总体来看，研究内容主要集中于长城文化展示体系、资源开发、供求研究、文旅融合、长城文化价值体验、长城国家文化公园的建设、非遗的保护与传承展示体系、长城遗址保护开发路径与模式选择等方面，研究涉及历史、地理、古建筑保护等领域。国外文献的地域特点较为突出，从美洲、亚洲和欧洲国家出发，不同的国家在文化遗址保护与开发方面的研究热点均不同。（4）从研究趋势方面看，国内研究将从宏观理论研究到微观的案例研究，未来关于长城保护与开发利用两者之间协调发展的研究将会成为研究热点，这与全域旅游的提出以及长城国家文化公园建设中发展文旅融合项目有关；国外研究的内容逐渐丰富，从最初的文化遗址现状研究到与旅游的结合以及对法律、政策的研究，再到对文化遗址的可持续发展研究，研究深度和广度都有所拓展。

通过文献梳理发现，国外在关于文化遗址研究方面，主要是政府从加强立法层面规划文化遗址开发保护的制度体系、对民众关于文化遗址保护利用的教育，从而形成全民认同和全民保护的局面，同时寻找生产性保护的方式及与旅游开发的良性互动结合等内容。在关于长城文化遗址的保护与开发利用研究方面，研究对象主要为单个案例，学者们基于不同区域长城文化遗址所处的周围环境、遗址类型等方面，通过对长城文化遗址在保护与开发方面存在的一些问题，总结合适的文化遗址保护与开发模式；但在研究过程中大部分学者只关注各自研究长城对象的资源分布和历史文化研究，并没有从整体上整合分析。另外，不同文化遗址历史地位的研究涉及各个时代的政治、经济、军事建筑、外交政策、民族关系等，研究内容是多元的，其长城文化遗产保护、文化旅游开发是迫切的，但是其理论研究与长城的实践发展却存在脱节的现象。

第2章　河北省长城沿线文化遗址概述

长城是我国现存规模最大的文化遗产，它体现了我们中华民族的精神，在我国历史发展过程中和中华民族优秀文化的形成过程中具有不可替代的重要价值与地位。长城在1987年被联合国教科文组织列为我国首批世界遗产。长城沿线地区分布有丰富的文物、传统文化资源、革命文化资源等，这些资源具有规模大、价值高、时间跨度长、分布范围广、景观组合好、展示利用潜力大等特点，成为发展旅游业的核心吸引物。但长城沿线部分地区长城资源在过去的很长时间内没有得到有效的保护，破坏现象比较严重，国家也制定了长城保护的相关政策和措施。在长城保护传承利用方面，我国实施了一系列积极有效措施，使长城遗产突出普遍价值得到了妥善保护，为巨型线性文化遗产和系列遗产保护贡献了卓有成效的“中国经验”和“中国智慧”（新华每日电讯，2021），得到了世界的一致认可。2021年7月，联合国教科文组织第44届世界遗产大会上，长城被世界遗产委员会评为世界遗产保护管理示范案例。

2012年，国家文物局在各省（自治区、直辖市）对区域内长城资源调查成果和已有的研究基础上，组织相关专家对长城资源进行认定。根据专家们的意见，将春秋战国至明等各时代修筑的长城墙体、敌楼、壕堑、关隘、城堡以及烽火台等相关历史遗存认定为长城资源，将其他具备长城特征的文化遗产纳入《长城保护条例》的保护范畴（刘文艳，2020）。

根据国家文物局的相关认定标准，发现河北省长城资源占全国长城资源的18.89%，如图2.1所示，仅次于内蒙古，居全国第二位。

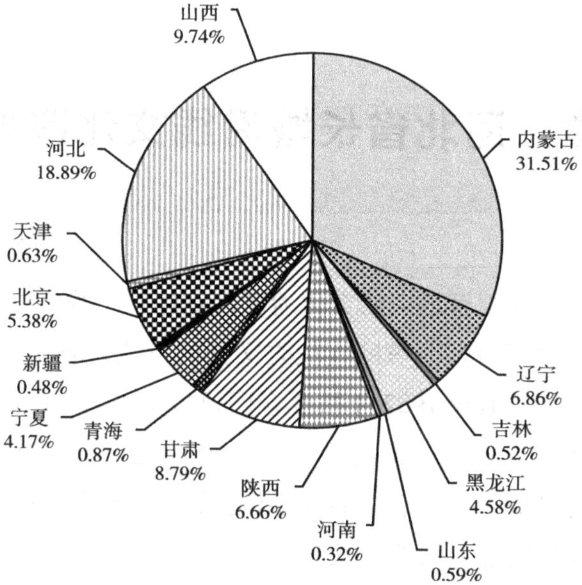

图 2.1　各省（自治区、直辖市）长城资源比例示意图

2.1　长城文化遗址演变历史

河北省内长城文化资源丰富，是最早进行修建长城的地区之一。河北省长城多因山势而建，基本涵盖了河北省全境，可见分布范围之广。河北省长城的修建历史跨越了 2000 年，从最早的战国燕长城到明代长城，基本都有长城修筑的历史，可谓修筑历史悠久。河北省长城的明长城种类齐全，是中国长城保存最完整、最具代表性的区段之一。且河北省长城保留下来的长城有很多精华的地段，如有“两京锁钥无双地，万里长城第一关”之称的山海关，展示了中国古代军事防御体系的最高成就；有“城在水上走，水在城下流”的“水上长城”之美誉的九门口长城，形成了“遇山而断，遇水不绝”的奇观；有体现中华儿女不屈抗战精神的喜峰口长城等历史上的名关重镇，具有非常重要的历史文化价值和旅游景观价值。

经国务院文物行政部门认定公布的河北省长城分布范围，如表 2.1 所示。

表 2.1　河北省长城分布情况

朝代		分布范围
战国	中山长城	涞源县、顺平县、唐县、曲阳县
	赵南长城	涉县、磁县
	赵北长城	怀安县、尚义县
	燕北长城	沽源县、丰宁县、围场县
	燕南长城	易县、徐水区、安新县、容城县、雄县、文安县、大城县
汉长城		平泉市、承德县、双桥区、双滦区、鹰手营子矿区、兴隆县、滦平县、隆化县、围场县、丰宁县、沽源县、赤城县、崇礼区、下花园区、万全区、张北县、尚义县
北魏长城		万全区
北齐长城		山海关区、海港区、青龙县、迁安市、承德县、赤城县、崇礼区、蔚县
唐长城		赤城县
金界壕		丰宁县、沽源县、康保县
明长城		山海关区、抚宁县、卢龙县、青龙满族自治县、迁安县、迁西县、遵化县、宽城满族自治县、兴隆县、承德县、滦平县、怀来县、涿鹿县、涞水县、涞源县、易县、唐县、阜平县、灵寿县、平山县、井陉县、元氏县、赞皇县、内丘县、邢台县、沙河县、武安县、涉县、赤城县、沽源县、崇礼县、宣化县、张家口桥西区、万全县、张北县、怀安县、蔚县、阳原县

对河北省境内长城赋存现状、不同历史时期的建设情况及分布范围进行分析，得到图 2.2。

从历史演变的角度来看，可将河北长城分成早期长城和明长城两大部分。其中，早期长城又可分为燕、赵、中山国长城，秦汉长城，北朝—金代长城，因此需要对河北省不同时期的长城分析其特点。

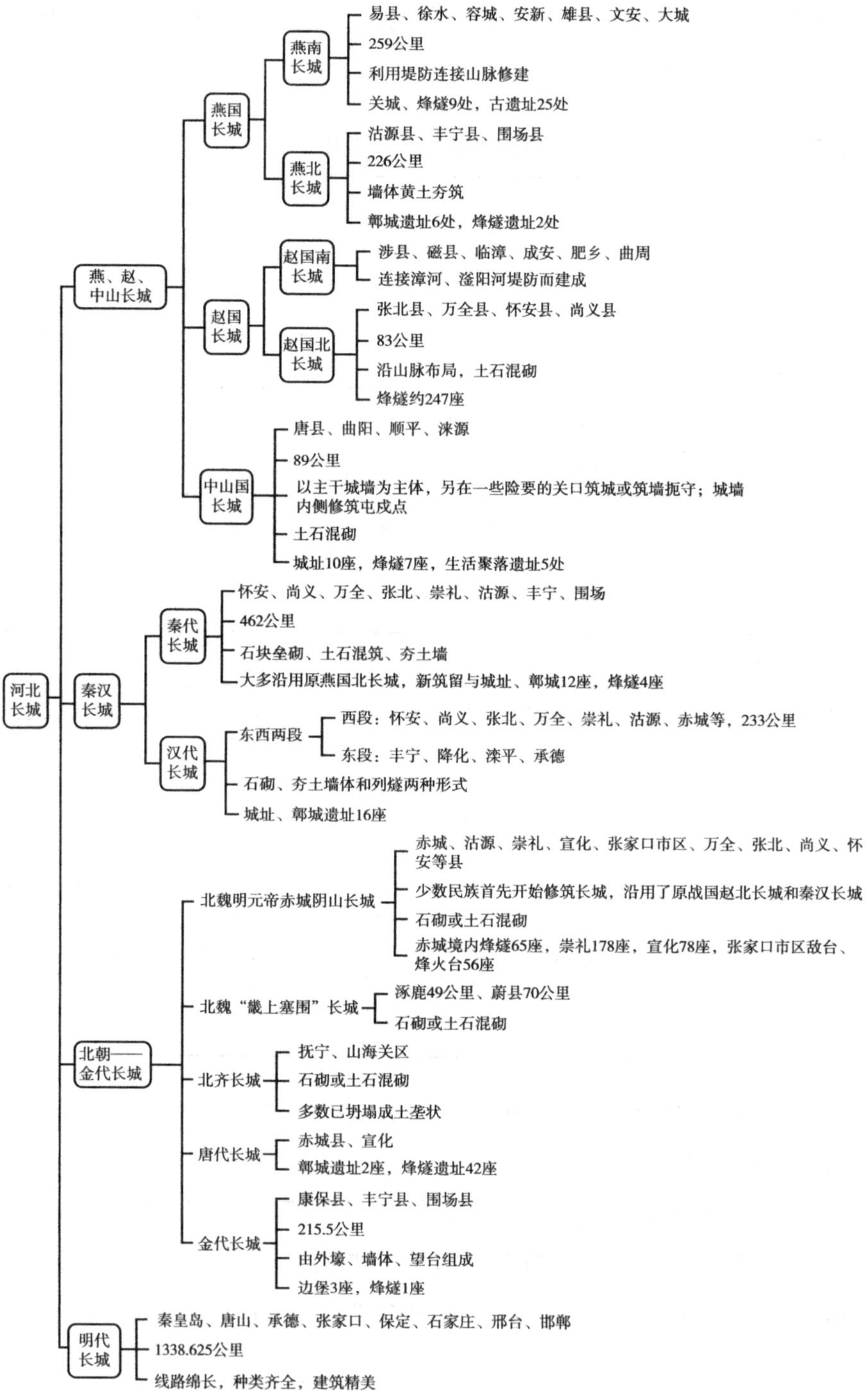
河北长城
燕、赵、中山长城
燕国长城
燕南长城
易县、徐水、容城、安新、雄县、文安、大城
259公里
利用堤防连接山脉修建
关城、烽燧9处，古遗址25处
燕北长城
沽源县、丰宁县、围场县
226公里
墙体黄土夯筑
鄣城遗址6处，烽燧遗址2处
赵国长城
赵国南长城
涉县、磁县、临漳、成安、肥乡、曲周
连接漳河、滏阳河堤防而建成
赵国北长城
张北县、万全县、怀安县、尚义县
83公里
沿山脉布局，土石混砌
烽燧约247座
中山国长城
唐县、曲阳、顺平、涞源
89公里
以主干城墙为主体，另在一些险要的关口筑城或筑墙扼守；城墙内侧修筑屯戍点
土石混砌
城址10座，烽燧7座，生活聚落遗址5处
秦汉长城
秦代长城
怀安、尚义、万全、张北、崇礼、沽源、丰宁、围场
462公里
石块垒砌、土石混筑、夯土墙
大多沿用原燕国北长城，新筑留与城址、鄣城12座，烽燧4座
汉代长城
东西两段
西段：怀安、尚义、张北、万全、崇礼、沽源、赤城等，233公里
东段：丰宁、降化、滦平、承德
石砌、夯土墙体和列燧两种形式
城址、鄣城遗址16座
北朝——金代长城
北魏明元帝赤城阴山长城
赤城、沽源、崇礼、宣化、张家口市区、万全、张北、尚义、怀安等县
少数民族首先开始修筑长城，沿用了原战国赵北长城和秦汉长城
石砌或土石混砌
赤城境内烽燧65座，崇礼178座，宣化78座，张家口市区敌台、烽火台56座
北魏“畿上塞围”长城
涿鹿49公里、蔚县70公里
石砌或土石混砌
北齐长城
抚宁、山海关区
石砌或土石混砌
多数已坍塌成土垄状
唐代长城
赤城县、宣化
鄣城遗址2座，烽燧遗址42座
金代长城
康保县、丰宁县、围场县
215.5公里
由外壕、墙体、望台组成
边堡3座，烽燧1座
明代长城
秦皇岛、唐山、承德、张家口、保定、石家庄、邢台、邯郸
1338.625公里
线路绵长，种类齐全，建筑精美

图 2.2　河北长城概览

2.1.1　早期长城[①]

据调查发现，河北省早期长城修筑始于战国时期，秦、汉、北魏、北齐、唐、金各代均在河北境内修筑过长城，河北省长城资源非常丰富，修筑年代历史悠久。

（1）早期长城主要遗存。

据统计，现存主要的长城墙体包括土墙、石墙、界壕/壕堑及山险等遗存，总长度达到 1159.91 千米，有 290 段长城墙体；现存的单体建筑主要有敌台、马面、烽火台（又称烽燧、墩台、烽堠、烟墩、狼烟台、狼烟墩），共计 915 座；长城的关堡数量较多，共计 70 座；其他的早期长城相关遗存主要包括居住遗址、房屋遗址、采石场等，共计 26 处。因历史悠久，保存和修护困难，这些长城现状堪忧，多呈土岗、石堆等遗址遗迹状态，亟待修护。

（2）早期长城地域分布。

河北省早期长城分布范围比较广泛，涉及多个市县。例如，战国时期的长城主要分布在保定市的唐县、曲阳县、易县、徐水区；张家口的怀安县；承德市的顺平县、沽源县、丰宁县和围场县等地区，其中战国赵南长城在邯郸的涉县和磁县地区分布。现今在保定顺平县仍可见战国中山国时期的长城遗址，如图 2.3 所示。

（3）早期长城历史分析。

①春秋战国时期的长城。

春秋战国时期，长城主要分布在我国古代中原及邻近地区。该区域以暖温带半湿润气候和暖温带半干旱气候的中原典型农耕区为主，包括中温带半干旱气候的部分农牧交错地带。历史特征主要表现为公元前 7 世纪至公元前 3 世纪诸侯国之间的冲突、交流与融合。

---

① 资料来源：张平一，等．河北省·长城志［M］．北京：文物出版社，2011.12；张平一．河北境内长城的历史价值和作用［J］．文物春秋，2003（1）：28－33.

图 2.3　河北省顺平县神北村的中山国长城遗址

战国时期，河北境内的燕国、赵国、中山国为了相互防御，并为阻止北方游牧民族的侵扰，分别在现在的保定、承德、张家口、邯郸境内修筑了燕南长城、燕北长城、赵南长城、赵北长城和中山长城。这些长城分别采用高土筑、石砌和土石混砌的方法构成，山势险峻处往往“以山为险”而不筑墙，在许多地段沿线修有鄣城、关城和烽燧①。

燕赵长城是我国北方最早出现的长城防卫线的雏形，已经持续了 2000 多年。该时期的长城主要分布在地势较高的山地或浅山地。平川之地多由土筑，山地则为石砌墙体，遗址遗存保存下来的并不多。目前，在沽源县仍可见燕南长城残存的部分墙体和烽火台，如图 2.4 和图 2.5 所示。

目前在承德丰宁县可见残存的燕秦长城。在张家口市的尚义县可见战国赵北长城墙体，如图 2.6 所示；在邯郸市磁县、涉县可见赵南长城的关堡遗迹，如图 2.7 所示。

---

① 据《史记·赵世家》记载，中山国时期，赵成侯六年（公元前 369 年），中山国在今保定市涞源县、唐县、顺平县和曲阳县一带修建了长城。赵国时期，赵肃侯于公元前 333 年，在漳水和滏水之间（今临漳、磁县一带）修筑长城，称“赵南长城”。赵武灵王年间修筑了“赵北长城”。燕国时期，在南、北国境边界分别修筑了两道长城，史称“燕南长城”“燕北长城”。目前河北省遗存的战国时期长城有 3.14 千米，占全国战国长城遗存的 0.1%。

图 2.4　战国燕南长城墙体（沽源县）

图 2.5　战国燕北长城烽火台（沽源县）

图 2.6　战国赵北长城墙体（尚义）

图 2.7　战国赵北长城关堡（磁县）

②秦汉时期的长城。

秦始皇统一六国之后，为了维护国家的统一和加强中央的集中管理，拆毁了原来各诸侯国间的长城，对原有的燕赵长城进行了修缮，并进行了进一步的修筑，将各段连接起来，成为西起临洮、北依阴山、东出辽东的秦代万里长城的重要组成部分。并在此基础上，在燕赵长城以北修筑了途经张家口康保县、承德市围场县等地区近千里的新长城，形成大纵深、有多道阵地的防御工程体系。

汉长城由内蒙古自治区兴和县入境，经怀安县、尚义县、万全区、张北县、崇礼区、沽源县、赤城县、丰宁县、隆化县、滦平县、承德县转入内蒙古自治区宁城县。西汉时期，汉武帝为防御匈奴的侵扰，在修缮秦朝蒙恬所筑秦长城的基础上，又在今承德市隆化滦河南岸修筑长城，新筑长城直达内蒙古昭乌达盟及辽宁朝阳地区。这段长城在承德市境内现存 125

公里，但只残存烽遂遗迹，未找到墙体的遂线。这些烽燧遗址多设在河流交汇的三角地带，或交通要冲的山口，地理位置优越。在此居高临下，烽燧之间彼此呼应，形成了有力的军事防御和报警通讯体系。目前在丰宁县、围场县和张北县等地区可见汉长城遗留下来的部分墙体和烽火台，如图2.8和图2.9所示。

图2.8　汉长城墙体（张北县）

图2.9　汉长城烽火台（张北县）

③南北朝时期的长城。

南北朝时期，北魏定都于平城（今山西大同）。当时的大同处于北方游牧民族和中原农业民族之间的交汇地带，并且北方的游牧部落柔然诸部经常越过大漠在北魏境内掠夺财物，这不仅威胁北魏的安全，而且妨碍了北魏统一北方的步伐。因此，北魏为了维护安全和统一，开始修筑长城。北魏泰常八年（423年）①、太平真君七年（446年）②、太和八年（484年）③和

① 据《魏书·太宗纪》记载：泰常八年（公元423年），北魏“筑长城于长川之南，起自赤城，西至五原，备置戍卫”。后经考古学家李文信先生考证，北魏记载的这段长城由承德市赤城县的东部山脉向北行，在滦河发源地和独石口处转向西行，经张北县至内蒙古境内。著名地理学家郦道元在《水经注》中称这条长城为“广长堑”，并道出它的作用是“掘此以防北狄”。

② 据《魏书·世宗纪》记载，太平真君七年（公元446年）六月份，魏世祖拓跋焘在都城平城之南开始修筑长城，发动了司州、幽州、定州和冀州四州十万余人。至太平真君九年二月，修筑完成，这条长城“起上谷（现北京延庆区），西上于河，广袤千里”。

③ 太和八年（公元484年），北魏孝文帝在中书监高闾的建议下，修筑“六镇长城”，重点在赤城以东的地区，被称为“长堑工程”。因六镇中御夷镇建于太和年间，是六镇中建立最晚的一镇，它的建立是为巩固今河北北部防务，所以长堑工程势在必行。六镇指的是北魏前期在都城平城以北边境设置的六个军镇，自西而东为沃野、怀朔、武川、抚冥、柔玄、怀荒六镇。此外，在六镇东面，尚有御夷镇。原为御夷城，在今河北沽源东北。后置镇，在今河北赤城西北。武泰元年，改镇为州。

北齐天保七年（556 年）均在河北修过长城。现在张家口市部分地区仍可见北魏时期的长城墙体，如图 2.10 所示。

图 2.10　北魏长城墙体（万全区）

北魏为了捍卫京畿地区，还修筑了有“畿上塞围”①之称的魏南长城。这段长城起点在延庆八达岭、居庸关一带，跨越小五台山，经张家口蔚县和涞源县间的黑石岭进入山西境内。东魏时期主要在山西、河北修筑长城②。

北齐建立政权后，为了抵御北方少数民族部落突厥、柔然、契丹的侵扰，同时防止西部西魏的进攻，从公元 552 年至公元 565 年，历经 14 年，在山西、河北境内分期分段地逐步修筑了内长城和外城两条长城。目前在河北省秦皇岛市、承德市、张家口市以及北京门头沟等地区发现了北齐长城的遗址、遗物。

④隋唐时期的长城。

隋朝统一后，又在北齐内外两条长城的基础上，不断进行修缮，同时在险要位置修筑城堡等建筑，起到了很好的抵御作用。目前在秦皇岛和张家口仍有北齐时期的长城墙体，如图 2.11 所示。

---

① “畿”，特指古代王者或皇帝直接管辖的地域，即中央政府直管之区。北魏“畿上塞围”之“畿”是国都平城与畿内的合称，而畿内则指平城以外、甸服以内的广大环形区域”。“上”，谓“上”乃“边”“边缘”之意，类比《史记》《汉书》等史籍中含“上”史例之本意。而且“上”与古代地名连用时，指示的方位多在地理实体南侧。《说文解字》曰：“塞，隔也。”即阻隔之意。《说文解字》曰：“围，守也。”意即防守。“围”，又释作“围子”，乃防御工事的一种。据此，“塞围”可视作捍卫北魏前期京畿地区的军事防御工程，学界多释为长城。具体范围仍待考证。

② 《北齐书》记载，在武定三年（公元 545 年）时开始重视长城的修筑，将幽州、安州和定州三州的长城与北面的奚、蠕蠕连接起来，并在险要处建立城防建筑加以巩固。

图 2.11　北齐长城墙体（万全区）

唐朝时期，前期因其国力强盛，远超周边部落，周边部落不敢贸然进攻唐朝，且唐太宗采用军事进攻与政治争取相结合的国防战略，因此反对建筑长城。但到了武则天时期，突厥不断进攻掠夺唐王朝的北部边境，甚至到了今怀来、密云地区，给唐朝边境带来了很大困扰。为此，命张说主持修建了妫州以北一段长城，并修葺了该地区旧长城。

⑤宋辽时期的长城。

北宋时期，因北部的“燕云十六州①”已被辽国占领，且尝试两次征辽后均以失败告终，北宋就放弃了北方地区。为了防止辽国继续南进，在河北地区利用河流、沼泽等天然屏障，修筑堤坝等构建水上防线。在西起保州（今保定清苑），东至泥姑海口（天津塘沽）修筑了东西长达 450 千米的“水上长城”。在这段长城内，设置垒寨 26 个，军铺 123 个，士兵 3000 余人，并专门部署了巡逻船只。

⑥金元时期的长城。

金代修筑的长城主要为了抵御北方蒙古族的侵扰，前期修筑了岭北长城，中期又修筑了嫩江至大青山长城（堑）。后期修筑的长城长达 1925 千米，从内蒙古高原东部锡林郭勒盟进入河北康保县境内再进内蒙古化德县境内，呈网状布局，规模宏大，结合界壕线上的关堡等设施，形成了以墙

① 燕云十六州，又称幽云十六州、幽蓟十六州，古代地理名词，指中国北方以幽州（今北京）和云州（今山西大同）为中心的十六个州，即今北京、天津北部（海河以北），以及河北北部、山西北部地区。[2]“燕云”一名最早见于《宋史·地理志》。

壕为核心，以边堡、关堡、烽燧等设施为辅助的一个完整呈线状（不封闭）的古代军事防御工程体系（长海，2012）。河北省金界壕的分布占全国的比重为6.25%，如图2.12所示，主要分布在北部的草原上。历史特征主要表现为我国东部地区、北部地区渔猎民族与游牧民族的冲突、交流与融合①。

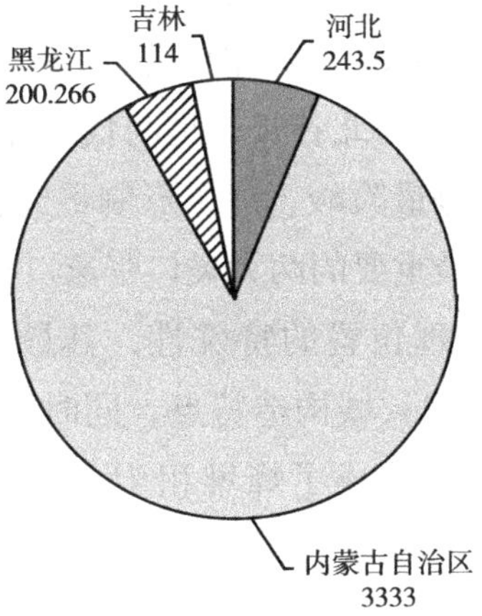

图 2.12　金界壕分布示意图

元代长城没有进行大型工程，只对一些重要关隘进行了加固修缮。元代修缮的居庸关相当宏伟壮丽，管辖范围较前代也大得多。

2.1.2　明长城

京津冀晋地区是明长城的主要分布区，占到全国明长城的1/3。京津冀长城修筑于蒙古高原以南的燕山、太行山两大山脉间，是明代长城保存最完好、价值最突出、工程最复杂、文化最丰富的段落，是中国长城建设

① 唐开元六年至八年（718~720年），唐玄宗命幽州节度使张说在张家口赤城县修筑长城。金代在河北北部坝上地区修筑了界壕，根据《金史》记载，金代长城始筑于大定二十一年（1181年），明昌三年至明昌七年（1192~1197年）、承安三年（1198年）、承安五年（1200年）多次修筑长城。金界壕的修筑一般采用外侧挖壕，在内侧砌成墙的壕、墙结合的修筑方法。一般地区修筑单墙单壕，而在防御重点地区修筑双墙双壕。在主墙（最内侧的墙体）外附马面、烽燧，内侧筑铺房，利于加固墙体，增强自身的防御能力。沿线密置边堡以利于就近驻防、左右呼应。

高峰时代典型的代表段落，其中燕山地区比太行山地区保存更好。整体走向大体沿燕山—太行山呈现东南—西北转东北—西南向。从各段长度来看，河北占比为81.66%，北京占比为17.02%，天津最低，占比为1.32%。其中，明长城①占比为60.56%。

河北省境内的明长城，东起秦皇岛市山海关区老龙头，西至张家口市怀安县西洋河关堡，南至邯郸市涉县，所经区县占全省172个县区的34.88%。墙体总长1338.63千米，共1153段，单体建筑5388座、关堡302座、相关遗存156处（张平一，2003）。河北省长城是明代砖体长城中保存程度最好的，其中蓟镇、宣府镇长城地势最险峻、建筑形制最完备，河北省长城拥有我国进出中国西北和东北地区最重要的两大关口张家口和山海关。

河北境内的长城因地理位置的特殊性，其最重要作用在于拱卫京师。在修筑过程中，吸收了历代长城构造特点，同时随着建筑工艺的不断提高，采取了新的建筑工艺，最终形成了烽堆相望、敌台林立、用险制塞、纵深梯次、点线结合、互为依托的巨大军事防御体系，是明代长城中极富特点、精华汇集的地段。

2.2 长城文化遗址类型

河北省长城沿线现有世界文化遗产地5项，包括山海关、清东陵、避暑山庄和周边寺庙、金山岭长城、清西陵，其中世界文化遗产——万里长城1处2项；全国重点文物保护单位有84处。

2.2.1 长城本体

长城文物本体包括长城墙体、壕堑/界壕、单体建筑、关堡及相关设施

① 明代太祖时期奉行“固守封疆，防其（蒙古）侵轶”的防御战略方针，因此明代一直致力于在我国北方地区修筑长城，从洪武年间到万历年间，前后共修建长城18次。明代时期河北境内长城防务分属于蓟镇和宣府镇。嘉靖三十一年为加强京长防务将蓟镇辖区又划分为蓟州镇、昌镇和真保镇三个小辖区。每镇都管辖若干防卫长城的卫所，并防守辖区内的一段长城，它是长城防务的指挥中心和补给基地，也是长城纵深内的坚固支撑点。

等各类遗存，全国情况如表 2.2 所示。

（1）长城墙体：含土墙（夯筑、堆土、红柳加沙、芦苇加沙、梭梭木加沙、土坯或土块垒砌等）、石墙（毛石干垒、土石混筑、砌筑等）、砖墙（包土、包石、砖石混砌等），以及木障墙、山险墙、山险、水险和其他墙体等遗存。长城墙体主要包括墙体设施、墙体和墙基，其中墙体设施包括垛口、礌石孔、瞭望孔、射孔、女墙①和排水设施等。

（2）壕堑/界壕：包括沟堑、挡墙等。

（3）单体建筑：含城楼、敌台、马面、水关（门）、铺房、烽火台（也称烽燧、墩台、烽堠、烟墩、狼烟台、狼烟墩）等，共计近 30000 座。

（4）关堡：含关、堡（也称城障、障城、镇城、障塞、城堡、寨、戍堡、边堡、军堡、屯堡、民堡）等，共计 2200 余座。

（5）相关设施：含挡马墙、品字窖和壕沟等，共计近 200 处。

表 2.2 全国长城资源本体遗存数量统计

时代	省份	墙体和壕堑/界壕（段）	单体建筑（座）	关堡（座）	相关遗存（处）	合计（段/座/处）	长度（千米）
春秋战国	9	1795	1367	160	33	3355	3080.14
占比	—	15.19%	4.63%	7.24%	17.84%	7.67%	14.53%
秦汉	6	2143	2575	271	10	4999	3680.26
占比	—	18.14%	8.73%	12.26%	5.41%	11.43%	17.36%
金界壕	3	1392	7665	389	0	9446	4010.48
占比	—	11.78%	25.97%	17.59%	0.00%	21.61%	18.92%
明	10	5209	17449	1272	142	24072	8851.8
占比	—	44.09%	59.13%	57.53%	76.76%	55.06%	41.76%
其他时代	11	1276	454	119	0	1849	—
占比	—	10.80%	1.54%	5.38%	0.00%	4.23%	—
认定总数	15	11815	29510	2211	185	43721	21196.18

数据来源：国家文物局，《长城保护报告》。

① 根据《释名·释宫室》的解释，“城，上垣，曰睥睨，言于其孔中睥睨非常也。亦曰陴，裨也，言裨助城之高也。亦曰女墙，言其卑小比之于城，若女子之于丈夫也”。女墙即大墙之上的矮墙，即墙上之墙。另据《守城录》的记载，女墙又称女儿墙、女头墙，“旧制于城外边约地六尺一个，高者不过五尺，作‘山’字样。两女头间留女口一个”，女墙实际上表现为连续凹凸状的矮墙。

通过对现存关堡修筑年代及区域进行统计分析，如图 2.13 所示。

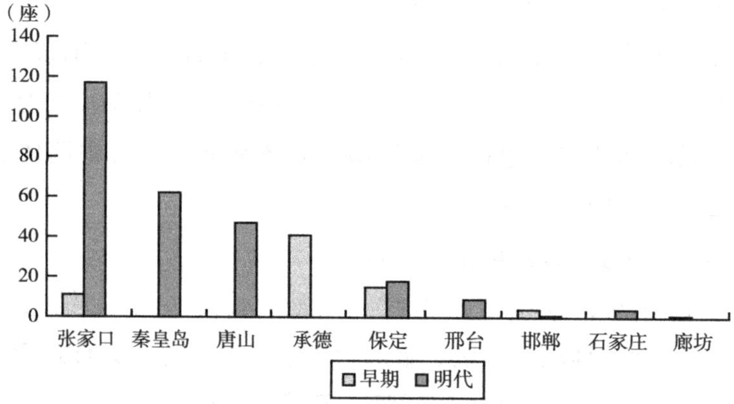

图 2.13 河北省长城关堡朝代统计

从图 2.13 可知，张家口市的关堡遗存 128 座，数量最多，且保存质量高。其中早期长城遗存关堡有 11 座，明代长城关堡 117 座。秦皇岛、唐山、邢台、石家庄关堡数量位于第 2、3、6、8 位，修筑时期均为明代，均呈现有人居住或一直沿用状态。承德市的关堡数量为 41 座，均为早期修筑，其中战国时期遗留下来的关堡 13 座，但这些关堡目前都处在无人居住或遗址状态。保定市的关堡早期为 15 座，明代 18 座，早期多为战国中山国时期修筑。邯郸有 5 座关堡，其中 4 座位早期修筑，1 座位明代时期修筑，位于涉县和磁县境内，均呈现有人居住或一直沿用状态。廊坊仅有 1 座关堡，位于文安县境内的广陵城城址，为战国燕时期建筑，目前处于有人居住或一直沿用的状态。

2.2.2 长城沿线其他文化和旅游资源

（1）丰富多彩的传统文化资源。

河北省长城中华优秀传统文化资源包括长城遗产、相关历史文化资源以及非物质文化遗产。其具体包括世界文化遗产地 3 项 5 处，国家历史文化名城 3 座，国家历史文化名镇 6 座，历史文化名村 31 个，全国重点文物保护单位 251 个，占全省的 90.29%（中国旅游报，2020）。非物质文化遗产丰富，沿线共有非物质文化遗产 821 项，其中国家级非物质文化遗产 105 项，占全省的 82.68%，省级非物质文化遗产 716 项，占全省的 72.18%（程瑞芳，2022）。各类博物馆 105 家，文化产业园 25 家等。此外，长城沿线地区还保存大量长城村落，留下了许多与长城有关的名人轶事、农耕生活、民俗节庆等文化遗产。

从图 2.14 可以看出，历史文化名村主要集中在张家口、邢台、石家庄、邯郸和保定市。张家口、邢台和邯郸的历史文化名村数量最多，尤其张家口和邢台近 10 个，保定的数量最少。

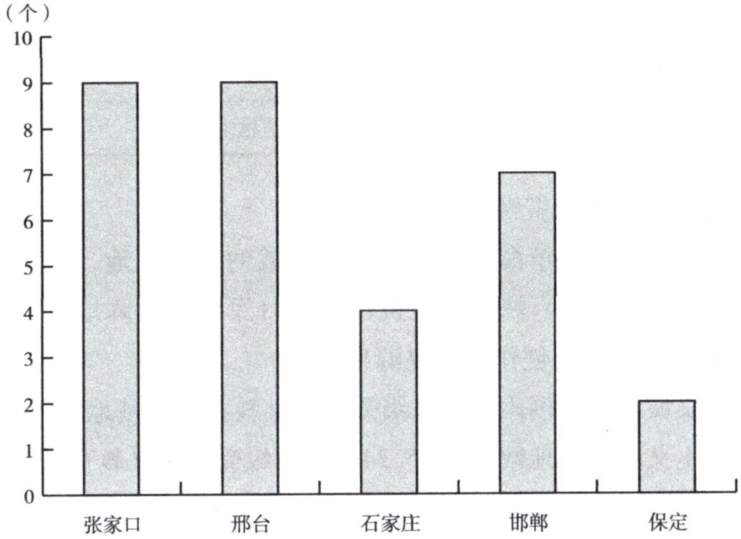

图 2.14　河北长城沿线历史文化名村

河北省长城是旅游开发利用较多的一段，以长城为核心吸引物，已经形成了国家 5A 级旅游景区 2 家，国家 4A 级旅游景区 5 家，国家 3A 级旅游景区 6 家[①]，国家历史文化名城 3 座（分别为山海关区、张家口蔚县和承德市），国家历史文化名镇 6 座，国家历史文化名村 31 个，如表 2.3

① 目前河北省长城沿线的山海关景区、金山岭长城旅游区为 5A 级景区，角山景区、祖山景区、大境门景区、青山关旅游区、白羊峪长城旅游区为 4A 级景区。3A 级景区有红峪山庄长城溶洞风景区、迁西县雄关大刀风情园、野狐岭要塞军事旅游区、张家口堡景区、长城岭滑雪场景区、宣化文化古城共 7 家旅游区。

所示，主要分布在张家口、石家庄、邢台和邯郸。其中张家口的历史文化名村数量最多，有11个。此外，长城沿线地区还拥有各类博物院105座，文化产业园25个①。

表2.3　　河北省长城沿线历史文化名村

城市	历史文化名村
张家口	开阳村、南留庄村、北方城村、大固城村、宋家庄村、水西堡村、代王城、任家涧村、上苏庄村、堡北卜村、镇边城村
石家庄	于家村、小龙窝村、吕家村、大梁江村
邢台	龙化村、内阳村、绿水池村、鱼林沟村、崔路村、英谈村、王硇村、北盆水村、西沟村
邯郸	偏城村、原曲村、北岔口村、花驼村、南王庄村

(2) 长城红色文化资源丰富。

河北省长城是我国革命战争时期长城抗战的主要阵地，尤其是境内山海关、义院口、冷口、喜峰口等是抗击侵华日军的重要阵地。长城抗战是国歌《义勇军进行曲》创作的重要源泉。

河北省长城沿线范围内有国家级爱国主义教育示范基地20处，占全省国家级爱国主义教育基地数量的95.24%；省级爱国主义教育基地有80处，占全省的76.92%。红色旅游资源92处，其中国家经典红色旅游资源17处；红色旅游景区9处。全国文保单位84处，其中展现革命文化的文保单位6处②，如表2.4所示。

(3) 非物质文化遗产数量多，分布广泛。

河北长城沿线地区的非物质物产遗产数量多、质量高，且在多个县市都有分布。河北省长城沿线地区的国家级非物质文化遗产数量有多处。其中，秦皇岛市有河北鼓吹乐、孟姜女故事；承德市有契丹始祖传说、山庄老酒酿造技术、二贵摔跤、丰宁滕氏布糊画、丰宁满族吵子会、丰宁满族剪纸；张家口市有抡花、口帮子（晋剧）、蔚县拜登山、蔚县剪纸、蔚县

①② 资料来源于河北省文化和旅游厅官网，作者整理。

秧歌；保定市有易县东韩村拾番古乐、易县摆字龙灯、易水砚制作技艺、晋中笙管、徐水舞狮；雄安新区有雄县古乐鹰爪翻子；廊坊市有苏桥飞叉会、文安八卦掌；保定市有定瓷、曲阳石雕；石家庄市有井陉拉花、桃林坪花脸社火、南张井老虎火；邢台有沙河藤牌阵；邯郸市有武安赛戏、武安傩戏、女娲祭典、涉县赛戏、武安平调落子等。

表 2.4　　河北长城沿线红色旅游资源概况

长城红色旅游资源类型	名称
长城抗战纪念地	山海关、喜峰口、罗文峪 、崇礼、大境门、怀安、紫荆关、插箭岭、倒马关
爱国主义教育示范基地	山海关长城博物馆、中国人民抗日军政大学纪念馆、八达山海关八国联军营盘旧址、热河革命烈士纪念馆、董存瑞烈士陵园、塞罕坝机械林场展览馆、白求恩柯棣华纪念馆、晋察冀军区司令部旧址、西柏坡中共中央旧址、八路军一二九师司令部旧址
红色旅游区	张家口市张北县野狐岭军事旅游区、张家口市怀来县董存瑞烈士纪念馆、保定易县狼牙山风景区、白求恩柯棣华纪念馆、保定市阜平县晋察冀边区革命纪念馆、平山县西柏坡纪念馆、邯郸市涉县八路军一二九师纪念馆

省级非物质文化遗产多达几百项，遍布长城沿线的各个县市，尤其承德兴隆县、滦平县、丰宁满族自治县和邯郸市的武安和涉县数量较多，如兴隆县的皮影戏、寿王坟传说，滦平县的马桥、城隍祭祀、黄旗武会以及磁县的磁县剪纸、磁县坠子等。

（4）自然生态旅游资源。

河北省长城沿线地区分布有森林公园、自然保护区、湿地公园等丰富的自然生态旅游资源，如表 2.5 所示。其包括森林公园 87 家，其中国家级森林公园 22 家、省级森林公园 65 家；国家风景名胜区 7 家；自然保护区 32 家，其中国家级 11 家①。

① 资料来源于河北省文化和旅游厅官网，作者整理。

表 2.5　河北长城沿线生态旅游资源概况

长城生态旅游资源类型	名称
国家级森林公园	山海关国家森林公园、辽河源国家森林公园、茅荆坝国家森林公园、木兰围场国家森林公园、塞罕坝国家森林公园、清东陵国家森林公园、六里坪国家森林公园、丰宁国家森林公园、黑龙山国家森林公园、黄羊山国家森林公园、野三坡国家森林公园、五岳寨森林公园、唐县古北岳国家森林公园、驼梁山森林公园、仙台山森林公园、前南峪国家森林公园、武安国家森林公园
国家级风景名胜区	承德避暑山庄：外八庙风景名胜区、野三坡风景名胜区、苍岩山风景名胜区、西柏坡—天桂山风景名胜区、嶂石岩风景名胜区
国家级自然保护区	柳江盆地地质遗迹国家自然保护区、茅荆坝国家自然保护区、河北滦河上游国家森林保护区、塞罕坝国家自然保护区、大海陀国家级自然保护区、雾灵山国家自然保护区、泥河湾国家级自然保护区、小五台山国家自然保护区、驼梁国家自然保护区、青牙寨国家自然保护区
国家重点生态功能区	青龙满族自治县、宽城满族自治县、承德、滦平、丰宁满族自治县沽源、康保、张北、尚义、万全、怀安、宣化区、涿鹿、怀来、赤城、崇礼区、阳原、蔚县、涞源、易县、顺平、曲阳、阜平、灵寿、赞皇、邢台

2.3　长城沿线文化资源空间分布特征

（1）空间跨度大，几乎全境分布。

河北境内长城不是简单孤立的城墙线装排列，它是由点到线，由线到面，军事重镇、关城、隘口有机结合起来，并沿线设障，堡、敌台、烽燧，构成了完备防御体系。

河北境内长城空间跨度大，从北部的热河山地、坝上草原，经山脉，到中南部的平原河流地区分布，地形条件复杂，体现了因地制宜修筑长城的原则。同时河北境内绝大多数县市都有不同时代的长城分布，从最东端的老龙头入海处顺燕山向西，横跨冀北山地、坝上草原，到最西端的西洋河；从最北端承德的半壁山城址，向南纵贯太行山脊，到最南端的白羊城遗址，纵贯河北中西部。

（2）大多沿山脉呈“厂”字形带状分布。

河北境内的长城大多沿燕山—太行山山脉分布，内外长城[①]相互拱卫，呈“厂”字型带状分布。北部的燕山山脉以外长城为主，在此长城沿线地区，曾是游牧文明和农耕文明的分界线，在漫长的历史发展过程中，居住在今长城地带以南以农业经济为主的民族部落集团和居住在今长城地带以北的以畜牧经济为主的民族部落集团间不断开展掠夺与反掠夺战争和厮杀以及经济、文化的冲撞、交流和融合（张平一，2003）。随着掠夺日趋激烈，开始出现反掠夺防御性的城郭沟壕等筑城措施。这就是最早期长城的缘起。通过对外长城的分析发现，河北省外长城的连续性强，无论是早期长城还是明长城，在空间上多呈连续性分布。

在太行山沿线，宣化、大同二镇[②]之南，直隶、山西边界上，修筑有内长城，称为“次边”。内长城的主要功能为守卫京城，内长城所经地区复杂险峻，因地形，用险固塞，其特点是关多墙少，连续性不强。居庸关、紫荆关、倒马关是著名的“内三关”，其中，紫荆关东、西、南三面为险峻的山峰，北邻汹涌的拒马河，关城布局城中套城，花岗岩条石城墙高大雄伟，是京师南部的坚固屏障。

（3）资源空间分布差异性明显。

从长城文化遗址的分布、数量及开放程度等方面存在空间的差异性。长城修筑所处的区域地形条件复杂，河流主要有滦河、潮白河、桑干河、唐河、拒马河等，气候为温带大陆性季风气候。长城所处地貌复杂多样，主要有坝上高原、燕山—太行山山地和华北平原。沿燕山分布的长城文化遗址是长城资源保存较好且开发利用最多最好的区域。张家口地区是长城文化资源分布最广泛的地区，被称为“长城博物馆”。南部的太行山长城文化资源以红色、生态、民俗等为主，呈现出更多的伴生资源。

---

① 内外长城的东交汇点为怀柔慕田峪长城附近，向北为外长城：经延庆四海镇由白河堡附近进入河北赤城县的独石口，沿西北到张家口、大同，到偏头关，最后至嘉峪关。向西是内长城：经过居庸关（八达岭），进入怀来，入门头沟，从灵山出北京进入河北涿鹿至涞源到河北易县的紫荆关，再到山西雁门关、宁武关和偏头关，在偏头关的东边白羊岭上和外长城汇合。

② 明代统治者将长城沿线分为九个防区管理，又称九边或九镇。自东向西分别为辽东镇、蓟镇、宣府镇、大同镇、山西镇（又称太原镇）、延绥镇（又称榆林镇）、宁夏镇、固原镇、甘肃镇。

以关堡为例，对沿线地区的关堡数量进行统计，如图 2. 15 所示。总体来看，秦皇岛、唐山、承德和张家口的关堡数量多，分布密集。尤其是张家口的现存关堡数量占全省的 38. 79%，为河北省关堡数量最多的地区，由点到线，再到面且呈现集中分布的态势。秦皇岛居第二位，占全省的 18. 79%；唐山、承德和保定市的占比分别为 14. 24%、12. 42% 和 10%，均超过了 10%。秦皇岛、唐山、承德和保定的关堡遗址大多呈现沿长城线状分散分布态势。河北省南部的长城关堡、城址数量较少，不到 3%，且分布较为分散。

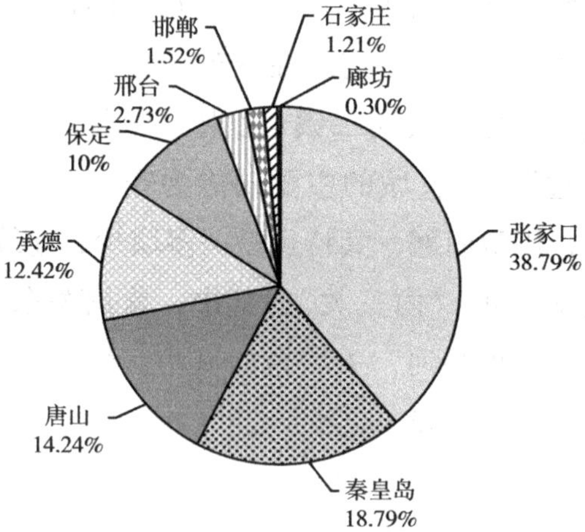

图 2. 15　沿线各市关堡数量与河北省各市比例

2. 4　长城沿线文化资源价值评价

长城作为人类历史上杰出的建筑，其建筑、艺术、文化价值巨大。河北省作为全国长城资源的富集地区，沿线拥有丰富的文化遗址，其价值得到了学术界和业界的高度重视。

（1）现存规模大，保存程度好。

河北省长城现存长城总长 2498. 54 千米，约占全国 11. 79%（全国总长 21196. 18 千米），居全国第二位。其中，河北省明长城是砖体长城保存程度最好的，长度为1338.63千米，除了8%消失之外，其他都基本存在。且建筑类型比较齐全，墙体、关堡、敌台、烽火台、马面等种类均有呈现。

（2）文化价值高，展示了独特的艺术成就和建筑成就。

长城在1987年12月被列入世界文化遗产，符合世界文化遗产遴选标准中的五项①，长城被列为世界新七大奇迹之一，同时又是世界十大文化遗产，长城文化价值具有世界性意义。

长城是文化艺术的宝藏，蕴藏着深厚的美学理念，因其艺术魅力的独特性，吸引了历史上无数的文人墨客、艺术家，留下了许许多多脍炙人口的诗词歌赋、惟妙惟肖的长城绘画和令人念念不忘的长城民间故事。在建筑美学上，关隘塞城风格各异，如明朝时期戚继光从南方带来的“义乌兵”修筑了董家口长城。他们以细腻的砖雕传达对故土的思念，造就了这段敌台券门装饰最华美的长城。其中，孙家楼、陈家楼、耿家楼等敌台券门上，雕刻有莲花如意云、双狮绣球、攀枝莲、铁花等主题，雕工精湛，带有典型的南方特征。

河北段明长城的构造，建筑形制多样，墙体、关堡、敌台、烽火台、马面等种类均有呈现。明长城的建筑系统完备，军事防御功能强大，体现在构造类型齐全，有防卫的主线城墙；有可战斗和瞭望的敌台和墙台；有可通讯的烽火台；有多功能的关隘、关城，军堡和卫所城。它们的构造自成系统，别有特色，与民用建筑虽有相似之处，但因功能不同又有特殊的建筑程式和要求，成为中国古代建筑中特有的军事建筑系统（李建丽，2003）。

因为地理位置和气候条件的差异，形成了版筑夯土墙、土坯垒砌墙、青砖砌墙、石砌墙、砖石混合砌筑、条石、泥土连接砖等构造方式。河北省怀来县境内的样边长城，总长约3千米，又称庙港长城，是河北省内保存最完好、建筑质量和规格最高的一段长城。它的城墙的构造方式是采用

① 其一，代表一种独特的艺术成就，一种创造性的天才杰作。其二，能在一定时期内或世界某一文化区域内，对建筑艺术、纪念物艺术、规划或景观设计方面的发展产生过重大影响。其三，能为一种已消逝的文明或文化传统提供一种独特的或至少是特殊的见证。其四，可作为一种建筑或建筑群或景观的杰出范例，展示人类历史上一个（或几个）重要阶段。其五，与具有特殊普遍意义的事件或现行传统或思想或信仰或文学艺术作品有直接和实质的联系。

当地的条石砌成。因建造方式独特，而成为明代修筑长城的典型，所以被称为样边长城。敌楼的建设同样体现了古代高超的建筑水平。如青山关位于河北省唐山市迁西县北部，这里保存着一座完整的，被誉为“万里长城最精致的古堡”——青山关古堡①，如图 2.16 所示。

图 2.16　董家口长城精美的券门

（3）古代建筑的杰出代表，呈现了古代军事防御体系建筑最高成就。

河北省长城集中展现了我国春秋战国、秦、汉、唐、明等 11 个历史时期所有时代长城文化遗产，构建了完整齐备的古代军事防御体系，其中河北省明长城的蓟镇、宣府镇长城地势最险峻、建筑形制最完备，代表了长城建筑和古代军事防御体系建筑的最高成就和工艺水平，合理利用各类自然要素形成的山险，集中反映了我国古人因地制宜、尊重自然、利用自然、改造自然的思想理念。山海关“枕山襟海，实辽蓟咽喉”，地理位置极为独特，是唯一体现山、海和关城的重要战略要地，同时也是辽和蓟的重要位置。它的建设体现了“主体两翼，左辅右弼，互为犄角，一线逶迤”军事防御布局。同时在山海关的南北两侧设置翼城，东西两侧设置罗城，与宁海城、威远城，共同构成七城一体的立体防御体系，大大增强了其军事防御能力。在山海关关城左右设置有五座敌楼，形成“五虎镇东”的局

① 青山关长城段有两座建筑独特的敌楼，一是监狱楼，主要作用是古代囚禁战俘，此楼无门，只有四眼通气孔，是我国长城奇特建筑之一。二是 72 券楼，此楼由大小 72 拱砌成，造型独特美观。另外，在青山关的关口处，还有着万里长城中唯一保存完好的一座提拉式水门。此水门用青砖砌成，呈拱门形，高约 4.7 米，宽约 2.7 米。

势。从老龙头到九门口防线，按“镇城—路城—关城（隘口）—堡城—敌台—烽火台”长城指挥系统格局，构成山海之间固若金汤的海陆军事要塞，因此山海关也成为长城史上唯一未被攻破的雄关（张立方，2021）。山海关、金山岭是典型古代军事防御体系遗址，不仅体现了我国古人自成体系、不断发展、日臻完善的砖石、夯土建筑营造技艺及建筑工程管理体制，展现了我国古代军事防御体系的缜密设计与完备功能，更是人类历史上伟大建筑奇迹的物质见证和人类创造精神的杰作。

（4）为世界的文化遗产保护贡献了“中国智慧”，彰显了中华民族的文化自信。

河北省长城的修筑过程经历了中华民族历史上的 11 个历史时期，是 15 个省区市中修建长城最多的省份。河北省长城无论在建造年代叠加、时间跨度、空间分布，还是保存完整度、文物遗产价值等方面，都属于长城世界文化遗产的典型和杰出代表。山海关、金山岭、大境门长城已成为中国和中华民族的代表性符号，成为向世界展示中华文明历史文化价值的重要窗口，对于提升中华文明、中华优秀传统文化的国际影响力具有重要意义。中国长城文化遗产的保护发轫于河北，1984 年，邓小平、习仲勋同志最早提出对长城的保护，先后在山海关为长城保护工作题词“爱我中华修我长城”，这一题词体现了长城与中华民族的紧密联系，保护长城成为中华儿女的重要任务，因此在国内乃至全球掀起了宣传长城、保护长城的热潮。1987 年，长城成为我国首批世界文化遗产后，山海关段和金山岭段长城为全世界人民所熟知，具有巨大的影响力和号召力。山海关地区推行了一系列的长城保护制度和政策。2003 年，秦皇岛抚宁区首次提出并实行长城保护员制度。2008 年，山海关古城修复工程的成果得到了世界的一致认可，不仅成为中国长城保护工程的范本，而且在国际文化遗产保护领域同样具有创新性和示范性，成为世界文化遗产保护的“中国智慧”和“中国经验”，为我国推动世界文明共同进步作出了重要贡献。

（5）长城抗战精神的展现地，集中承载了中华民族坚韧自强民族精神。

河北省长城主要分布于燕山—太行山崇山峻岭，历经 2000 多年的持续营造，建造难度之大、持续时间之长，集中展现了中华民族不畏艰难险阻、顽强不屈、吃苦耐劳的精神特质。在维护我国长期和平、统一的历史上，长城不仅具有举足轻重的战略地位，更发挥了不可替代的重要作用。“长城抗战”作为近现代改变长城价值的历史事件，主要集中发生在河北省长城沿线。

河北境内的长城，在近代尤其是在抗日战争时期和解放战争时期，成为保卫华北、保卫中国、打击日寇的主要战场，也是国共两党进行战略总决战、解放全中国的主要战场。山海关抗战打响长城抗战第一枪，喜峰口、罗文峪大刀队重创日寇。察哈尔抗日同盟军血战收复多伦，东团堡战斗全歼日军士官大队，黄土岭大捷击毙日军中将阿部规秀。长城抗战激发了全民族团结统一、众志成城的爱国精神，激励了坚韧不屈、自强不息的民族精神，为最终取得全民族抗战伟大胜利打下了坚实的基础。作为中华民族的精神象征，长城已深深融入了中华民族的血脉，成为实现中华民族伟大复兴中国梦的强大精神力量，对于中华民族的过去、现在和未来均具有重要意义和深远影响（张立方，2021）。

（6）景观组合好，集中展示了人与自然和谐发展的文化景观。

长城历经2000多年的岁月锤炼，成为我国规模最大的文化景观遗产之一。河北省长城与沿线地区燕山—太行山崇山峻岭、坝上草原壮美雄浑、茂密原始森林、沃野千里农田、平畴万里渤海等地貌有机融合，形成雄浑、壮丽的独特景观，成为人与自然和谐相生的景观遗产。河北省长城拥有我国进出中国西北和东北地区最重要的两大关口——张家口和山海关，张家口在明代开设的宣府马市，加强了汉蒙满民族之间的经济贸易交流，促进了经济社会的发展，成为草原丝绸之路起点。山海关山、海、城三位一体，连接着华北的农耕文明和东北的渔猎文明、蒙古的游牧文明，近代则又成为东方大陆文明和西方海洋文明碰撞的前沿地区。河北省长城保持了北方地区长期稳定、安宁与和平，保障了沿线交通和互市贸易，促进了沿线农业开发与城镇发展，推动了各民族文明、文化交流与融合。

第3章 河北省长城沿线文化遗址保护研究

河北省长城地处燕山—太行山山区，跨越多种地貌类型。河北省长城沿线是北方重要的生态屏障，自然生态脆弱。河北省长城沿线是农耕文化与农牧文化相互交融、相互博弈，经历了四次多民族融合，形成了多彩的民族文化集聚带。目前，河北省长城沿线人口在两山区域分布较为平衡，但经济发展相对落后，经济发展不平衡。河北省境内的长城保护工程始于20世纪50年代对于秦皇岛市山海关地区长城资源的保护，经历了早期探索保护阶段（1950～1983年）、全面保护展开阶段（1984～1999年）、长城保护法制化阶段（2000～2018年）和国家文化公园保护与开发阶段（2019年至今）等四个阶段。修缮保护区域上从秦皇岛、承德扩展到张家口、承德和唐山，由燕山到太行山，一直延续至今。因受自然因素、人文因素和管理因素的影响，河北省早期长城损毁十分严重，长城沿线生态环境脆弱和人类活动破坏，大多呈现出遗址保存不连续的状态；明长城，因距离年代近，成为砖体长城保存程度最好的长城。

3.1 长城遗址保存的自然环境条件

（1）长城大多地处燕山—太行山山区，跨越多种地貌类型。

从全国范围来看，长城主要沿我国内蒙古高原东、南边缘的农牧交错地带向天山南北和塔克拉玛干沙漠南北的绿洲沿线分布，自西向东连接天山、祁连山、贺兰山、六盘山、阴山、太行山、燕山、大兴安岭的中国北方弧形山脉带，高原、山地占90%以上，形成一条东西狭长的、具有重要地理分界线意义的弧形地带。长城地区的东北部分布于我国最大的草原区和森林区，尤其是内蒙古草原和大兴安岭林区的金界壕和明代长城，是我国游牧文化的主要分布区。

河北省长城主要分布于燕山南北、太行山东麓等地区，大多高低盘旋在崇山峻岭之间，与“两山”相依共存，并濒临渤海。地处内蒙古高原和冀北燕山—太行山的山地交错带、高原山地到平原地形过渡带和半湿润、半干旱气候过渡带，北抵大漠，南望平川，东依沧海，西接高原。主要河流有滦河、潮白河、洋河、桑干河、唐河、拒马河等。长城地处温带大陆性季风气候，大部分地区四季分明。

燕山是我国游牧文化和农耕文化的分界线，太行山是我国第二阶梯和第三阶梯的重要分界线，其中河北省明长城的蓟镇、宣府镇长城地势最险峻、建筑形制最完备。长城与两山的崇山峻岭、坝上草原壮美雄浑、茂密原始森林、沃野千里农田、平畴万里渤海等地貌融合，从东到西总体呈现出滨海—山地—山间盆地—草原—平原相间的地貌景观，不仅形成雄浑、壮丽的独特自然景观，还伴生了丰富多彩的生态文化。

（2）长城沿线是北方重要的生态屏障，自然生态脆弱。

从全国来看，长城沿线近30%的区县属于国家重点生态功能区。其中，河北省有27个，仅次于内蒙古自治区的33个，位居全国第二，如图3.1所示。河北省、内蒙古自治区、新疆维吾尔自治区和甘肃省等四个省区生态功能区的数量总数占整个长城沿线的75%。从东到西，构成了我国北方的生态屏障。总体来看，河北省长城沿线的生态功能区主要分布在生态脆弱地区①。

---

① 数据来源以下资料整理：

1. 国务院关于同意新增部分县（市、区、旗）纳入国家重点生态功能区的批复. 中华人民共和国中央人民政府 http：//www. gov. cn/gongbao/content/2016/content_5120700. htm［引用日期 2020－09－20］.

2. 新增87个国家重点生态功能区的国有林区林业局类型表. 中华人民共和国发改委，https：//www. wulan chabu. gov. cn/ewebeditor/uploadfile/2018/06/06/20180606161828750. pdf［引用日期 2020－09－20］.

3. 国家发展改革委办公厅关于明确新增 国家重点生态功能区类型的通知. 中华人民共和国中央人民政府 http：//www. gov. cn/xinwen/2017－02/08/content_5166513. htm［引用日期 2018－09－28］.

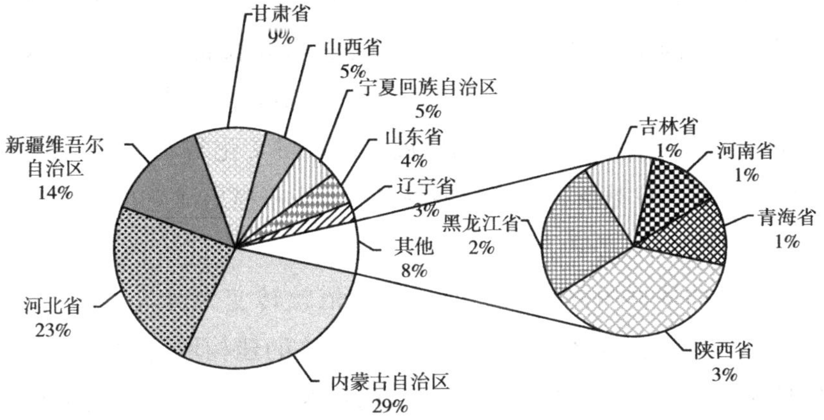

图 3.1　各省区生态功能区所占长城沿线生态功能区比例

其中，张家口市内生态功能区数量最多，有 12 个，其次是承德市有 6 个，保定市有 5 个，石家庄市有 2 个，秦皇岛市和邢台市各 1 个，如表 3.1 所示。张家口和承德两市位于农牧交错带，生态功能区占到全国的 15% 以上，占到河北省的 66.67%；两市又是首都水源涵养功能区和生态环境支撑区，到 2035 年全面建成，并将成为京津冀绿色发展示范区。

表 3.1　　河北省生态功能区情况

	数量	占比	地级市	数量	占比
河北省	27	23.48%	邢台市	1	0.87%
			石家庄市	2	1.74%
			保定市	5	4.35%
			张家口市	12	10.43%
			承德市	6	5.22%
			秦皇岛市	1	0.87%

3.2　长城沿线的社会人文环境

长城不只是一项军事防御工程，也承载着中华民族对和平的渴望。人类文明一般是伴随着农业的产生而发展起来的，古代中国中原地区农业始终是立国之本，修建长城的作用是保护农业社会和农业生产，保护农耕就是保护国家经济命脉、保障社会的稳定。两千多年间，围绕长城的交往互动，在农业和游牧民族相互促进、共同发展下，农耕文化与农牧文化相互交融，唱出民族融合、人口繁衍、经济发展等多重奏，碰撞出绚烂的中华文明。

（1）长城地区是各种文化的博弈之地。

长城地区的族群由前期对自然环境的依赖转变为对政治集团的依赖，民族、族群自身与长城之间主要是通过政治体的建构取得联系的，即长城的修建是在政权和国家形成之后，长城的构筑是政权、王朝攻防政策的产物。春秋战国以前，政治体的互动方向不是南北而是东西。春秋战国之后，北方游牧势力的壮大引发了中原的连锁反应，南北关系替代东西关系。长城地带处于农业社会的边缘而被统治者视为与外族隔绝的屏障。

（2）长城沿线经历了四次多民族融合，形成了多彩的民族文化集聚带。

长城建筑本身是中原诸侯国于春秋后期尤其是战国年间为彼此的攻防互动而采取的巩固边界、防御进攻措施的一种，长城首先出现在华夏民族内部的攻防之中出现的。但随着时间的推移，长城沿线出现了四次民族大融合（李鸿宾，2016；李凤山，1993）。

第一次民族融合时期出现在秦汉时期，这是自春秋时期以来，长城沿线由中原“华夏”与“夷狄”两个族群的对峙，到北方民族步入中原建立政权，建立“胡汉双轨”制度，便开始民族的大融合。

第二次民族融合出现在隋唐时期的突厥、柔然、回纥的强大和进攻，尤其是五代十国时期，长城地区南部成为政权争夺的战略要地，开启了第二次大融合。

第三次民族大融合出现在元朝时期，元朝成功地将草原、中原、西域、青藏高原众多族群连同广袤的土地统辖在统一的帝国之下。西北势力与西域、中亚民族东迁入内地，尤其是以伊斯兰教的信奉为核心的族群聚合体，为回族的衍化奠定了基础。

第四次民族融合出现在明朝时期，长城北部的蒙古势力让明朝采用连接修筑之法，修建了史无前例的长城。而草原的蒙古族、回族等群体与汉人族群在长城沿线互市交易，形成了明蒙长城地区多民族集聚的新场景。尤其是清朝建立，满、汉、蒙、藏、回等多民族集聚长城沿线的新格局得以形成[①]。

河北省地处民族融合的中心，河北省长城南部形成了以农耕为主体的民族群体和北部草原游牧为主的文化，并分别构成了河北长城地区人群活动的中心。各个族群之间互动交往而又保持着各自的独立，最终在清朝一统化。

目前，在15个长城沿线的省区市中，总共分布着20个民族。华北片区是民族种类最少的区域，有汉、蒙古、回、维吾尔和满等5个民族。其中，河北长城沿线拥有除维吾尔族之外的4个其他民族。

（3）长城沿线人口较多，两山区域分布较为平衡。

从全国来看，长城沿线人口数量较少，人口密度较低，呈现出东多西少、东高西低的态势。如内蒙古自治区、青海省、新疆维吾尔自治区、甘肃省等境内长城沿线绝大多数地级市的人口密度不超过50人/平方千米。

从图3.2和表3.2可以看出，河北省长城沿线人口占全国长城沿线总体比重为14.94%，远远高于6.67%的平均值，人口密度均值为331.69人/平方千米，在全国15省区市中列第8位。秦皇岛市、廊坊市长城沿线区域人口密度低，100～250人/平方千米，受到的人类活动影响和干扰小；张家口市、承德市北部长城沿线区域人口密度较低，100人/平方千米左右，受到的人类活动影响和干扰较小；保定市、邢台市、石家庄市长城沿线区域人口密度较高，250～310人/平方千米，受到的人类活动影响和干扰较大；唐山市、邯郸市长城沿线区域人口密度高，450人/平方千米左右，受到的人类活动影响和干扰大。河北省长城沿线各市占各省区市的比例最多为张家口市、保定市和承德市，而张家口市和承德市的人口密度最低，分别为123.23人/平方千米和94.90人/平方千米。可见，经济发展水平较低的地区在长城沿线分布的人口占本省区市比例大。即经济发展水平较低的地区，有向长城沿线人口集聚的特征。

---

① 资料来源于：陈海燕，董耀会．中国长城志：环境·经济·民族．[M]．南京：江苏凤凰科学技术出版社，2016.8.

表 3.2　　长城沿线河北省的地级市人口情况

地级市	人口密度（人/平方千米）	占本省沿线人口比例（%）	占沿线总人口比例（%）
唐山市	458.01	8.44	1.26
邯郸市	446.68	9.49	1.42
保定市	306.19	19.63	2.93
邢台市	291.00	5.82	0.87
石家庄市	273.50	8.29	1.24
秦皇岛市	242.55	6.49	0.97
廊坊市	223.04	4.74	0.71
张家口市	126.23	20.42	3.05
承德市	94.90	16.69	2.49
合计	—	100	14.94

注：数据来源于各市2020年统计年鉴中的人口数与面积计算得出。

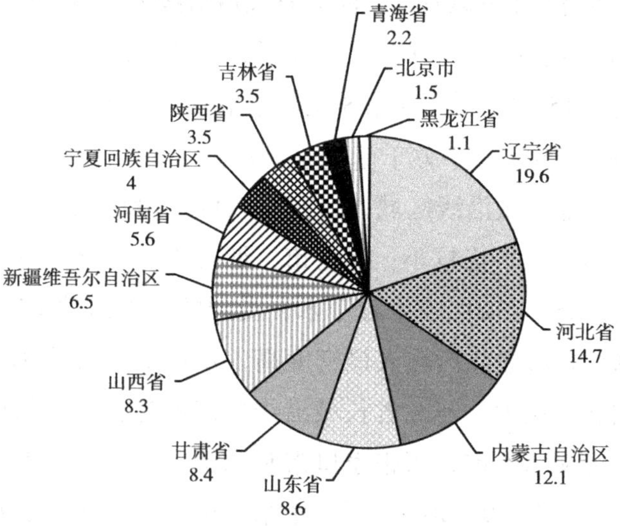

图 3.2　各省区市人口占长城沿线人口比例

从两山区域来看，太行山区域占全国比重的7.17%，占全省比重的47.97%；燕山区域占全国比重的7.77%，占全省比重的52.03%；可见，燕山区域略高于太行山区域。

（4）长城沿线经济发展相对落后，经济发展不平衡。

从全国来看，长城沿线地区整体经济发展水平总体滞后，如图 3.3 所示，46%的地市 GDP 在 100 亿～500 亿元。如表 3.3 所示，按照原来贫困县的数量，河北省有 13 个，占比为 15.66%，排名第二。其中，张家口市最多，有 8 个，承德市次之，有 3 个，保定市有 2 个。随着脱贫攻坚战的开展，2020 年年底均已全部脱贫。从地级市层面来看，沿线各地市经济体量较小，60%处于 500 亿元以下，经济欠发达地区比重大。

表 3.3　　河北省长城沿线贫困县情况

数量	占贫困县总数比重	地市	数量
13	15.66%	保定市	2
		张家口市	8
		承德市	3

资料来源：国务院扶贫开发领导小组办公室网站。2020 年 11 月 23 日，中国 832 个国家级贫困县全部脱贫摘帽，中国脱贫攻坚目标任务圆满完成。

如表 3.4 所示，河北省长城沿线经济总量占到全省经济总量的 24.75%，这与占全省 1/3 强的县市数量对比，经济总量差距较大。其中，唐山市、承德市、张家口市和邯郸市在 1000 亿～2000 亿元；保定、石家庄和邢台等 3 个城市在 100 亿～500 亿元。秦皇岛最低，为 414 亿元，如图 3.3 所示。很明显，其呈现出北强南弱、西强东弱的态势。

表 3.4　　河北省各地区 GDP 水平

GDP 总量（亿元）	各县（区、市）平均 GDP（亿元）	长城沿线 GDP 总量（亿元）	长城沿线 GDP 占全省比重（%）	长城沿线县（区、市）平均 GDP（亿元）
35104.50	211.47	8689.40	24.75%	144.82

注：数据来源于 2020 年各市统计年鉴、政府工作报告。

如表 3.5 所示，河北省各县（区、市）平均经济总量为 211.47 亿元，而长城沿线 59 个县的平均数为 144.82 亿元，这个数值仅高于新疆、山西、黑龙江、青海、内蒙古和甘肃等 6 个省区。超过河北省 GDP 平均水平的县（区、市）数量有 9 个，比重仅为 15.25%。

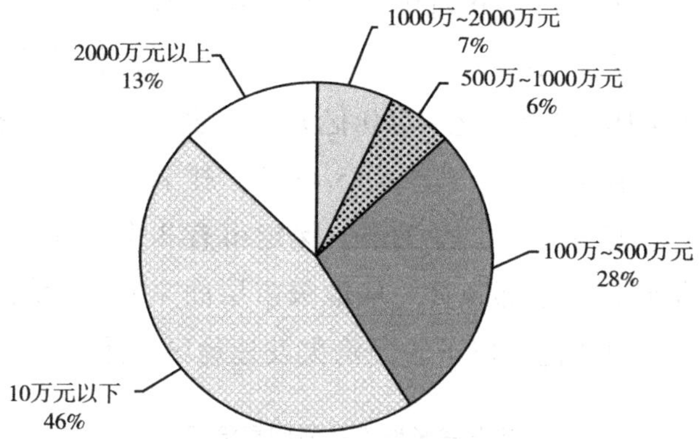

图 3.3　长城沿线地级市 GDP 数量分布

表 3.5　河北省长城沿线各地级市 GDP 情况

地级市	GDP（亿元）	占全省沿线比重（%）	占全国沿线比重（%）
唐山市	1802.9	21.46	2.83
承德市	1341.9	15.98	2.11
张家口市	1297.6	15.45	2.04
邯郸市	1057	12.58	1.66
保定市	985.5	11.73	1.55
石家庄市	969	11.54	1.52
邢台市	531.2	6.32	0.83
秦皇岛市	414.4	4.93	0.65
合计	8399.5	100	13.19

注：数据来源于 2020 年各市统计年鉴、政府工作报告。

从经济发展状况可见，秦皇岛市、唐山市的冀东部地区，位于燕山山脉，自然资源丰富，传统农业及工业经济占主导地位。承德市和张家口市冀北部地区，位于坝上草原及大马群山沿线，经济欠发达，近年来旅游业快速发展。保定市、廊坊市、保定市、邯郸市和邢台市等冀中南地区，位于太行山山脉沿线，经济发展较快，传统农业和工业经济占主导地位。

（5）土地利用性质因地而异，土地利用现状较为稳定。

金界壕遗址等主要沿旱地—林地、草原—林地过渡地带分布。秦汉长城点段主要沿草原—水田、裸露地—水浇地、戈壁—盐壳及盐碱地—水浇地、沙漠—草坡过渡地带分布。明长城点段主要沿旱地—林地、草原—旱地过渡地带分布。春秋战国长城点段主要沿旱地—林地、旱地—水浇地、旱地—草原过渡地带分布。土地利用情况与当时相比已发生变化。但随着我国土地管理不断加强，土地利用现状较为稳定。仅在部分地区因农业、林业、畜牧业发展，致使部分长城沿线景观风貌和生态环境发生改变，对长城点段及文化景观要素带来潜在威胁。

（6）城镇化率相对较低，背靠京津冀城市群。

无论在历史时期还是在现代，长城地区都是进出南北的重要关口。历代曾是北方重要商贸城市和金融中心。从全国来看，2021 年平均城镇化率为 64.72%，河北省的城镇化率为 61.14%，均低于全国水平。从城市群来看，京津冀城市群人口占整个长城沿线的 22.14%，京津冀城市群 GDP 占整个沿线 GDP 的 28.93%，也是长城沿线经济发展最好的区域，如表 3.6 所示。

表 3.6　　河北省长城沿线城市群组成

城市群	组成	人口（万人）	占沿线人口比例（%）	GDP（万亿元）	占沿线 GDP 比例（%）
京津冀城市群	北京、天津、石家庄、唐山、保定、秦皇岛、廊坊、沧州、承德、张家口	8836.34	22.14	7.6577	28.93

注：数据来源于各市统计年鉴、政府工作报告。

3.3　长城保护历程

河北省境内的长城保护工程始于 20 世纪 50 年代对于秦皇岛市山海关地区长城资源的保护，20 世纪 80 年代，唐山、承德先后开始对长城资源进行保护，其他市县对于长城的保护也从 2000 年以后陆续进行。河北省境内的长城保护工程自 20 世纪 50 年代开始至今一直在进行中。当然，对于长城资源的保护并不是一步到位的，而是根据长城资源分布、遗存情况对于同一地点的长城资源进行多次的修缮保护。

（1）早期探索保护阶段（1950～1983年）。

从全国范围来看，长城保护工作从1950年起，进入了新的历史阶段。1952年，中国政府组织开展了居庸关、八达岭和山海关的长城维修工程，这是新中国第一批长城保护维修工程（国家文物局，2016）。河北省的长城保护维修就是从这个时期山海关镇东楼维护工程开始的。1956年，河北省人民委员会把东起山海关西到万全县境的长城公布为第一批省级文物保护单位。1961年起，万里长城—山海关长城公布为第一批全国重点文物保护单位，如表3.7所示。自此开始，对山海关的券洞、城墙、关城、镇东楼、瓮城等进行了多次维护、修复和重建等工程。资金来源以国家拨款为主，省拨款和自筹为辅展开。

表3.7　河北省明长城全国重点文物保护单位①统计表

<table>
<tr><th>序号</th><th>名称</th><th>批次/时间</th><th>类型</th><th>备注</th></tr>
<tr><td>1</td><td>万里长城—山海关</td><td>Ⅰ/1961－03－04</td><td rowspan="2">古建筑及历史纪念建筑物</td><td rowspan="2"></td></tr>
<tr><td>2</td><td>金山岭长城</td><td>Ⅲ/1988－11－03</td></tr>
<tr><td>3</td><td>万里长城—紫荆关</td><td rowspan="2">Ⅳ/1996－11－20</td><td colspan="2" rowspan="2">古建筑</td></tr>
<tr><td>4</td><td>万里长城—九门口</td></tr>
<tr><td>5</td><td>长城—乌龙沟段</td><td rowspan="2">Ⅴ/2001－6－15</td><td colspan="2">古建筑</td></tr>
<tr><td>6</td><td>金界壕遗址</td><td colspan="2">古遗址</td></tr>
<tr><td>7</td><td>宣化古城</td><td rowspan="2">Ⅵ/2006－5－25</td><td colspan="2" rowspan="2">古建筑</td></tr>
<tr><td>8</td><td>万全右卫城</td></tr>
<tr><td>9</td><td>喜峰口长城</td><td rowspan="6">Ⅶ/2013－5－3</td><td rowspan="6">古建筑</td><td rowspan="6">8处并入第五批</td></tr>
<tr><td>10</td><td>大境门长城</td></tr>
<tr><td>11</td><td>浮图峪长城</td></tr>
<tr><td>12</td><td>宁静安长城</td></tr>
<tr><td>13</td><td>白石口长城</td></tr>
<tr><td>14</td><td>插箭岭长城</td></tr>
</table>

① 资料来源：河北省第一至八批全国重点文物保护单位名单，河北省文物局官网，2022.5.24.

续表

序号	名称	批次/时间	类型	备注
15	狼牙口长城	Ⅶ/2013-5-3	古建筑	8 处并入第五批
16	倒马关长城			
17	板厂峪窑址群遗址			
18	永平府城墙			
19	洗马林城墙			
20	张家口堡			
21	马水口段	Ⅷ/2019-10-17	古遗址	3 处并入第五批
22	样边段			
23	板厂峪段			

这一时期，人们的保护意识相对较弱，用长城砖盖房、垒猪圈的破坏活动较多。第二批到第六批全国重点文物保护单位中也列有长城重要的相关遗址、关隘、烽燧，如河北省金山岭长城等。

河北省政府分别于 1980 年、1981 年先后两次颁布《关于保护长城的布告》，在省内各地街头巷尾张贴。省政府又以冀政（1980 年）133 号文件转发了省文化局《关于承德、唐山地区万里长城检查情况及今后保护意见的报告》。1982 年 11 月，全国人民代表大会常务委员会通过并颁发了《中华人民共和国文物保护法》。1982 年 7 月，河北省人民政府对 1956 年公布的河北省文物保护单位进行调整和补充，印发《关于重新公布河北省重点文物保护单位的通知》，重新公布河北省文物保护单位共计 304 处，其中战国至近代的“古长城”、明“万里长城”等被列为河北省文物保护单位，并划定保护范围和建设控制地带（河北省地方志编纂委员会，2011）。

（2）全面保护展开阶段（1984～1999 年）。

20 世纪 80 年代，国家文物局开展了长城普查工作，八达岭、慕田峪、黄崖关、山海关、嘉峪关等很多长城段都得到了修缮，是自明代以后规模最大的长城保护性维修工程。

1984 年，邓小平同志号召“爱我中华，修我长城”，推动了长城保护工作的全面开展，掀起了全社会关注、参与保护长城的热潮。1987 年 6 月，中国长城学会成立。1987 年 12 月，联合国教科文组织将长城列入世界文化遗产。

该时期，长城保护仍以秦皇岛为主，扩展到承德。1985～2003年，对天下第一关箭楼、老龙头滨海长城、靖边楼、临闾楼、角山旱门关、牧营楼、入海石城、牧营楼南至靖边楼北长城墙体、南海口关及靖卤台至澄海楼、角山长城等处进行了修复，并于1986～1987年对老龙头分三期进行修复。1983～1987年对滦平县境内现存的长城资源（墙体、城楼、西方台等）进行修复。

1988年，金山岭长城和清远楼长城公布为第三批全国重点文物保护单位。1992年，《河北省人民政府关于印发〈河北省国家级、省级文物保护单位保护范围及建设控制地带〉的通知》（〔1992〕9号），划定了保护范围及建设控制地带。1993年7月，河北省人民政府印发了《关于公布河北省第三批省级文物保护单位及其保护范围和建设控制地带的通知》，新公布省级文物保护单位234处。其中，“红山长城采石场遗址”被公布为河北省文物保护单位。1996年，镇朔楼、万里长城—九门口、鸡鸣驿城、长城—乌龙沟段等段长城公布为第四批全国重点文物保护单位。

但自20世纪90年代中期以后，国家对长城保护、研究关注降低。长城保护和开发因经济效益而呈现两极化状态。一方面看到了长城的经济效益，长城的精华段被过度商业化，过度开发，使长城遭到了严重破坏；另一方面，长城因成为经济发展的障碍而被拆除，长城破坏非常严重。

（3）长城保护法制化阶段（2000～2018年）。

鉴于破坏长城的事件仍时有发生，如拆长城砖建房、盗挖长城基址内的石料，还有部分游客随意挪动砖石、任意在砖石上刻画等，都对长城造成了破坏。

2001年，河北省人民政府《关于公布第四批省级文物保护单位及保护范围和建设控制地带的通知》，划定了长城堤（战国）保护范围及建设控制地带。至此，已将河北省境内长城整体公布为河北省文物保护单位①。

① 2001年，乌龙沟段、金界壕遗址公布为第四批全国重点文物保护单位。2006年，宣化城墙、万全右卫城等段长城公布为第六批全国重点文物保护单位。2013年，张家口堡、永平府城墙、洗马林城等段长城公布为第七批全国重点文物保护单位。

河北省政府于2002年11月发出通知，要求各地进一步加强长城保护管理工作。2003年3月，全面启动山海关古城的整体保护与开发。2003年，长城保护员制度开始在秦皇岛率先试点，2016年2月，国家文物局出台印发了《长城保护员管理办法》明确了长城保护员的职责、待遇和奖惩，这是继《长城保护条例》之后，规范长城保护员的专门性文件；至2018年，河北省长城保护员登记在册788人，其中涉及早期长城的长城保护员276人。

保定市自2003年起开始对于紫荆关长城的维护修缮工作，一直持续到2013年。2008年山海关古城修复工程成为中国长城保护工程的典范，在国际文化遗产保护领域具有开创性和示范性，成为世界文化遗产保护的“中国智慧”和“中国经验”。2017年，徐水区大马各庄段燕南长城进行了保护展示工程。2018年，雄安新区黑龙口段长城实施了环境整治工程。

2004年，国家文物局完成了《长城保护、管理和研究状调查及对策研究》的基础调研课题，为立法、规划和保护工程提供了基础资料。同年，国务院批准了国家文物局制订的《长城保护工程（2005～2014年）总体工作方案》，开始制定《长城总体保护规划》。2006年，《长城保护条例》正式出台，该条例具有里程碑式的意义，是长城保护史上的转折点。2006年11月，文化部部务会审议通过了《世界文化遗产保护管理办法》，与《中华人民共和国文物保护法》和《中华人民共和国文物保护法实施条例》共同构成了长城保护的法律体系（国家文物局，2016），长城保护进入了法制化阶段。

2006年以来，河北省文物部门多次开展长城执法督查专项调研和执法活动。河北省与北京市、天津市文物行政部门签订了《京津冀长城保护管理框架协议》，共建三省（市）长城保护协调机制，开展长城联合执法巡查（国家文物局，2016）。2006～2010年，按照国家文物局的统一安排部署，河北省完成长城资源调查工作，建立了河北省长城资源数据库。并在2010年和2014年完成对于金山岭长城的部分修缮工作。从2016年开始，河北省级财政每年安排1500万元用于长城抢救性维护、监控防护、保护装备和监测等工作。2016年12月，省政府常务会通过《河北省长城保护办法》，2017年2月1日起实施。2018年，秦皇岛市政府出台《秦皇岛市长城保护条例》，为长城保护保驾护航。

该阶段，河北省长城的维修和修复工程从秦皇岛、承德，扩展到保定、石家庄、邯郸、张家口等市，保护维修工程在河北省更大范围内展开。

（4）长城国家文化公园建设阶段（2019年至今）。

2019年1月，文化和旅游部、国家文物局联合印发《长城保护总体规划》，指导全国的长城保护工作。2019年7月24日，习近平总书记主持召开的中央全面深化改革委员会第九次会议通过《长城、大运河、长征国家文化公园建设方案》。建设长城国家文化公园，对坚定文化自信，彰显中华优秀传统文化的持久影响力、革命文化的强大感召力具有重要意义（董耀会，2019），并于12月初，中央办公厅、国务院办公厅印发《方案》，要求各地各部门结合实际认真贯彻落实。8月20日，习近平总书记在嘉峪关考察时，对长城保护与文化传承再次做出重要指示，要求按照“保护好、传承好、利用好”长城的总体要求，以传承弘扬长城精神为目标，坚持“保护为主、抢救第一、合理利用、加强管理”工作方针，着力提升长城保护管理和展示利用整体水平。响应国家号召，增强文化自信，弘扬长城精神、长城文化，推动长城沿线文化事业与旅游的融合，以旅游促进长城文化的传播。河北省成为中国长城国家文化公园建设示范点，自此，长城文化保护与开发利用进入了国家文化公园建设期。为了加强河北省长城保护、利用和传承，弘扬长城精神，2021年3月，河北省出台《河北省长城保护条例》，同年6月1日起施行①。

① 《条例》共66条，分为总则、长城保护、长城利用、监督管理、法律责任、附则共六章，以《中华人民共和国文物保护法》《长城保护条例》为依据，吸纳了现行法律法规和其他省市一些好的经验做法，按照保护好、传承好、利用好长城的总体要求，规范了完善保护责任、健全保护体制机制、发掘长城利用的文化价值和精神内涵、充实监管方式等方面的内容。突出了实践性，奠定了长城国家文化公园建设的法制基础。在保护利用实践方面，坚持不改变原状、最低程度干预和预防为主原则；在多元治理方面，突出实现“良政善治”理念。突出了时代性，充分体现习近平法治思想中的“以人民为中心”理念。突出了科学性，在规划、安全监管方面、传播体系、价值阐释方面等方面都体现了科学性。《河北省长城保护条例》出台，国家文物局网站，http：//www. ncha. gov. cn/，2021－03－31.

3.4　遗址保存现状及影响因素

3.4.1　全国总体保存现状

从全国来看，长城整体保存量较低。保存较好的比例仅为30.4%，保存差的比例为69.7%。长城在建筑材料和构筑方法上遵循因地制宜、就地取材的修筑原则，依山形地势筑成的遗存类型丰富，构成了完整的防御体系。但因历史久远，建造材料多样，生态环境脆弱和人类活动破坏，大多呈现出遗址保存不连续的状态。总体来看，墙体设施保存比例为1/2以上，墙基、墙体留存比例为3/4以上的，保存现状较好的长城点段约占总数的12.3%。墙体设施留存比例为1/2以下，墙基、墙体留存比例为1/4～3/4的，保存现状一般的长城点段约占总数的18.1%。墙体设施无存，墙基、墙体留存比例为1/4以下或濒临消失的，保存现状较差、差的长城点段约占总数的45.5%。没有遗存，已完全消失的长城点段约占总数的24.1%。

3.4.2　河北省长城保存现状

河北境内长城总长2498.54千米，长城资源比例占全国11.79%，资源认定总量居全国第二位。河北省长城建筑形制多样，墙体、关堡、敌台、烽火台、马面等建筑类型均有呈现。春秋战国长城包括楚长城、齐长城、中山国长城、魏国长城、燕国长城和赵国长城等，该时期长城在河北省连续性较差，仅占全国比重的0.1%。金代在今黑龙江省甘南县，经河北至内蒙古自治区四子王旗一线，主要分布在北部的草原上，修筑了以壕沟为防御工程主体的界壕体系（国家文物局，2016），墙壕遗址总长4010.28千米，金界壕在河北省分布，占全国的比分别为6.25%。明长城东起辽宁虎山，西至甘肃嘉峪关，河北省长城占全国比重为15.13%，排名第二；明代砖体长城保存程度最好，在空间上连续性强，河北省分布非常集中（国家旅游局，2016）。

河北省长城以遗址形态为主，城墙体、单体建筑、关堡、相关遗存保存程度（蔡文超，2013）可分为5种状态①：

（1）长城墙体保存程度较好：长城墙体设施保存比例为1/2以上，墙基、墙体保存比例为3/4以上的，属于保存程度较好长城点段占总数的3%；一般：长城墙体设施保存比例为1/2以下，墙基、墙体保存比例为1/4～3/4的，属于保存程度一般长城点段占总数的9%；较差：长城墙体设施无存，墙基、墙体保存比例为1/4以下的，属于保存程度较差长城点段占总数的15%；差：长城墙体设施墙基、主体仅留地面痕迹，墙体遗址濒临消失的，属于保存程度差长城点段占总数的41%；消失：地面遗迹不存。占长城点段总数的32%。

（2）单体建筑保存程度较好：主体保存比例为3/4以上，主体设施保存比例为1/2以上，属于保存程度较好占总数的4%；一般：主体保存比例为1/4～3/4，主体设施保存比例为1/2以下，属于保存程度一般占总数的13%；较差：主体保存比例为1/4以下，主体设施无存，属于保存程度较差占总数的18%；差：仅存遗迹，濒临消失，属于保存程度差占总数的65%。

（3）关堡保存程度一般：格局不完整，建筑少量保存，墙体保存比例为1/4～3/4，其他设施保存1/2～1/4，属于保存程度一般占总数的5%；较差：格局尚可辨认，建筑无存，墙体保存比例为1/4以下，其他设施保存1/4以下，属于保存程度较差占总数的22%；差：格局不清，建筑无存，墙体濒临消失，属于保存程度差占总数的73%。

（4）相关遗存保存程度较差：格局尚可辨认，建筑无存，墙体和其他设施保存1/4以下，属于保存程度较差占总数的21%；差：格局不清，建筑无存，墙体濒临消失，属于保存程度差占总数的79%。

（5）河北省明长城是砖体长城保存程度最好的，长度为1338.63千米，除了8%消失之外，其他都基本存在。且建筑类型比较齐全，墙体、关堡、敌台、烽火台、马面等种类均有呈现。

---

① 河北省早期长城保护规划（2020－2035），2020.7.

从历史年代来看，战国春秋时期修筑的长城，损毁十分严重，许多地段墙体无存，尚存的墙体绝大部分已经坍塌，大多数成为土垄或石堆状。秦汉长城跨越地域较广，损毁也十分严重，大部分墙体已被破坏，尚存的墙体已坍塌成土垄或石垄。金代修建的界壕，损毁程度差别较大，长城遗存仅次于明长城。明长城因修建年代晚，整体保存情况尚好，大部分地段墙体尚存。其他时代如南北朝、唐、宋长城等，长城损毁严重，唐朝在新疆有少量烽火台保存完整，宋代在宁夏的列燧有一部分保存较好。金界壕和明长城在部分区域有连续分布，大多数区域亦呈现散点化。

3.4.3 主要影响因素

（1）自然因素。

长城沿线区域的自然环境相对恶劣，长城受灾威胁大。河北省长城沿线地区有平原、丘陵、山地等不同地形种类和地貌类型，主要受温带季风气候和温带大陆性气候影响。千百年来自然力的长期、缓慢作用是造成长城整体上损毁、形成目前遗址状态的首要原因。

东北部长城点段主要受到雨水冲刷、水土流失、动物活动、植物生长、地震和风灾等自然因素影响，自然灾害主要有滑坡、崩塌、泥石流、地裂缝等；西北部长城点段主要受到风蚀、沙漠化、盐碱、冻融、动物活动和植物生长等自然因素影响；中部和南部长城点段主要受到风蚀、冻融、动物活动、植物生长、河流改道等自然因素影响。秦皇岛市、唐山市、张家口市、保定市、廊坊市部分长城点段处于地震带，受地震灾害威胁。

（2）人为因素。

河北省长城地处蒙古高原与华北平原、农业与牧业交错带上，地理环境较为复杂多样，由此对长城的保存带来重要影响。部分段落受城镇建设、基础设施建设、开矿取石、生产生活等影响较为明显。东北部长城点段人为影响因素以矿产开发和建设活动为主；西北部长城点段，人为影响因素以电力设施、油气管线、道路交通等建设活动为主；中部和南部地区长城点段人为影响因素以生产生活、城镇建设、道路交通等建设活动为主。

（3）管理因素。

目前，长城所在地县级以上人民政府文物行政部门主要承担了本行政区域内长城保护管理工作，但长城保护管理力量相对不足。长城保护管理机构性质和职能各异，保护、管理人员专业背景差异大。河北省文物行政部门多次组织长城保护管理人员培训，部分长城所在地文物行政部门也组织了长城保护专项培训，长城保护队伍管理能力不断提升。长城保护员、长城保护标志、长城档案已经全部建立，但是数字化不足。

第4章　河北省长城沿线非遗传承保护和开发利用

《中华人民共和国非物质文化遗产法》[①]（以下简称《非遗法》）第一条明确规定："为了继承和弘扬中华民族优秀传统文化，促进社会主义精神文明建设，加强非物质文化遗产保护、保存工作，制定本法。"并明确非物质文化遗产具有独特性、脆弱性、活态性和传承性四个基本特性。长城沿线的非物质文化遗产（以下简称"非遗"）是长城文化资源不可或缺的重要组成部分，如何进行传承性保护和活态性利用，是今后长城国家文化公园建设的重点。

4.1　长城沿线非遗分布格局与特征分析

《非遗法》中规定非物质文化遗产[②]是指各族人民世代相传并视为其文化遗产组成部分的各种传统文化表现形式，以及与传统文化表现形式相关的实物和场所。非遗类型可分为"民间文学""传统音乐""传统舞蹈"

---

① 《中华人民共和国非物质文化遗产法》（以下简称《非遗法》）已由中华人民共和国第十一届全国人民代表大会常务委员会第十九次会议于2011年2月25日通过，现予公布，自2011年6月1日起施行。第一条明确规定："为了继承和弘扬中华民族优秀传统文化，促进社会主义精神文明建设，加强非物质文化遗产保护、保存工作，制定本法。"《非遗法》针对非物质文化遗产特点确立了四项基本制度：调查制度、名录制度、传承传播制度、文化生态区保护制度。《非遗法》施行至今已逾十年，为我国非物质文化遗产事业蓬勃兴旺奠定了坚实的法治基础，在非遗的抢救、保护、合理利用和管理工作中发挥了重大作用。

② 根据联合国教科文组织《保护非物质文化遗产公约》，非物质文化遗产是指被各群体、团体、有时为个人所视为其文化遗产的各种实践、表演、表现形式、知识体系和技能及其有关的工具、实物、工艺品和文化场所。

“传统戏剧”“曲艺”“传统体育、游艺与杂技”“传统美术”“传统技艺”“传统医药”和“民俗”10个子类。国务院发布的《关于加强文化遗产保护的通知》中指出要建立“国家+省+市+县”四级保护体系。

（1）长城沿线非物质文化遗产总体情况。

整体上，河北省非遗资源呈现出数量丰富、特色鲜明、内涵深厚的特点。据调查，河北省长城沿线省级以上非遗项目277项，其中，项目列入联合国教科文组织非物质文化遗产名录的项目共计2项，列入国家级非遗代表性项目名录的共计40项，列入省级非遗代表性名录的237项。从类别来看，民间文化类共计20项，传统音乐类共计35项，传统舞蹈类共计4项，传统戏剧类共计38项，曲艺类共计11项，传统美术类共计14项，传统游艺和杂技类共计22项，传统技艺类共计55项，民俗类共计58项①。

同时，河北省长城沿线分布有大量与长城戍边有关的300多个长城古村落，民间还流传着许多与长城有关的名人轶事、传说故事、农耕生活、民俗节庆等非物质文化遗产。加强河北省长城沿线非遗传承保护和开发利用，有利于实现河北省长城沿线文化资源的传承保护与开发利用，有利于推动长城文化活化模式创新，有利于深度阐释长城文化精神。

（2）非物质文化遗产的总体空间分布格局。

从全国来看，长城沿线的国家级非物质文化遗产的数量360多项，分布在长城沿线的15个省区市的78个地级市的191个县（区）内，内蒙古、河北、新疆、山西分布最为密集，其中河北占比11%以上，在全国排名第二。从区域上分析，西北地区分布最为密集，华北地区次之，中部地区和东北地区的分布稀疏。

---

① 资料来源：1. 国务院关于公布第一批国家级非物质文化遗产名录的通知. 中华人民共和国中央人民政府［引用日期2021-08-11］。2. 国务院关于公布第二批国家级非物质文化遗产名录和第一批国家级非物质文化遗产扩展项目名录的通知中华人民共和国中央人民政府［引用日期2021-08-11］。3. 国务院关于公布第三批国家级非物质文化遗产名录的通知. 中华人民共和国中央人民政府［引用日期2020-08-11］。4. 国务院关于公布第四批国家级非物质文化遗产代表性项目名录的通知. 中华人民共和国中央人民政府［引用日期2021-08-11］。5. 国务院关于公布第五批国家级非物质文化遗产代表性项目名录的通知（国发〔2021〕8号）. 中国政府网，2021-06-10［引用日期2021-08-11］。

从河北省来看，河北省非物质文化遗产在长城沿线的9市1区均有分布。石家庄数量最多，拥有59项，占1/5强，依次为承德48项，张家口36项，保定28项，秦皇岛25项，廊坊21项，雄安新区和邯郸都为19项，邢台14项，最少的是唐山，拥有8项，占比为5%。其总体呈现出冀中北部相对集中、南部相对较少的空间格局，如图4.1所示。

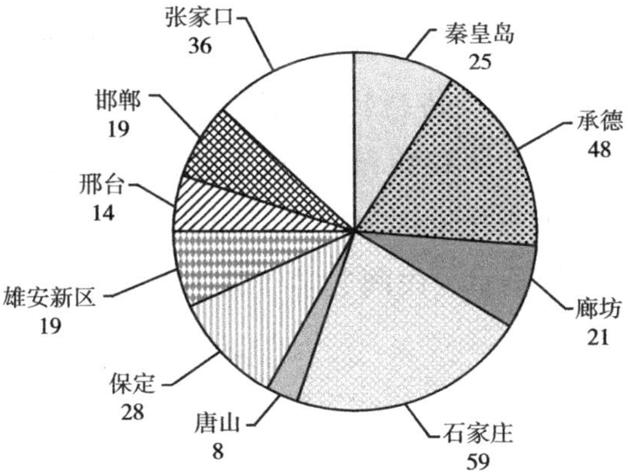

图4.1　河北省非物质文化遗产区域分布

（3）非物质文化遗产的类型分布特征。

从全国范围来看，全国长城沿线的非物质文化遗产10类均有分布，其中民俗、传统音乐、传统技艺、传统戏剧、传统美术五类数量位列前茅，占比分别为16.12%、14.21%、12.84%、12.3%、11.75%；民间文学、传统舞蹈、曲艺、传统体育、游艺与杂技和传统医学五类的数量较少，占比分别为9.02%、8.74%、6.01%、5.19%、3.83%，如表4.1所示。

表4.1　国家级非物质文化遗产种类分布

种类类别	占比
传统技艺	12.84%
传统美术	11.75%
传统体育、游艺与杂技	5.19%
传统舞蹈	8.74%
传统戏剧	12.30%

续表

种类类别	占比
传统医药	3.83%
传统音乐	14.21%
民间文学	9.02%
民俗	16.12%
曲艺	6.01%

从河北省来看，10 类中传统技艺和民俗占比最高，分别为 19.86% 和 20.94%；曲艺、民间文学和传统美术三类占比最低，分别为 3.97%、7.22% 和 7.94%。其他占比依次为传统戏剧、传统音乐、传统体育游艺与杂技、传统舞蹈、传统美术、民间文学（见图 4.2）。

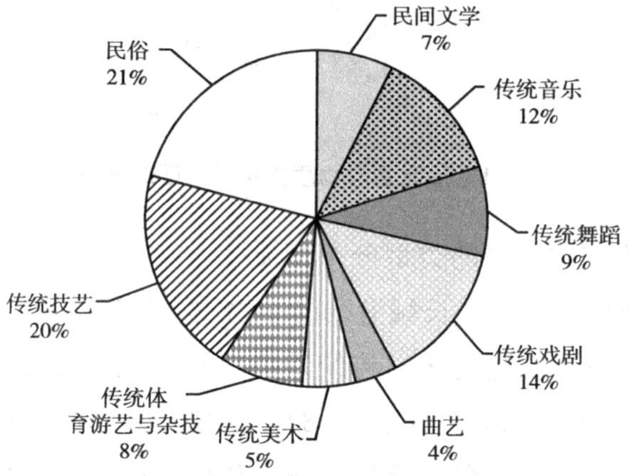

图 4.2　河北省非物质文化遗产类型分布

（4）非物质文化遗产类型——空间综合特征分析。

从分布区域的广泛性来看，传统技艺分布最为广泛，其次为民俗，且总量占比最高；曲艺、民间文学和传统美术等分布范围小，且总量占比最低。

从各类型来看，民间文学在长城沿线 6 市均有分布，在冀东北的秦皇岛和承德分布最多，秦承唐区域呈现集聚状态，占全省的 75%；传统音乐在长城沿线的 8 市 1 区有分布，在冀中的雄保廊呈现集聚状态，占全省的

65.7%；传统舞蹈在长城沿线的 7 市有分布，在冀北的张承秦呈现集聚状态，占全省的 50% 以上；传统戏剧在河北省长城沿线的 8 市有分布，在石家庄和张家口分布集中，呈现南北两核的集聚状态，两地分别占全省的 28.9% 和 34.2%；曲艺在长城沿线的 4 市 1 区有分布，在张家口呈现集聚状态，占全省近 50%；传统美术在长城沿线的 7 市有分布，在承德呈现集聚状态，占全省的 40% 以上；传统体育游艺与杂技在长城沿线的 6 市 1 区有分布，在冀中的廊雄呈现集聚状态，占全省的 45.5%；传统技艺在长城沿线的 9 市 1 区均有分布，在承德、保定、石家庄分布最多，在承德、保定和石家庄分布最多，尤其是在冀中南的保石呈现集聚状态，占比为 30% 以上；民俗在长城沿线的 8 市 1 区有分布，其中承德、张家口、石家庄、保定分布最多，在空间上呈现冀北张承集聚和冀中南的石保集聚，南北两核状态明显（见表 4.2）。

表 4.2　　河北省非物质文化遗产类型和区域分布情况

类型	民间文学	传统音乐	传统舞蹈	传统戏剧	曲艺	传统美术	传统体育游艺与杂技	传统技艺	民俗	合计	占比
秦皇岛	7	2	4	1	—	1	1	7	2	25	9.03%
承德	6	3	5	3	2	6	2	12	9	48	17.33%
廊坊	1	7	2	1	2	—	5	3	—	21	7.58%
石家庄	3	1	5	11	—	1	4	8	26	59	21.30%
唐山	2	—	—	1	—	1	—	2	2	8	2.89%
保定	1	9	3	—	—	2	2	9	2	28	10.11%
雄安新区	—	7	—	—	1	—	5	4	2	19	6.86%
邢台	—	2	—	2	—	—	3	4	3	14	5.05%
邯郸	—	3	1	6	1	2	—	1	5	19	6.86%
张家口	—	1	4	13	5	1	—	5	7	36	13.00%
合计	20	35	24	38	11	14	22	55	58	277	100.00%
占比	7.22%	12.64%	8.66%	13.72%	3.97%	5.05%	7.94%	19.86%	20.94%	100.00%	—

（5）流布范围上呈现出集中性和文化的独特性。

作为线性的世界文化遗产，长城分布在河北省 9 市 1 区 59 个县（市、区），大部分分布在燕山—太行山区域，在部分地区形成相对封闭的小环境，与外界的交流相对较少，区域性的文化生态系统较为稳定，区域特色十分鲜明。但部分非遗则呈现出河北省内流布的集中性和省外流布的广泛性的特征，如孟姜女传说在省内流布范围为秦皇岛市山海关区，但省外的流布范围包括山东省莒县、莱芜市莱城区、淄博市和湖南省津市等四个区域，而契丹始祖传说的流布范围在河北省平泉县。冀中笙管乐流布在河北省廊坊的 8 个村镇的音乐会和北京的大兴区。井陉拉花的流布范围在石家庄市井陉县。武安平调落子流布范围在武安市，但武安傩戏的流布范围在贵州、湖南、江西、陕西、湖北、江西、湖南和安徽等省。河北省全域流布的非遗很少，呈现出各县（市、区）流布的独立性和集中性。

4.2　非物质文化遗产保护与开发利用现状

（1）非遗传承保护体系基本形成。

河北省在非物质文化遗产传承和保护方面，做了大量的工作。一是建立了四级目录体系，其中蔚县剪纸、丰宁满族剪纸入选联合国非遗项目；二是建立了《河北省非物质文化遗产条例》等规章制度；三是在节假日举办以非遗为主题的各类展览、展示活动；四是建立非遗项目代表性传承人；五是投入资金，从 2012 年开始，专门设立了非遗保护的专项资金。从全国范围来看，河北省非物质文化遗产在申报、传承人或资金方面都很突出。

近年来，河北省长城沿线非遗资源保护工作基础扎实、底数清楚。河北省的非遗资源保护制度和工作体系日益健全，服务于社会发展的能力不断增强，非遗资源保护工作进入巩固抢救保护成果、增强传承实践能力的新阶段。从全国范围来看，河北省非物质文化遗产资源在申报、传承人或资金方面都很突出。在建立《河北省非物质文化遗产资源条例》等规章制度的基础上，为全面加强对全省长城沿线非遗保护工作的统筹协调，贯彻落实《河北省长城保护条例》《长城国家文化公园（河北段）建设保护规划》，制定印发《长城沿线非物质文化遗产保护传承弘扬协同机制工作方案》，作为“十四五”时期做好长城非遗保护工作的基本遵循和政策引领。河北省建立了长城沿线非遗保护传承弘扬协同机制，由河北省文化和旅游厅非遗处牵头，成员单位包括省非遗保护中心，秦皇岛市、承德市、雄安新区等省内长城沿线9市1区文化和旅游部门。协同机制设立秘书处，每届任期两年。省文化和旅游厅非遗处和秘书处单位负责安排专门经费保障机制日常运转，并加强对协同机制工作会议议定事项的跟踪督促落实。河北省长城沿线非遗资源传承保护主体明确，基本形成了以行政部门和事业单位为主，以企业和协会为辅的多种组织保护的结构，呈现出较强的事业型和公益性特征。

（2）保护主体以政府机关和事业单位为主。

从保护主体来看，涉及行政部门、事业单位、企业、协会等多种组织。绝大多数非物质文化遗产的保护单位为各县（区）的文化馆文管所和非物质文化遗产保护协会（中心），个别的非物质文化遗产由文化旅游局、文物保管所、文化体育办公室、乡政府、村、管委会、戏剧艺术研究院、剧团、武术协会、公司（工厂）、文学艺术界联合会、音乐会等单位进行保护，基本上形成了以行政部门和事业单位为主，以企业和协会为辅的多种组织保护的结构。

（3）不同类型的非遗利用具有不平衡性。

民间文学中是各地的传说，大多数是当地居民喜闻乐见的故事，有的涉及历史人物，如伯夷、叔齐、李广、窦尔墩、韩信、秦始皇等；有的涉及神化故事，如契丹始祖、玄鸟生商的故事；有的涉及地区的传说，如平泉的传说、鹰手营子的传说等。对于传说的整理和文化挖掘有一定的深度，也有以评述、图书、图片和讲解等方式进行传播。传统音乐中涉及笙管、鼓吹乐、音乐会管乐、吹歌、古乐等。传统舞蹈中涉及拉花、狮舞、高跷、秧歌、抬皇杠、背阁等。传统戏剧中涉及武安平调落子、武安傩戏、二人台、磁县怀调、口梆子、晋剧、赛戏、哈哈腔、丝弦、木偶戏、秧歌戏、高跷戏等。曲艺中涉及戳古董、大鼓、大鼓、干嗑、二人转、磁县坠子等。传统体育游艺与杂技中涉及藤牌阵、踢球、翻子拳、八卦掌、摔跤、擎阁、太极拳、武术、抬阁等。民俗中涉及女娲祭典、三祖文化、打树花、感恩文化、婚俗、九曲黄河灯等。这八类非遗多在节庆活动和民俗活动中，以表演的形式营造当地文化特色。

传统美术中涉及剪纸、石雕、民间建筑艺术、面塑、布糊画、花灯、泥塑等。传统技艺中涉及绞胎陶瓷制作技艺，定瓷、易水砚制作技艺，板城烧锅酒五甑酿造技艺，刘伶醉酒酿造技艺，山庄老酒酿造技艺等。这两类非遗的产业化水平在10类非遗中做的是最突出的，如曲阳石雕、伯延民间建筑艺术、蔚县剪纸、定瓷、易水砚、板城烧锅酒、刘伶醉酒、山庄老酒等。

4.3 长城沿线非遗传承保护开发利用面临的问题

虽然发展态势良好，但在河北省长城国家文化公园的建设背景下，非遗的传承保护和开发利用，也面临一些不容忽视的问题。

（1）缺乏整体性保护。

非物质文化遗产与其生存环境互相依存、相互成就。离开赖以生存的土壤和空间，非遗的传承发展就没有了保障。当前，10类分别在空间上形成了资源富集区，但地方相关组织对保护和建设当地非物质文化遗产生态区的重要性认识不足，存在分散性保护，缺乏整体性梳理、整合，同时这些非物质文化赖以生存的物理空间因发展需要而不复留存，非物质文化所依托的文化生态信息也逐步丢失。在推进长城国家文化公园建设中，如何加强文化生态保护，维护非遗的生存发展空间是值得深思和探索的重要问题。

（2）产业化程度不高。

调查发现，河北省长城沿线部分非遗项目的传承保护和开发利用还未呈现产业化态势。除了传统美术和传统技艺的产业化之外，其他8类都处在保护大于开发的利用状态。当前，部分非遗项目的保护还停留在对非遗资源的原始化保护，非遗资源以简单的观赏和参观形式来呈现，靠着口口相传得以延续发展，许多优秀的非遗资源躺在博物馆里，藏在深闺大院，不为人知。由于缺少高水平的传承保护，缺乏有效的传播展示平台，非遗产业化的程度和内在动力尚欠缺。

（3）长城文化内涵阐释不够。

长城文化内涵包含外在和内在两个层面。外在层面是长城所蕴含的奋斗精神和爱国情怀，内在层面指的是依托长城修建产生的文化现象、文化遗存等，两者在中华民族长城文化的价值体系中有着同样重要的意义。长期以来，人们更侧重于对长城文化的外在层面的研究，对内在层面的关注还远远不够。河北省长城沿线有着为数不少的民间文学类和民俗类的非遗项目，如山海关长城一带民间文学类非遗项目“孟姜女哭长城”，通过口口相传的讲述，反映了山海关长城修建的背景，反映了当时的百姓生活的场景和历史文化风貌，然而当下对这一项目的挖掘整理还远远不够，项目知名度和影响力有待于进一步提高；又如张家口大境门长城附近的边贸互市文化传承发展及相关文创产品的研创开发力度都还停留在表面，存在设计层次低、与市场对接不足的现象。总之，当前对长城文化内在层面的挖掘、记录、整理还远远不够。

（4）资源的集聚性强但跨区域整合难度大。

受行政区划的影响，河北省长城沿线行政区划边界地带管理矛盾突出，多头管理、交叉重叠问题突出，资源亟待系统性整合，长城部分段落因勘界问题，相邻行政区域以长城中心线为界，权属不清、责任不明，造成在日常工作中出现诸多的矛盾和问题。同样，长城国家文化公园建设和非物质文化遗产保护管理工作协调困难。沿线非遗资源尚未形成联合保护机制，以长城文化带为整体的非遗保护管理协调困难，亟待系统性整合。

4.4 长城沿线非遗传承保护开发利用的建议

根据长城沿线非遗资源特点和非遗资源传承保护与开发利用中的问题，在长城国家文化公园建设过程中，进一步推进非遗的传承保护和开发利用。

（1）加强非遗整体性保护，构建长城文化新生态。

长城沿线有多种文化资源，不同地区展现出的非物质文化遗产特色也各有特色。长城国家文化公园建设各个环节关注非遗基础性保护的同时，也要重视各地在非遗资源方面展现出的自身特点，按照实际情况制订保护策略，对于非遗项目数量较多、特点明确、保存较好的区域可尝试建立文化生态保护实验区，全方位进行保护。不但要注重单个非遗项目的开发利用问题，也要重视文化生态的保护；不仅要积极开展非遗传承保护工作，也要同时重视文物保护及其周边自然环境保护工作的进程，有针对性地进行整体性保护，构建长城非遗保护生态。

（2）推动产业化发展，打造长城非遗传承新模式。

充分利用长城沿线的自然、地理、文化资源和紧靠京津的区域优势，促进非遗资源产业化发展。一是通过非遗资源的开发利用，推动现有产业的转型升级，如河北承德—张家口段长城沿线可依托天路草原、一号风景道等资源，打造草原风景文化长廊，建成京津冀重要的草原度假基地，促进文旅深度融合。二是建设长城非物质文化遗产传习中心，建设体现展示功能的场馆。可在丰宁、隆化、蔚县等手工技艺类非遗资源富集地区设立非遗传习所，可依托中国长城文化博物馆、金山岭长城自然文化博物馆、大境门长城文化博物馆等河北省长城国家文化公园重点展示场馆，设立非遗互动展销体验区，打造好看、好玩，可学、可购的综合性非遗体验、展销场所。三是加大长城非遗文化创意产品开发，设计推出工艺品、名吃、长城非遗地图等特色鲜明的系列商品，打造长城非遗文化创意品牌。

（3）深入挖掘文化资源，注重长城精神的传承。

长城国家文化公园的建设要围绕长城边塞攻防文化、戍边文化、边贸互市文化、民俗文化等文化特色，充分挖掘非遗资源，深化对长城文化的认知。要立足新时代特点，深入阐释长城抗战精神在沿线地区传承发展，全面凸显长城所承载的团结统一、众志成城的爱国精神和坚韧不屈、自强不息的民族精神，守望和平、开放包容的时代精神。启动长城非遗记录工程，整理挖掘长城沿线非遗资源，推进沿线各地长城沿线非遗故事“口述”工程，对重大事件、重要人物、重头故事进行梳理记载，出版成果记录。实施长城沿线非物质文化遗产传承人专项工程，聚合资源，构建“云长城”平台，实现线上线下融合互动，以市场喜闻乐见的方式阐释、传播长城文化和精神。

（4）加强区域协调联动，建立非遗保护合作机制。

建设长城国家文化公园是一项跨部门、跨区域的重大工程，建设工作的推进在一定程度上受到了地域的限制和影响。建设长城国家文化公园，需要打破部门和地域限制，建立有效的跨区域协调联动机制，建立跨区域合作区域联盟，完善信息共享机制，增强长城文化传承、生态保护协同互鉴，共同传承保护长城非遗项目，共同做强、做大长城文化品牌。

第 5 章　河北省长城文化遗产展示体系研究

长城国家文化公园建设，是为了构建中华民族的重要标识，展示体系是解译长城文化，讲述长城故事，传承长城精神的重要载体。河北省作为长城国家文化公园的重点建设区，由一系列主题明确、内涵清晰、边界明确、功能完善的公共文化空间组成的主题展示区和展示体系是建设的重要内容之一。

随着长城国家文化公园的发展，学者们开始重视对完善长城保护的理论研究，研究主要集中在长城文化资源的可持续发展与开发利用方面，而对于长城的价值展示、内涵阐释等方面工作薄弱。

5.1　长城文化遗产展示内容

河北省长城文化遗产展示内容包括遗产本体展示、非遗展示、遗产的周边环境展示等内容。

5.1.1　遗产本体类型多样，品质高

河北省长城现存长城总长 2498.54 千米，约占全国 11.79%（全国总长 21196.18 千米），居全国第二位。其中，处于战国至金代时期修建的长城现多为土岗、石碓等遗址遗迹状态，早期长城雄伟壮观，共长 1159.91 千米，包含 290 段墙体、915 座单体建筑遗址、70 座关堡遗址和 26 处相关遗存。河北省明长城是砖体长城保存程度最好的，长度为 1338.63 千米，长城墙体以砖体为主，共 1153 段，包括单体建筑 5388 座、关堡 302 座、相

关遗存156处。除了8%消失之外，其他都基本存在。且建筑类型比较齐全，墙体、关堡、敌台、烽火台、马面等均有呈现①。其中有23处为国家级文物保护单位，全部为省级文物保护单位。

5.1.2　非物质文化遗产多样

河北省长城沿线非物质文化遗产种类繁多，拥有以孟姜女故事传说、契丹始祖传说等为代表的民间文学；以雄县古乐、里东庄音乐老会等为代表的传统音乐；以井陉拉花、徐水狮舞等为代表的传统舞蹈；以武安平调落子、二人台等为代表的传统戏剧；以西河大鼓、张北大鼓等为代表的曲艺；以沙河藤牌阵、文安八卦掌等为代表的传统体育、游艺与杂技；以蔚县剪纸、曲阳石雕等为代表的传统美术；以定瓷、易水砚制作技艺等为代表的传统技艺；以温氏妇科诊疗法为代表的传统医药；以女娲祭典、蔚县拜灯山等为代表的民俗。10大门类齐全，其中蔚县剪纸、丰宁满族剪纸、唐山皮影戏、杨氏太极拳、武式太极拳、王其和太极拳等6项被联合国教科文组织列入人类非物质文化遗产代表作名录，40多项为国家级非物质文化遗产，200多项为省级非物质文化遗产，还有许多市级非物质文化遗产。具有多样化、地域性、高品质等特点的河北长城非物质文化遗产，体现了河北壮美的长城形象和厚重的长城文化。此外，长城沿线还留下了许多与长城有关的名人轶事、农耕生活、民俗节庆等文化遗产。就河北省而言，传统戏剧占绝对优势，传统医学量最少。

5.1.3　遗产的周边环境展示

（1）自然环境。

河北省长城主要分布于燕山—太行山脉的崇山峻岭之中，随山势而建，

① 资料来源：长城国家文化公园（河北段）建设保护规划（2019～2035年），2021年12月印发。

北抵大漠，南望平川，东依沧海，西接高原。全线基本环绕京津冀城市群分布，地处内蒙古高原和冀北山地交错带、高原山地到平原地形过渡带、半湿润和干旱气候过渡带等我国重要的自然地理过渡带，其中长城沿线坝上高原地区是国家重点生态功能区，冀北燕山山区和冀西太行山山区是省级重点生态功能区。

河北省长城地跨海滨、山地、高原、平原等多种地貌类型，与沿线地区蜿蜒逶迤的燕山—太行山地、辽阔坦荡的坝上高原、沃野千里的华北平原、迤逦多姿的渤海之滨交相融合，形成雄浑、壮丽的独特景观，成为中国长城最为丰富的文化景观遗产。

（2）人文环境。

河北省长城全线基本环绕京津冀城市群分布，区域内共有 1.12 亿人口，9 条铁路（京张、京包、大秦等）和 7 条高速公路（京藏、张承、张石等）穿越长城或与之并行，区位条件优越。因地处燕山—太行山区以及坝上草原南缘，受自然地理环境约束和特殊军事用途所限，河北省长城两侧人口稀少，除了部分关口城市外，沿线两侧城市匮乏，村落主要分布于长城南侧，人口密度最低 97 人/$km^2$①。

（3）产业环境。

河北省长城沿线分布的市县经济发展水平较低，以农业为主。长城分布的大多数县（区）是农业人口大县（区）。长城沿线分布的市、县是农业用地或林业用地密集分布区，其境内的耕地面积和林业用地面积占到总面积的 70% 以上。除唐山外，其他地市的农业人口占比均达到 60%，尤其是保定市的农业人口占比 93.56%。第一产业比重大，经济发展相对落后。

5.2 长城文化遗产展示方式

河北省长城文化遗产的展示方式包括基于本体的静态展示，以博物馆、

① 数据来源：各市 2020 年统计年鉴中的人口数与面积计算而来。

展览馆为载体的灵活性展示，以特色村镇和特色街区为载体的社区型展示，以传统节庆或艺术表演为载体的非物质文化遗产展示，以技术手段和主题空间为载体的创造性展示等长城文化展示体系，具体包括以下展示方式。

5.2.1　基于本体的展示

河北省长城选址科学合理，高低盘旋在崇山峻岭之间，地貌景观类型丰富，组合度高，景观壮美，与周围环境和谐统一。

（1）景区开发利用区段，多以复原本体展示为主。

河北省长城也是旅游开发利用最多的一段，以长城为核心吸引物，已经形成了国家 5A 级旅游景区 2 家（山海关、金山岭），国家 4A 级旅游景区 5 家，国家 3A 级旅游景区 6 家。山海关、金山岭长城已成为长城旅游的重要标志，推动了当地经济发展，如表 5.1 所示。河北省长城发展较好的长城包括喜峰口段、金山岭段、大境门段、崇礼段及山海关段，形成了以长城文化遗址主体静态展示为核心，以博物馆、演艺活动展示为辅的复合性展示体系。例如，喜峰口段长城的水下部分墙体成为万里长城独有的景观，景区基本上形成以长城与周边环境复合而成的长城文化与自然景观的静态观光为主，以博物馆展示为辅的展示体系。

表 5.1　　河北省长城景区情况

序号	名称	所在地区	等级
1	山海关景区	秦皇岛市山海关区	5A
2	承德市滦平县金山岭长城旅游区	承德市滦平县	5A
3	角山景区	秦皇岛市山海关区	4A
4	祖山景区	秦皇岛市青龙县	4A
5	迁西县青山关旅游区	唐山市迁西县	4A
6	迁安市白羊峪长城旅游区	唐山市迁安县	4A
7	桥西大境门风景区	张家口市桥西区	4A
8	宣化文化古城	张家口市宣化区	3A
9	张家口堡景区	张家口市桥西区	3A
10	迁安市红峪山庄长城溶洞风景区	唐山市迁安市	3A

续表

序号	名称	所在地区	等级
11	迁西县雄关大刀风情园	唐山市迁西县	3A
12	崇礼长城岭滑雪场景区	张家口市崇礼区	3A
13	张北野狐岭要塞军事旅游区	张家口市张北县	3A

注：资料来源于河北省文化和旅游厅网站资料整理。

（2）未修复区域，多以原状本体展示为主。

河北省早期长城基本上处于原状保存状态，展示也以原状本体展示，如大境门段的来远堡、永丰堡等，崇礼段的岔沟梁、三棵树长城、岔沟梁长城、桦林长城、枯杨树长城等处长城，均以现有原状展示，如表 5.2 所示。

表 5.2　　河北省长城四个重点段的原状展示情况

长城	展示主线	具体内容	展示方式
喜峰口段	以喜峰口长城主体为主	已淹没水下，水下部分墙体隐约可见，是万里长城独有的一处景观	本体及复原展示
金山岭段	以金山岭长城本体为主	具有特殊文化意义和体验价值的散点，包括涝洼长城、金山岭长城（敌台 4 座）等，共 5 个	
大境门段	以长城本体为主	具有特殊文化意义和体验价值的散点，主要有大境门（烽火台 4 座）、来远堡、永丰堡、张家口堡及周边烽火台（8 座）等，共 15 个	本体原状展示、夜间点亮
崇礼段	以长城主体为主	周边具有特殊文化意义和体验价值的散点，主要有岔沟梁（烽火台 6 座）、三棵树长城（烽火台 15 座）、上两间房烽火台（2 座）等，共 23 个	
山海关段	山海关老龙头—角山—九门口长城本体为主	长城本体及周边具有特殊文化意义和体验价值的散点，主要有老龙头宁海城、角山关、铁门关圈城、陈斗庄城堡、北水关、北翼城、三道关等，共 7 个	

注：资料来源于长城国家文化公园（河北段）建设保护规划（2019～2035 年）。

（3）科技赋能夜间亮化展示和数字化展示成为亮点。

科技赋能长城本体展示，夜间点亮长城，如山海关长城军事城防体系实景亮化展示项目、大境门景区的长城采用高科技 LED 投光补光技术的整体亮化工程；尤其是 2022 年冬奥会期间的崇礼长城，点亮后的长城遗址盘桓在山峦之间，绽放出璀璨光芒，将长城精神与冬奥精神完美融合。

河北省文物局通过传统考古调查方法与现代科技手段相结合的实验过程，并利用相关现代技术对长城本体、相关遗址以及人文、自然环境进行数据采集，例如，采用 GPS 全球卫星定位仪、激光测距仪、全站型电子速测仪等采集相关数据并测绘登记，为模拟展示奠定基础。在山海关长城的三维模拟展示中就采用了机载激光雷达和地面激光雷达等多种设备，使数据精确可靠，形成了现阶段效果最佳、能实现真实三维效果的数字长城（龚正龙，2019）。

5.2.2　基于展馆和展览的灵活性展示

博物馆、展览馆是长城特色资源的集中展示平台、长城国家文化公园地标性建筑、长城精神和文化价值传播弘扬高地、传播弘扬中华文明的重要地标。具体如表 5.3 所示。

表 5.3　河北省长城部分展馆展示情况

地址	名称	展示方式
秦皇岛	中国长城文化博物馆	静态 + 动态
	山海关长城博物馆	静态 + 动态
	山海关八国联军营盘旧址	静态
	山海关古城民俗博物馆	静态
	板厂峪长城窑址群遗址博物馆	静态
唐山	喜峰口长城抗战博物馆	静态
	迁安博物馆	静态 + 动态
	罗文峪长城抗战陈列馆	静态
大境门段	大境门长城博物馆	静态 + 动态
	张家口市博物馆	静态 + 动态
	宣化博物馆	静态
	长城卫所博物馆	静态
崇礼段	崇礼长城冬奥博物馆	静态 + 动态

注：资料来源于长城国家文化公园（河北段）建设保护规划（2019 ~ 2035 年）。

（1）展馆类型丰富，大多布局在燕山区域。

河北省长城结合核心展示园的规划，建设完善一批文化博物馆、遗址博物馆、陈列馆等。目前，在建的物馆有中国长城文化博物馆，以及建成的山海关长城博物馆、大境门长城文化博物馆等全面反映长城历史、军事、建筑、经济、文化艺术及现状，属于长城综合博物馆。崇礼冰雪博物馆等主题博物馆、喜峰口长城抗战博物馆等专题博物馆，基本上处在燕山区域。

（2）展馆以静态展示为主，部分结合技术进行动态展示。

河北省长城的博物馆全方位、多角度挖掘长城内涵，展示长城特色历史文化，充分考虑长城文化多样性和资源差异性，突出不同长城文化特色和资源优势；在此基础上呈现长城精神内涵和文化价值，生动体现了长城国家文化公园在推动文化建设、经济发展、生态文明、城乡建设等方面发挥的重要作用，兼具文化和教育双重属性。在展示过程中围绕长城发生的重大事件、历史背景等，展示各区段长城的修筑历史、构筑特点、基本走向和文化传说等，宣传长城精神。

河北省长城文化主题的博物馆主要以静态方式展示，除了长城沿线各地出土的文物、标本之精华，辅以翔实的历史文献、照片模型外，同时还采用了部分高科技技术以及声、光、电等现代化手段，增加了其可视性与趣味性，为参观者多角度直接了解长城、认识长城提供了方便。例如，山海关长城博物馆馆内陈列大量的长城文物、资料图片、模型雕塑和带有音像立体表演的大型山海关文物沙盘，充溢着知识性、科学性和技术性。

（3）展览活动与展馆互补，提升展示效果。

博物馆馆内设有多功能厅可用于举办临时展览、学术研讨等功能。在展馆展示过程中，常会以长城为重要载体，举办各类长城专题展览，例如，“明清重镇——秦皇岛长城专题展览”“亲近长城、记忆永恒”等主题相关展览，使游客可以参与其中，增强趣味性。例如，在河北省秦皇岛举行了众多长城主题的相关活动，包括系列推广活动、摄影展、美术展等，同时也开通了相关平台，如可阅读长城数字云平台、VR 数字体验等，从而使游客全方位对长城进行了解与游览，增强游客的体验感（董耀会，2021）。

5.2.3　基于特色村镇和特色街区的社区展示

河北省长城国家文化公园在发展过程中立足区县行政范围，带动沿线乡村旅游发展，促进乡村振兴，构建以长城为主体的传统利用区，沿线发展了众多国家历史文化名村以及相关的国家历史文化名镇和国家历史文化名城（邢亚萍，2020）。

（1）古村落数量众多，历史悠久。

目前，河北省长城沿线有数量众多的长城古村落，国家历史文化名村 31 个，共有 329 个长城传统村落（其中，284 个有人居住或一直沿用，44 个无人居住或呈遗址状态）。其中山海关段较为著名的有花厂峪村，拥有丰富的历史文化和民俗文化，刘家口村始建于明洪武初年，是秦皇岛境内长城的最后一关，北营子村又称为“闯关东第一村”，董家口村是一个典型的明代守城将士后代居住的村庄；金山岭段的苇塘村曾经是清朝皇族进出避暑山庄的必经之路；古城川村在清朝时期皇家御路穿村而过；冷口村与兰陉、喜峰口同为明长城的重要关隘；大境门段南天门村具有古树、古井、龙王庙等古迹；雕鄂镇是赤城县红色革命的诞生地，有着丰富的红色旅游资源，此外还有根雕制作工艺广为流传；万全卫城是一座古老的军事城堡，历经 616 年；崇礼段的头道营村、乌拉哈达村等村庄历经沧桑，文化悠久；喜峰口段的白杨峪村拥有迁安老马识途的传说、叔齐的历史传说等民俗文化，红峪口村作为长城脚下的“长寿村”，诞生了许多传说和养生文化。

（2）古村落类型众多，资源丰富。

依托长城国家文化公园，结合各地传统文化生态，将长城沿线村落分为三类：一是长城关隘类，指原明长城“镇城”“路城”“卫城”“所城”“堡城”“驿城和关城”，如山海关城、九门口关、桃林口、三屯营镇、宣府镇城、李家峪城；二是长城戍边类，指长城戍边将士后裔居住村落，如山海关古城周边的北营子村、董家口村、大毛山村等；三是特色资源类，长城沿线具有特色文化、特色产业、生态环境较好的村落，如花楼沟等。

（3）古村落展示方式多样，原状展示为主，部分以餐饮或住宿+展馆展示。

大多数长城古村落以原状展示为主。部分古村落依托长城本体背景，进行特色餐饮、特色民宿的活化展示，让游客在长城文化氛围中，体现长城脚下的田园生活。其互动性强，游客体验良好，但在展示中，长城文化以展馆的形式进行集中展示，活化的创造性展示相对较弱，如表5.4所示。

表5.4　河北省长城部分传统村落展示情况

地区	原状展示的特色文化村落的典型村落	民宿+展馆等综合展示方式的典型村落
山海关段	南涂庄村、三道关村等	北营子村、望夫石村
金山岭段	下二寨村、上二寨村等	涝洼村、花楼沟村、缸房村等村
大境门段	东湾子村、东窑子村、雕鹗村等	万全左卫城、张家口堡、永丰堡等
崇礼段	桦杨树村、东坪村等	松林背村、棋盘梁村等
喜峰口段	姜文村、双井洼等	冷口、白羊峪等

（4）相关历史街区和城镇知名度高，文化价值丰富。

除了长城沿线的村落众多外，以长城为核心吸引物，目前长城沿线拥有国家历史文化名镇6座，包括蔚县暖泉镇、井陉县天长镇、涉县固新镇、武安市冶陶镇、武安市伯延镇和蔚县代王城镇；同时拥有国家历史文化名城3座，分别为承德市、蔚县和山海关区。这些城镇历史悠久，富含丰富的文化价值，旅游资源多样且独特。为促进旅游城市的建设，加强对国家历史文化名城的保护和开发利用，历史文化名城在不同程度上开发了历史文化街区。其中承德市开发了承德市二道牌楼历史文化街区、承德市滦河老街历史文化街区和承德市寿王坟历史文化街区；蔚县开发了蔚县鼓楼后街历史文化街区、蔚县财神庙街历史文化街区和蔚县公道巷历史文化街区；山海关区开发了山海关区东头条至东三条历史文化街区，以及山海关区东三条至东八条历史文化街区；通过整合协调空间环境、景观特色和人文资源，开发相关历史街区和城镇，促进古城古镇保护与开发利用协同发展。

5.2.4　基于节庆活动和演出的活化展示

据不完全统计，河北省长城沿线的节庆活动有20多项，实景演出13

项，相关影视剧5项，主要分布在秦皇岛、秦皇岛、张家口三市。

（1）已经初步形成一批知名度高、影响力大的节庆和赛事品牌。

中国长城文化旅游节、金山岭长城徒步大会、山海关老龙头“中国二月二龙抬头庙会”、金山岭杏花节等品牌旅游节事活动，尤其是2022年“长城脚下的冬奥会”，再一次向全世界展示它的壮美。冬奥会的长城亮化工程，进一步提升长城的国际影响力。

（2）搭建各种宣传平台，推动长城文化元素进社区、进校园、进企业。

依托文化和自然遗产日、重要传统节日、重大纪念日、重大宣传推介活动，开展长城精神主题宣讲、长城文化系列讲座、长城歌曲快闪合唱、长城国际摄影大赛、长城艺术精品展会、长城徒步大会等主题宣传活动。近年来，河北以长城为主题开展了众多相关活动，为弘扬长城文化做出贡献。例如，相关的“爱中华·颂长城”长城之歌征集、“行走长城”采风创作展、“多彩非遗 壮美长城”非遗作品创作征集、国际摄影展等主题活动，同时联合“学习强国”设置《行走长城》专题板块，共同推动长城主题大型国画系列作品的完成。统筹利用长城沿线的历史遗存、革命文物、爱国主义教育基地等资源，开展丰富多彩的实践体验活动，鼓励有条件的学校开展相关文化教育活动（李秋云，2021）。

（3）挖掘长城文化，推进长城之歌创作工程。

通过深入挖掘长城文化，河北将其影视化与数字化进行展示。相关宣传视频如《一块砖都不能少》《燕赵长城文化资源》《塞上风云记》等都受到了欢迎与追捧，同时将其中蕴涵的长城文化精神与情怀生动地进行了展示，成为展示河北省长城文化的一个亮点。河北省抓住了这一宣传机遇，影片《筑城记》、纪录片《京畿雄关》等相关影视作品也在制作进行中。除了影视作品外，学术界也进行了相关的实践与研究项目，如秦皇岛市的长城影像工程及中国长城百科秦皇岛卷的编纂（李秋云，2021）。

5.2.5　基于解说系统的多方参与展示

信息交互科技的应用与旅游信息需求的升级，给长城文化遗产区解说系统智慧化建设带来机遇与挑战。长城文化解说系统是由居民展示、向导式解说和自导式解说三个方面组成的综合系统。

（1）居民展示。

长城沿线的居民既是长城文化遗产内容的重要组成部分，又是传播地方文化的使者，但河北省长城文化沿线的居民参与尚欠缺。

（2）向导式解说。

向导式解说主要以景区和博物馆的导游、讲解员为主。这是传统意义上最常见的方式，该种方式双向沟通度高，个性化强。但也对讲解者提出较高的要求，解说效果的高低依赖于解说者素质高低。通过导游或讲解员的讲解，让旅游者了解长城文化，加深对长城文化的认知，达到长城文化宣传与教育服务目的（盛夏，2020）。

（3）自导式解说。

河北省长城沿线的自导式解说处在逐步完善中，随着长城旅游公路的建设，长城文化遗址开发利用典型区多采用路标识牌、解说牌、旅游手册、影视、幻灯、指示牌、出版物，二维码和语音电子解说器等方式，向旅游者提供被动的信息服务，兼有动态和静态类型，尤其是智慧导游系统的建设，为旅游者提供了更多的选择。但在驿站、长城古村落的长城文化手册等资料较为缺乏。

5.3 长城文化遗产展示效果评价

总体来看，河北省长城展示内容包括本体展示、非遗展示、遗产的周边环境展示等内容。物质文化遗产的展示方式包括原状、修复、复原重建，夜间点亮及游览等景区型展示，博物馆型展示等；非遗展示多以节庆活动及演出展示。综合性展示以景区、社区、历史街区和城镇展示为主。这些将河北省长城遗产展示效果评价分为两个方面：其一，基于长城文化资源特征进行评价，采用和谐性与可达性进行分析；其二，基于游客认知度进行分析。

对河北省长城文化遗产展示的和谐性、可达性进行评价，和谐性以遗产本体、非物质文化遗产展示、社区展示及相关历史街区和城镇的发展进行评价；可达性以展示方式与解说系统的效果等进行分析。依据以往文献中相关内容，构建长城文化遗产展示效果评价指标体系（见表 5.5）。以河北省长城文化遗产资源品级高、保护和开发利用良好的五个区段为研究对象。运用李克特量表，对各因素指标的现状发展程度进行赋值，数值 5 为极好，1 为极差，发展程度随分值递减而递减，分为五个等级。向相关领域的专家学者进行问卷调查，共发放 25 份，有效问卷 25 份，分析问卷中专家的评分结果，得出了各指标相应因素指标得分。

表 5.5　　　　评价指标体系

	目标层	准则层	因素指标层	因素得分				
				金山岭段	崇礼段	大境门段	喜峰口段	山海关段
河北省长城展示体系总体评价	和谐性	本体保护	长城整体结构展示	5	2	3	1	5
			长城修缮复原工作	4	2	3	1	4
		非物质文化遗产展示	种类丰富程度	4	2	4	2	5
			与景区融合度	5	2	4	3	5
			展示方式多样性	4	3	4	2	4
		社区展示	社区辐射带动作用	3	2	3	2	4
			历史街区、城镇呼应性、氛围营造	5	2	3	2	5
		合计		30	15	24	13	32
	可达性	解说系统	解说方式接受度	4	3	4	3	5
			解说内容理解度	5	4	5	4	5
		文化展示	公共空间信息展示	4	4	4	3	5
			单体功能空间展示	4	3	4	2	4
			相关参与性体验活动及氛围营造	5	4	4	3	5
		合计		22	18	21	15	24
	总因素得分			52	33	45	28	56

（1）和谐性。

结合河北省长城国家文化公园的实际情况，以遗产本体情况、非物质文化情况以及社区展示现状作为评价和谐性的指标。

从指标得分可以看出，在不同区域的和谐性呈现出空间差异，其中得分最高的为山海关段长城，其次为金山岭段长城，再次为大境门段长城，这三个区段长城的保护和修缮程度较高，展示体系与遗产本体、非物质文化因素、环境和谐性良好。崇礼段长城和喜峰口段长城得分较低，展示体系与遗产本体、非物质文化因素、环境和谐性较差。这是由于喜峰口长城主体部分已没于水下，而崇礼段长城在开发利用上比较落后，对于本体长城保护性较差而导致的。但是随着冬奥会的举办，崇礼段长城在近几年的建设开始呈现良好发展趋势。总体来看，河北省长城文化遗址的展示体系和谐性在空间上存在差异性，山海关段、金山岭段、大境门段长城的和谐性远高于崇礼段、喜峰口段。

（2）可达性。

可达性评价主要包括长城文化遗址展示和解说系统两个方面。从结果整理可知，山海关长城展示体系的可达性发展程度最好，得分 24 分，在解说方式接受度与解说内容理解度、公共空间信息展示和相关参与性体验活动及氛围营造方面评价均为最高；其次为金山岭段长城、大境门段长城和崇礼段长城，分别为 22 分、21 分和 18 分，差异性不明显。这三个长城文化遗址区段的主题博物馆展示方式、解说系统较为完善且多元化。在展示方式中，形成以静态展示为主、以动态展示为辅的组合方式。解说系统中包含居民展示、向导式解说和自导式解说三种方式。总体来看，游客中心、遗产本体与博物馆展示可达性较好。喜峰口段长城的可达性最差，主要表现为单体功能空间展示性较差，这与喜峰口长城的复原性展示存在困难有关。总体来看，长城文化遗址展示体系的可达性空间差异较小，部分区段在展示过程中仍有提高的空间。

（3）市场认知。

基于百度地图、高德地图和携程网，对山海关、老龙头、金山岭和大境门的评价进行整理，如表 5.6 所示。整体来看，金山岭的积极评价最高，老龙头第二，大境门的积极评价最低。消极评价中山海关占比最高，金山岭占比最低。总体评分金山岭最高，大境门最低。总评价条数中老龙头最多，大境门最低。由数据可见，老龙头的受关注度最高且积极评价较高，大境门的受关注度最低且积极评价最低，虽然金山岭的积极评价很高，但是关注度却相对较低。

表 5.6　　长城旅游景区评价

景区名称	积极评价百分比	中性评价百分比	消极评价百分比	总体评分	总评价（条）
山海关景区	82.84%	11.82%	5.34%	4.3	2174
金山岭长城	96.71%	2.10%	1.19%	4.7	839
老龙头景区	92.64%	5.43%	1.93%	4.6	5182
大境门景区	78.75%	16.56%	4.69%	4.2	320

通过对积极评价进行整理和分析，可知对河北省长城文化遗址重点区段积极评价主要包括历史厚重引发的家国情怀的感叹，长城与山体、大海、植物组合而成的雄壮景观而引发的震撼感，以及产品和服务良好而引发的愉悦体验等三个方面。通过对消极评价进行整理和分析，可知对河北省长城文化遗址重点区段消极评价主要包括娱乐产品少、商品质价不一、票务服务态度差、停车场收费贵、路标不清晰、管理不到位、周边开发商业氛围浓、应急处理能力和水平有待提升等问题，如表 5.7 和表 5.8 所示。

表 5.7　　积极评价

长城名称	评价总结
山海关	素有天下第一关的美称，名气很大。万里长城东部起点的第一座关隘，重要的军事防御地。极具历史底蕴，雄伟壮观
金山岭	“万里长城，金山独秀”是游客对金山岭长城的总体评价。金山岭以俊秀而著称，景区的游客人数较少，因此也是摄影者的天堂。人少风景美，四季皆可出游。文字墙、挡马石、障墙是金山岭三绝，深受游客好评。旅游体验感好，甚至超越八达岭长城
角 山	角山长城被视为“万里长城第一山”山海关的天然屏障。明长城经山海关，由东南向东北攀登遇到的第一座山峰，历史价值高。长城路段垂直上下，十分陡峭，但爬起来也很有趣，尤其是最后一座敌台攀登时还需要梯子辅助，十分刺激，深受游客喜爱。风景秀丽，也是一个爬山休闲的好去处

续表

长城名称	评价总结
大境门	是万里长城最重要的一个门，尤其是“大好河山”四个字颇具历史沧桑之感。是罕有的位于市区的长城，交通便利
青山关	处于长城的战略中心位置，是万里长城建筑最坚固、最雄伟的一镇。古城堡内明代建筑特色明显，有明代千总官衙、兵营、戚军校军场、关帝庙、客栈、茶楼、酒肆等。长城唯一的水门，唯一保存原貌的兵营
白羊峪	是原始风貌保存良好的长城，是万里长城中唯一一段用大理石做地基的长城，别具一格，独树一帜。长城免费进入，风景优美，深受自驾游客的喜爱
喜峰口	古长城保持着原有风貌，是抗日根据地，值得缅怀。喜峰口这段长城并不长，依山而建，南高北低，两山之间的喜峰口关城由于滦河筑坝水位抬高而淹没在当中，形成了水下长城奇观，南北两山的长城时连时断景色非常奇特

表 5.8　　消极评价

长城	总体评价
山海关	收费价格不合理，门票持续涨价，商业化严重。且景区服务态度差，除了享有“天下第一关”的美誉外，其他较为一般
金山岭	配套设施不够完善，交通不便，服务有待提高
老龙头	票务服务和停车场管理不当
角 山	交通十分不便，管理不当
大境门	景色一般，文物价值不高，没有了原始风貌，全是崭新的城墙，只有“大好山河”四个大字值得一看
青山关	门票价格高，交通不便利
白羊峪	环境一般，物价高
喜峰口	管理不到位，缺乏合理规章制约当地居民从事售卖活动

（4）总体性评价。

总体来看，长城文化遗址展示的和谐性与可达性较好，但是存在空间差异。从和谐性来看，河北省长城本体保护、非物质文化遗产展示与社区展示处于良好的发展态势，有利于长城文化遗址的保护与可持续发展，且其非物质文化遗产展示种类齐全，能够基本满足市场的基本需求，但长城文化遗址区段对社区辐射带动作用方面均较差，需要改善。从可达性来看，河北省长城文化遗址的展示方式较为全面，解说系统发展良好，但在不同区段仍存在后续发展不足的问题。

从市场认知角度出发，对于长城文化遗址重点区段的积极评价远高于消极认知，积极评价主要来自家国情怀、良好的服务和丰富的旅游产品，且金山岭段长城的市场认知度最高，获得了一致好评；在不同长城文化遗址重点区段增长速度呈现出不同趋势，开发进程与利用程度不均衡。在消极评价中，反映出长城旅游景区在发展过程中所面临的问题，如基础设施的不完善等，随着经济发展和人们生活水平的提高，快速变化的市场需求也是长城文化遗址重点区段在发展中亟待解决的问题。

5.4　长城文化遗产展示体系存在问题

（1）展示主体呈现结构不平衡，保护和利用力度有待增加。

从展示内容来看，以遗产本体的展示为主、非物质文化遗产展示和周边环境展示为辅，形成了以遗产本体为核心的展示结构，如金山岭长城文化展示载体，除本体外，其他展示载体较少。非物质文化遗产展示和环境展示相对较弱。长城保护和利用也呈现空间结构上的异质性，大多数长城沿线地区在重点区域的保护力度大，且展示效果良好，但还有很多区域，尤其是乡村区域的保护修缮不足的问题较为突出。由于长城沿线地区经济发展较为落后，保护意识不够强，导致开发利用较为落后。同时，一些长城沿线地区还存在低档次建筑、裸露弃料场、破损山体等环境破坏现象，使存在部分不和谐现象，基础配套设施不足，外围交通可达性较差，周边环境等基础设施和公共配套相对缺乏等问题，还需要完善提升。

（2）部分区域和谐性相对不足，文旅融合有待加强。

山海关、金山岭段长城的文旅融合不足，虽然空间容量处于稳定状态，但是目前以观光为主，文化体验、夜间休闲等业态不丰富，文化教育、公共服务、休闲娱乐、科学研究等功能相对缺失，市场体验感较差，使市场认知度及评价较低。同时，对周边社区、项目等带动辐射力较弱，降低了和谐性。

（3）展馆以静态展示为主，展示多样化有待加强。

展示方式中以景区和展览馆等静态展示为主，以观光功能为主。有部分展馆或演艺采用高科技技术以及声、光、电等现代化手段，活化展示长城文化。但静态化的、知识性的展示比重大，趣味性的动态展示比重相对较小，导致展示效果差强人意。长城文化博物馆、展览馆等展示场所没有充分挖掘利用长城文化，互动性和体验性仍应该加强。如山海关段古城及周边街道、村落整体环境亟待提升，八国联军营盘旧址等保护性利用需要创新模式。

（4）古村落展示载体系统化不足，开发利用水平有待提高。

长城古村落散落在长城沿线，数量众多，但开发利用比重较小。多数长城古村落的文物和文化资源保护力度不足，部分地区出现过度利用和人为因素破坏的现象，长城保护与城乡发展关系不和谐，需要进行有效协调。交通等公共服务设施配套薄弱，资源亟待系统性整合，长城沿线乡村、社区参与度有待提高。大境门段长城沿线村落环境风貌多处于自然状态，亟待进行统一整治提升；崇礼段长城文化资源挖掘与传承有待加强。同时，长城沿线传统村落中长城文化、传统文化、民俗文化的集中展示、演绎传承、活态开发不足，缺少村史馆、主题民宿、特色餐饮等业态，以长城文化为主题的开发利用还较少。

（5）节庆活动和演艺活动相对较少，长城文化内涵有待进一步提高。

目前举办的有一定知名度和影响力的活动，数量不多，且与长城文化的融合相对不足，如金山岭长城徒步大会、山海关老龙头“中国二月二龙抬头庙会”、金山岭杏花节等都是把长城作为背景的节庆活动，长城文化的展示比重不足，把长城文化深度融合到活动中，是未来应该考虑的问题。

（6）解说系统空间结构性失衡，居民参与比重较小。

从长城沿线地区整体来看，除了成熟的景区和场馆外，其他区域的解说系统相对缺乏。长城沿线地区的居民既是长城文化遗产内容的重要组成部分，又是传播地方文化的使者，但河北省长城文化沿线地区的居民参与尚欠缺。同时，系统性和高质量解说服务在长城沿线地区还不多见。

5.5　长城文化遗产展示体系提升对策

（1）加强相关文化遗产的保护，多元化长城文化传承载体和展示手段。

按照分级分类原则，对相关文化遗产进行抢险加固等原状保护或修缮性保护。同时优化长城文化传承和活化手段，如实施“长城记忆”项目，以情景再现形式展示发生在长城地区的重大历史事件。优化长城文化遗产的传承载体，探索遗址类长城现场展示阐释手段和技术，建立规范的、统一的长城文化展示标识及讲解体系，分级分类增建续建一批特色文化博物馆、遗址博物馆、陈列馆、展览馆。探索“互联网 +”、VR 、AR、MR 等互联网、数字化展示手段，形成特色突出、互为补充的综合展示体系。

（2）增强文旅融合，赋能长城文化旅游产业化，促进和谐发展。

依托现有的长城文化遗址资源，在观光产品的基础上，提升产品供给品质，增加有长城文化特色餐饮、住宿、交通、文创和娱乐等产品供给，形成长城文化产品体系。并结合特色环境和资源，开发新业态，形成“长城画廊”山体康养、“长城记忆”文化教育研学、“长城人家”的乡村休闲度假等特色品牌。在空间上形成核心—边缘结构的产业集群，形成上下游衔接，节点互动有序，互相赋能的自组织产业体系。在长城文化产业带上，依托长城沿线及周边道路系统，基于河北长城国家文化公园，设计大跨度、主题鲜明、精品资源丰富的文化旅游线路，形成国家精神文化线路、红色革命文化线路、山海城文化线路等主题线路，促进长城从分散的地理资源空间转变为具有文化符号意义的线性公共文化服务空间。

（3）分类增强可达性展示载体建设，灵活展示方式，提供激励性设施和服务。

按照物质性文化遗产和非物质性文化遗产分类，构建不同的展示体系，对标长城国家文化公园建设标准，提高服务设施的标准化供给；提高管理水平和管理体制机制建设，加强服务人员的培训，提升服务人员的服务内生动力，提升服务人员的服务水平，做好对客服务，提升市场满意度。保证基本设施服务满足基本需求，结合区域特色，提供个性化设施和高品质服务，提升长城文化体验质量。

（4）完善古村落展示要素体系，提升资源开发利用水平。

增加长城古村落区域的文物和文化资源保护力度，减少过度利用和人为因素破坏，协调长城保护与城乡发展关系。补充完善餐饮、住宿等产业要素，增强文化赋能，促进文化消费和夜间经济发展，实现文化赋能乡村振兴发展，带动城乡协同发展。

（5）加强自导式解说和居民展示，提升游客和居民的参与度。

按照市场需求和区域经济发展水平，设置不同程度、不同组合的居民展示、向导式解说和自导式解说等解说系统。配套解说系统吸引长城沿线地区居民的参与，让更多的人参与进来，使他们都能成为长城文化传播的使者。

第6章　河北省长城文化与旅游融合研究

自1979年至今，长城文化旅游发展已有40多年。旅游作为长城文化遗产利用的最常见方式，赋能长城文化传承利用。从2001年老龙头景区成为国家第一批4A级景区后，至今河北省共建有13家A级长城旅游景区。并有闆城小镇、董家口长城乡村休闲度假区等非A级景区出现，长城文化旅游供给越来越丰富。长城文化旅游的特征与其他同类资源相比具有其特殊性，其文旅融合模式及融合动力机制也就存在差异。文旅融合[①]是一个发展的大趋势，这也是旅游发展到一定阶段的必然结果。河北省拥有丰富的长城文化资源，长城文化和旅游融合具有天然的适应性。本章在河北长城文化旅游发展特征、融合模式和动力机制分析的基础上，重点对河北省长城文化旅游融合现状进行了分析，找出其存在问题并分析其原因，最终提出解决对策，为河北长城文化发扬以及长城旅游的开展提供相关依据，从而促进河北省长城文化旅游的可持续发展。

---

① 文旅融合是指文化、旅游产业及相关要素之间相互渗透、交叉汇合重组，逐步突破原有的产业边界或要素领域，彼此交融而形成新的共生体的现象与过程。文化和旅游是密不可分的，文化是旅游的灵魂，旅游是文化的重要载体。两者能够有机结合和深度融合是文化和旅游互动共荣的客观需要，也是文化和旅游发展的必然规律。2009年的专项政策《文化部、国家旅游局关于促进文化与旅游结合发展的指导意见》中提到以文化提升旅游的内涵，以旅游扩大文化的传播和消费。为促进文旅融合发展，2018年3月，国务院机构改革方案中通过整合文化部、国家旅游局的职责，重新组建文化和旅游部，不再保留原机构，因此2018年被称为“文旅融合元年”。“文旅融合”发展是一个以文化带动旅游发展、以旅游促进文化进步的互惠共赢的过程，它不会单方面注重或强调旅游产业和文化产业其中一个产业向另一产业的植入和拓展，也不会强调一个产业要取代或吞并另一产业的恶性发展理念。“文旅融合”发展强调的是文化产业与旅游产业的共赢，其产生的互惠共赢理念，有助于推进文化和旅游产业的深度融合，促进两大产业在新时代背景下实现产业的转型升级，找到适合未来经济发展的可持续发展道路。文化和旅游部发布《“十四五”文化和旅游发展规划》中提出推动文化和旅游融合发展，坚持以文塑旅、以旅彰文，推动文化和旅游深度融合、创新发展。不断巩固优势叠加，双生共赢的良好局面。提升旅游的文化内涵；以旅游促进文化传播；培养文化和旅游融合发展新业态。

6.1 长城文化旅游供给特征

6.1.1 长城文化旅游发展存在明显的时空差异性

从时间上来讲，长城文化旅游是伴随着新中国经济发展而发展起来的。2000 年是河北省长城文化旅游发展的分水岭，之前是自觉发展阶段，之后是规范化发展阶段。从省域来看，燕山地区的长城文化遗址比太行山区数量多、品质高，如山海关、金山岭和大境门等都是河北省长城文化遗址保护与开发利用的典型代表，并相对成熟。从地市来看，秦皇岛和承德的长城文化旅游发展相对成熟，张家口次之。

（1）长城文化旅游发展历程。

河北省长城文化旅游发展历程，总体上分为 4 个阶段。

第一阶段，长城修缮保护期（20 世纪 50 年代至 70 年代末期）。

这个阶段是自 1952 年山海关镇东楼维护工程开始，一直到 20 世纪 70 年代末期。尤其是 1961 年山海关段被公布为全国重点文物保护单位开始，对山海关的券洞、城墙、关城、镇东楼、瓮城、靖边楼、角山长城等进行了 18 次维护、修复和重建等工程。资金来源以国家拨款为主，省拨款和自筹为辅展开。这一时期，人们的保护意识相对较弱，用长城砖盖房、垒猪圈的破坏活动较多。

第二阶段，长城保护与旅游开发并行期（20 世纪 80 年代至 2000 年）。

河北省长城旅游自 1979 年起步，随着《中华人民共和国文物保护法》出台后，越来越多的社区居民参与到长城保护中来。1987 年，联合国教科文组织将长城列入世界文化遗产，长城旅游得到了飞速发展，秦皇岛以山海关长城为核心，承德以金山岭长城为核心，河北省长城旅游市场知名度迅速提升，白羊峪、董家口、板厂峪、青山关等逐步开始发展，河北省长城旅游进入了大发展阶段。

第三阶段，长城文化旅游规范化发展期（2001 ~ 2018 年）。

2001 年老龙头景区成为国家 4A 级景区，开启了长城文化旅游规划发展时期。至 2018 年年底，河北省共建有 11 家 A 级长城旅游景区。5A 级 1 家：山海关景区。4A 级 4 家：承德金山岭长城景区、秦皇岛角山景区、张家口大境门风景区、唐山迁西青山关旅游区。3A 级 5 家：迁安市白羊峪长城旅游区、遵化市禅林寺古银杏风景园、迁安市红峪山庄长城溶洞风景区、迁西县喜峰口旅游景区、蟠龙湖风景区。2A 级 1 家：唐山遵化鹫峰山风景旅游区。且有闆城小镇、董家口长城乡村旅游等非 A 级旅游小镇、乡村旅游度假区等出现，长城文化旅游供给越来越丰富。

第四阶段，国家文化公园建设期（2019 年至今）。

2019 年 7 月 24 日，习近平总书记主持召开的中央全面深化改革委员会第九次会议通过《长城、大运河、长征国家文化公园建设方案》（中共中央办公厅、国务院办公厅印发，2019），并于 12 月初，中央办公厅、国务院办公厅印发《方案》，要求各地各部门结合实际认真贯彻落实。8 月 20 日，习近平总书记在嘉峪关考察时，对长城保护与文化传承再次做出重要指示。长城沿线各省区市响应国家号召，增强文化自信，弘扬长城精神、长城文化，推动长城沿线文化事业与旅游的融合，以旅游促进长城文化的传播。长城河北段成为中国长城国家文化公园建设示范点，自此长城文化旅游进入了国家文化公园建设期。

（2）长城文化旅游带空间演变分析。

无论是数量还是质量，燕山地区的长城都比太行山地区的长城更具优势。所以河北省长城文化带旅游的发展，在空间上为先燕山区域，后太行山区域。燕山区域也呈现从东到西的发展演变历程，从秦皇岛的山海关、老龙头和角山长城文化旅游发展到承德的金山岭和张家口的大境门。太行山区域至今以长城文化为核心吸引物的国家 A 级景区相对较少，但也存在紫荆关等长城文化优质资源，将成为未来长城国家文化公园延伸发展的区域。

6.1.2 长城文化旅游产品供给存在明显的结构性差异

河北省长城文化旅游产品的供给主要是长城文化与“吃、住、行、游、购、娱”的融合，主要包括旅游景区、旅游餐饮、旅游小镇和旅游演艺等。旅游景区数量和规模较大，其他方面供给都较小。目前河北省已经开发的长城有13处，以秦皇岛市山海关长城和承德市金山岭长城等两个5A级景区为龙头，引领河北省长城文化旅游发展。许多文化价值较高的未开发长城，如乌龙沟长城、样边长城等，也逐渐受到关注。长城文化旅游特色餐饮典型代表有长城饽椤饼、四条包子、回记绿豆糕等，主要以农家餐、特色长城烧烤、特色烤鱼等方式来提供。长城文化元素的旅游小镇以秦皇岛和承德两地最为典型。长城文创典型代表有桃春姑娘的系列产品和孟姜女系列产品。依托长城旅游景区和长城文化小镇的长城演艺活动主要有闆城小镇的戚家军表演、明制婚礼和地秧歌，山海关景区《雄关古韵》大鼓演出，金山岭景区的《金山秀》实景演出，大境门的开城仪式和春节民俗表演等，都具有突出的长城文化特色。除此之外，长城沿线举办的杏花节、摄影大赛、民俗非遗手工匠人手工技艺的现场展示等，都是长城文化演艺的重要补充。

6.1.3 长城文化旅游设施供给呈现点线布局

依托长城文化遗产，长城文化旅游设施也呈现线状分布，与旅游发展程度呈现明显的正相关。依托于长城的旅游公路有河北省长城旅游公路和环长城旅游公路。河北省长城旅游公路全长约1750千米，由主干线和支线组成，沿线串联周边的长城景点，每一条支线都是一条旅游线，多选择组合，满足于游客的各种需要。环长城旅游公路位于秦皇岛，是海港区北部片区景观大道建设项目之一，途经北港镇、石门寨镇、驻操营镇。河北省长城专线主要有怀密线、“秦旅山海号”观光小火车、金山岭长城一日游旅游专线等。怀密线穿过金山岭长城；“秦旅山海号”观光小火车从秦皇岛港西港码头“开埠地站”始发，终点站为“板厂峪站”；金山岭长城一日游是一条步行线，起点是金山岭长城，终点是司马台西段。这些旅游专线在不同程度上宣传了长城文化，带动了长城文化旅游的发展。除此之外，在秦皇岛和承德地区，尤其是山海关、金山岭等 5A 级旅游景区的旅游基础设施和服务设施供给较为完善，在其他旅游欠发达区域，长城文化旅游设施的供给较为匮乏。

6.2　长城文化旅游供给模式

目前，按照修缮保护程度和开发程度，可以将河北省长城文化旅游供给模式划分为五种类型：原状资源基础上的原状供给模式、修缮基础上的原状供给模式、修缮基础上的文旅融合供给模式、原状资源基础上的文旅融合供给模式和最终融合到一起形成标准化管理基础上的公园化供给模式，如图 6.1 所示。

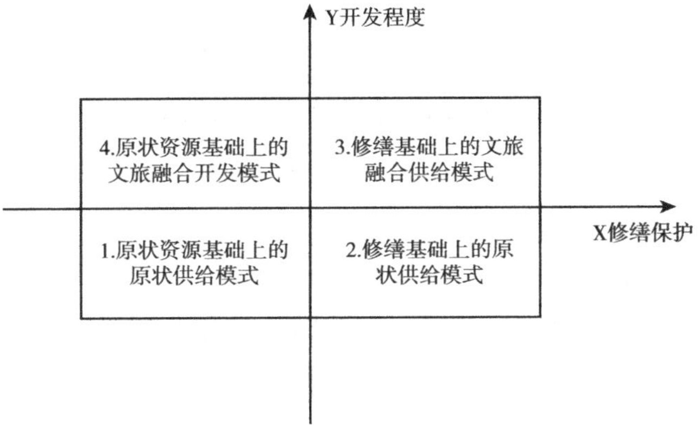

图 6.1　长城文化旅游供给模式分类

（1）原状供给模式。

原状供给模式按照修缮与否，分为原状资源基础上的原状供给和修缮基础上的原状供给模式。这两类属于粗放式供给，供给简单原始，旅游要素植入少，基本上处在未开发状态，且未毗邻其他旅游吸引物。长城沿线存在大量的原始长城和部分经过修缮的长城，吸引背包客、驴友等游客，呈现为资源形态的产品，以野长城文化观光为主。

（2）文旅融合供给模式。

文旅融合模式按照修缮与否，分为原状资源基础上的文旅融合和修缮基础上的文旅融合供给模式。这两类属于长城文化和旅游产业要素融合基础上的供给，进行了一定程度的旅游开发，但当前的融合程度相对比较初级。随着长城文化旅游的发展，在长城文化遗址开发利用区文化业态中体现旅游要素功能，形成博物馆、长城文化演艺、长城文创产品等文旅融合创新产品，最终形成长城文化旅游融合新业态。

目前，这两类供给模式有保护区 + 景区、保护区 + 社区、保护区 + 公服、保护区 + 度假区等四种开发模式。保护区 + 景区开发模式的典型代表为山海关和金山岭景区，集群化发展，最终形成“空间叠加，文化遗产 + 旅游要素”全链条融合的发展模式。保护区 + 社区服务（小镇）的开发模式的典型代表有板厂峪和乌龙沟，主要提供住宿、餐饮服务和厕所、停车场等基础服务，形成“空间相邻，文化遗产 + 旅游小镇”环境 + 服务功能的开发模式。保护区 + 公服设施开发模式，主要完善旅游公路等基础服务设施，形成旅游绿道系统 + 观景平台的融合发展模式。保护区 + 度假区的开发模式的典型代表有崇礼地区，该种模式是政府和市场双驱动下的度假区引致的发展模式。在滑雪度假区发展的基础上，与长城文化资源整合共赢，共促发展。

（3）标准化管理基础上的公园化供给模式。

长城国家文化公园管理体制机制即将构建，在长城文化遗产保护的前提下，进行公园化的标准化管理，长城国家文化公园是集中打造中华文化的重要标志，长城文化旅游将进入一个新的时代，引领长城文化旅游带的规范化发展（董耀会，2019）。

6.3　长城文化旅游融合边界、机制和形态

20 世纪 60 年代，美国学者提出产业融合概念，70 年代受到学者的关

注。无论是国外还是国内学者都认为产业融合是产业升级发展的必然，而产业融合需要打破原有产业壁垒，产业间要相互交叉渗透，从而产生新业态。而研究的内容也涉及融合各个方面，最终形成了系统的研究体系。

（1）长城文化旅游融合边界。

在融合的过程中，是技术边界、产品边界、市场边界和产业边界，经历了“打破—渗透交叉—融合”的过程，如图6.1所示。借鉴已有研究成果，并结合产业融合定义，长城文旅融合是指为了适应市场需求，在政府的推动下，在长城文化保护的前提下进行的长城文化与旅游产业渗透交叉，产业边界的逐渐收缩或消失，最终融为一体，逐步形成一个长城文化旅游新业态的动态过程。长城文化旅游融合本质上是一种创新，是基于技术、产品和服务等的创新。

从图6.2可以看出，旅游资源开发技术、长城文化保护和修复技术、文化传播技术以及信息技术等方面的融合打破了技术边界。技术边界打破了产品和业务边界，在产品形态、组织形态和运营形态等方面产生创新。新的产品和业务促进了市场的融合，最终形成新的产业。

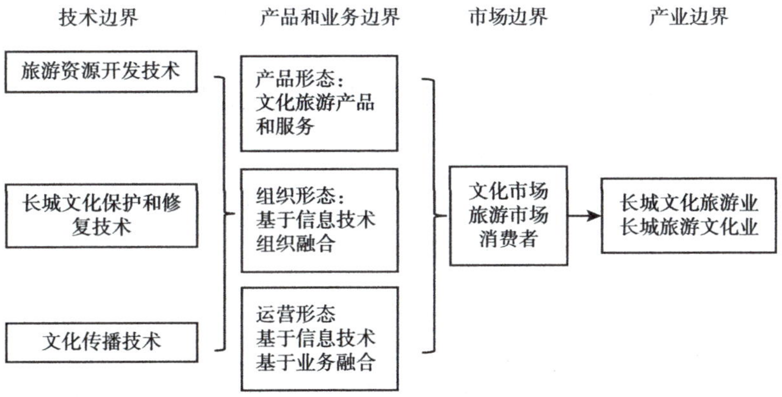

图6.2　长城文化旅游边界及融合边界

（2）长城文化和旅游融合动力机制。

从已有研究来看，个性化和多元化的市场需求引导着旅游企业对现有旅游产品进行改造或打造新的旅游产品，是文旅融合的决定因素和内在动力。信息技术的快速发展对旅游企业的经营管理模式、组织形式、流通渠道和盈利模式等各方面都产生了深远的影响。政府是推动文旅融合的催化剂。中国长城文化遗产的保护与开发具有更为明显的政府推动的特征，长城作为中华民族文化 IP，受到了国内外旅游者的青睐，通过旅游活动而广为传播，塑造了良好的文化形象。技术创新不仅奠定了数字技术融合基础，也催生了新的产品和服务，如图 6.3 所示。

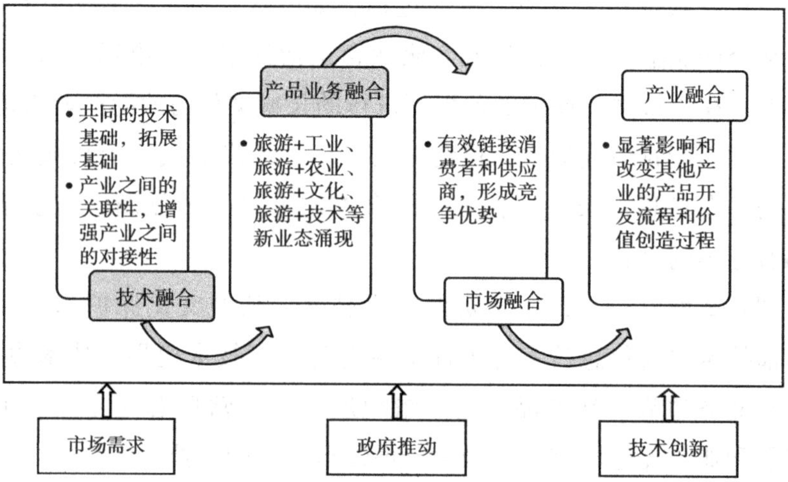

图 6.3 产业融合与产品创新融合

少部分由市场主体参与进行商业性的开发。长城文化是长城旅游的魂，是核心吸引力，又是旅游体验的最终目的。长城旅游为长城文化提供了交流和传播的平台，而长城文化又丰富了长城旅游的内涵。长城文化是核心，而长城旅游是载体。长城文化旅游的互动融合，促进了整个区域的整合发展。

（3）长城文化旅游融合形态。

从资源和产品两个维度，按照资源和产品是新兴还是传统的，分成 4 类，如图 6.4 所示。传统资源 + 传统产品构成传统的观光型旅游景区，传统资源 + 新兴产品——传统景区的升级换代革新，新挖掘的资源 + 传统产品——融合，新挖掘资源 + 新兴功能——全新体验。

传统资源 + 新兴产品——传统景区的升级换代革新，不断丰富产业内涵，在“吃住行游购娱”等传统节点上加入“商养学闲情奇”等新功能，实现长城文化旅游景区生命周期稳定期的再次创新。

新挖掘资源+传统产品——产业融合，主要是在旅游资源泛化的基础上，传统的自然旅游资源和人文旅游资源之外的其他资源，纳入旅游资源的范畴内，主要表现在产业融合上，如农业+长城文旅、新技术+长城文旅的静态观光产品的开发供给上。这一类新业态拓展了旅游产品供给的范围，满足了市场多范围的视觉观光和感官体验的需求，但缺乏深度融合产品。

新挖掘资源+新兴功能——全新型主要体现新兴资源的体验化设计上。其主要包括两个方面：第一，"吃住行购娱"传统要素的旅游资源化，经过体验化设计，成为核心吸引物。除了"吃住行游购娱"六大要素衍生的业态外，还包括旅游新六要素，"商、养、学、闲、情、奇"所衍生的业态集中在一起的旅游综合体。第二，是新挖掘资源的深度体验化，如技术+旅游的VR体验园、电影+旅游的集休闲度假功能于一体的长城小镇等。

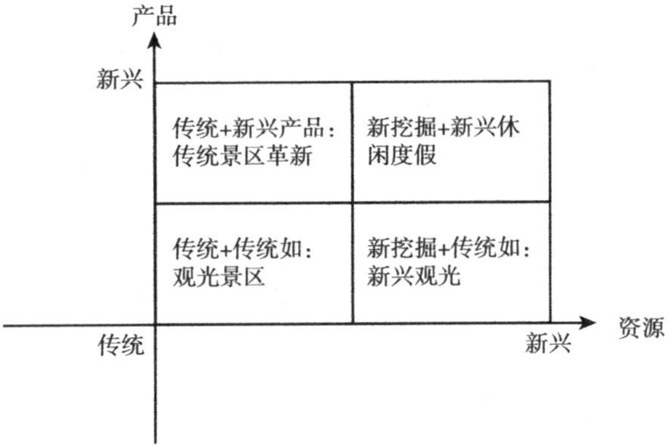

图6.4　融合形态示意图

6.4　长城文化旅游融合模式

长城文化与旅游的融合也就基本上遵循了技术融合、产品融合、市场融合和产业融合的路线，是一个逐渐演化的过程。长城文化旅游融合更多的是从技术方面的融合、产品融合再到市场融合。在长城保护、修复等技术提供的基础上，叠加旅游产业要素，形成长城文化旅游产品，对市场具有独特的吸引力。

（1）资源驱动下的渗透融合模式。

长城文化遗产作为优质的旅游资源，驱动着长城文化与旅游的融合。这是一种双向性的渗透融合，率先突破双方产业边界，在技术、观光产品和观光市场等全方面融合发展。最终形成“你中有我、我中有你”的格局。但该种融合程度较浅，长城本体作为文化的载体和观光旅游的对象，并没有进行文化产业的链条化发展，旅游产业的要素叠加也是相对比较初级的。

（2）产品驱动下的重组融合模式。

随着长城旅游的发展，在长城文化旅游景区中文化业态中体现旅游要素功能，满足旅游需求，形成博物馆、长城文化演艺、长城文创产品等文旅融合创新产品，最终形成新的业态。

（3）市场驱动下的延伸型融合模式。

在长城旅游发展过程中，延伸型融合主要通过产业之间的功能互补或市场延伸来实现，该融合往往发生在相关产业的边界或是在产业链自然延伸的部分。长城旅游与长城文化产业，如影视作品等通过附加新的功能和内涵，市场竞争力得以提升和加强，继而形成新的产业体系。

渗透型融合程度较浅；重组型融合通过产品渗透和行业重组，融合程度进一步加深，产生了新的业态；而延伸型融合则属于产业之间功能互补或市场延伸，功能和内涵得到广泛提升，竞争力明显加强，继而形成新的产业体系。

6.5 长城文化资源与旅游产业融合的耦合协调度

6.5.1 评价指标体系构建

通过对于当前研究中具有代表性的成果分析和借鉴，并结合河北省长城文化资源和旅游产业发展现状的分析，进行一系列的综合筛选，遵循一定的科学性、系统性、可操作性和主体性等原则，将河北省长城文化资源和旅游产业两个系统作为两个一级指标；河北省长城文化资源细分为文化资源丰度和文化资源等级两个二级指标，涵盖文化资源数量、文化资源密度、国家级、省级文化资源（单体数）等 4 项三级指标。在旅游产业方面主要构建旅游发展规模、发展效率、发展支撑三个二级指标，涵盖 A 级景区数量、游客数量、旅游收入、旅行社数量、酒店数量、交通通达指数、旅游投入产业比等在内的 7 个三级指标，如表 6.1 所示。

表 6.1　　河北省长城文化资源与旅游产业相关指标

一级指标	二级指标	三级指标
长城文化资源	长城文化资源丰度	文化资源数量
		文化资源密度
	长城文化资源等级	国家级文化资源（单体数）
		省级文化资源（单体数）
旅游产业	旅游发展规模	A 级景区数量（家）
		游客数量（人次）
		旅游收入（万元）
	旅游发展支撑	旅行社数量（家）
		酒店数量（家）
		交通通达指数（%）
	旅游发展效率	旅游投入产出比（%）

6.5.2　指标解释

本章的研究中，长城文化资源丰度是指河北省内现存的长城本体文化资源和相关的非本体文化资源的富集程度，该指标主要由河北省内长城文化资源数量和密度来体现。其中，文化资源数量包括河北段长城本体资源的数量，包括长城的墙段、单体建筑、关堡等本体资源以及以长城为核心的博物馆、长城分布沿线的非遗数量等；文化资源密度是通过河北省长城文化资源数量与所在区域的行政面积之比计算得出的；文化资源等级是指文化资源的重要和稀缺程度。现有的长城资源多为文物保护单位。文物保护单位根据稀缺和重要程度可以分为国家级文物保护单位、省级文物保护单位和市县级文物保护单位。现有的河北省长城文化资源皆为国家级或省级文物保护单位。故将长城文化资源等级分为国家级、省级两级文物保护单位的单体数。各等级文化资源的数量多少能够体现河北省长城文化的竞争优势。

旅游产业的发展能够体现该区域旅游业的发展情况。根据旅游产业的发展历程和规律可以将旅游产业的发展情况由旅游发展规模、旅游发展支撑以及旅游发展效率来体现。旅游发展规模主要是指现阶段旅游产业的发展现状。本章研究的是长城文化资源和旅游产业的融合度。所以选用依托长城资源开发的A级景区的数量、游客人数、旅游收入来体现旅游产业的发展规模；旅游产业的发展需要区域内一定的产业支撑，游客在旅游过程中除了观赏美景之外，还有食、住、行等方面的需求，故选取旅行社和星级饭店的数量以及交通通道指数来体现出区域的旅游发展支撑情况；采用旅游投入产出比来体现长城旅游产业的旅游发展效率。

6.5.3 数据来源

为了对河北省长城文化资源和旅游产业发展水平进行科学系统的评价和研究，更准确地反映其文旅融合发展水平，以构建的评价指标为依据，选取2011～2019年河北省长城资源和旅游产业发展水平的相关数据样本进行时间角度的融合程度分析。其中，数据的来源和获取的途径因为类型的不同而有所差异，旅游发展规模、支撑和效率所需的相关数据主要来源于文旅部公布的星级饭店统计公报，旅行社统计调查公报，河北省经济年鉴，秦皇岛、唐山、承德、张家口、保定、廊坊、石家庄、邢台和邯郸9市的国民经济和社会发展统计公报以及河北省各景区的统计报表等；长城文化资源的相关数据主要来自官方发布的长城国家文化公园图册、河北省长城志以及文旅部发布的非遗统计公报等，部分年份缺失的数据由相应年份的平均值补充。

6.5.4 耦合协调度模型构建

（1）指标权重确定。

指标权重的确定方法有客观赋权和主观赋权两种，本章在对比分析各种权重计算方法的优劣之后，选择使用熵值法来确定权重，确保科学性、客观性地反映各个指标对于融合水平的影响程度。为了防止主观来确定指标权重，假设有m个评价指标，n组数据，设为X_{ij}，X_{ij}是指第j个评价指标，其中第i组的数据：$i=1,2,\cdots,n$；$j=1,2,\cdots,m$。

熵值法的步骤如下：

先进行无量纲化处理指标。其中指标数值越大，表现的结果越优，记为正指标，无量纲化处理指标，公式如下：

$$x'_{ij}=\frac{x_{ij}-\min x_j}{\max x_j-\min x_j}+0.01 \tag{6-1}$$

其中，x'_{ij}作为无量纲化处理指标后的第j个评价指标的第i组数据；x_{ij}为第j个评价指标的第i组的数据。本章选取的指标均为正指标，故采用正指标的无量纲化处理指标进行处理。为了有效地避免无量纲函数在进行精确量化和处理时加入指标值的个数可能会出现大于负指标值或者零的各种错误计算现象，参考相关文献，在函数式后面整体加入指标值的个数上加上0.01。

通过无量纲化处理后，进行数据的比重或概率运算，采用公式如下：

$$P_{ij}=\frac{x'_{ij}}{\sum_{i=1}^{n}x'_{ij}} \tag{6-2}$$

$i=1,2,\cdots,n;j=1,2,\cdots,m$

进行数据的比重或概率的运算后，运用已得到的数据进行第j项指标信息熵的计算，公式如下：

$$e_j=-\frac{1}{\ln n}\sum_{i=1}^{n}P_{ij}\ln P_{ij} \tag{6-3}$$

$(j=1,2,\cdots,m)$

其中，e_j是第 j 项的熵值；p_{ij}为处理后第 j 项指标与与第 i 组数据的比重；ln 为自然对数，$e_j \geq 0$。

计算第 j 项指标的差异性系数 g。计算公式如下：

$$g_j = 1 - e_j \tag{6-4}$$

其中，g_j为第 j 项的差异性系数，e_j为第 j 项指标的熵值，当g_j越大时，指标越重要。

计算第 j 项指标权重，公式如下：

$$w_j = \frac{g_j}{\sum_{i=1}^{n} g_j} \tag{6-5}$$

其中，w_j为第 j 项指标权重，g_j为第 j 项指标的差异性系数。

（2）耦合协调度模型。

设变量U_i（$i = 1, 2, 3, \cdots, m$），u_j（$j = 1, 2, 3, \cdots, n$）表示系统内产业的个数，当 $n \geq 2$ 时，n 个产业之间相互作用的耦合度模型为：

$$C_n = [(U_1 \times U_2 \times U_3 \times \cdots \times U_n)/(U_1 + U_2 + U_3 + \cdots + U_n)^n]^{\frac{1}{n}} \tag{6-6}$$

当 $n = 2$ 时，耦合度模型变成：

$$C_2 = [(U_1 \times U_2)/(U_1 + U_2)^2]^{\frac{1}{2}} \tag{6-7}$$

耦合度主要用来描述子系统间彼此相互作用程度的大小，我们将长城文化资源和旅游产业作为两个相互作用的子系统，从公式中可以得出，C_2数值越大，表明耦合度越好。

$$U_i = \sum_{i=1}^{m} w_j \times X'_{ij} \tag{6-8}$$

其中，j 是产业指标的个数，（$j = 1, 2, 3, \cdots, m$），X'_{ij}为产业第 j 个指标第 i 年的标准化值，w_j为指标权重；U_i为产业综合水平发展指数，数值越大，说明产业的状态越好，反之则不然。

耦合度可以测量两个子系统的相互关联程度，但是可能会出现两个发展水平较低但是耦合度却很高的情况，这与两个子系统发展水平都较高的耦合度内涵不一样，为了避免这种情况的发生，可以在耦合度模型的基础上，再构建一个耦合协调度的模型，用来客观地反映两个子系统间的协调发展水平。公式如下：

$$T = \alpha U_1 + \beta U_2$$

$$D(U_1, U_2) = \sqrt{C \times T} \qquad (6-9)$$

其中，D 代表长城文化资源和旅游产业两个的耦合协调度，D 越大，说明两者的融合程度越高；T 是文化资源和旅游产业融合的综合评价指数，反映两者的同等效益和水平，α 和 β 分别代表了旅游产业的系数和文化资源的系数，在本章研究中将文化资源和旅游产业看成同等重要的地位，故将两者对应取值为 0.5 和 0.5。

（3）耦合协调度评价标准。

为了能够更加准确地分析旅游产业和长城文化资源的耦合协调度，借助以往的参考资料和文献，将耦合度和耦合协调度进行等级划分，划分结果如表 6.2 和表 6.3 所示。

表 6.2　　耦合度等级划分标准

耦合度 C	耦合等级
(0, 0.3]	低水平耦合阶段
(0.3, 0.5]	拮抗阶段
(0.5, 0.8]	磨合阶段
(0.8, 1]	高水平耦合阶段

表 6.3　　耦合协调度等级划分标准

耦合协调度 D	协调等级
(0, 0.1]	极度失调
(0.1, 0.2]	严重失调
(0.2, 0.3]	中度失调
(0.3, 0.4]	轻度失调
(0.4, 0.5]	濒临失调
(0.5, 0.6]	勉强协调
(0.6, 0.7]	轻度协调
(0.7, 0.8]	中级协调
(0.8, 0.9]	良好协调
(0.9, 1]	优质协调

6.5.5 旅游相对优先度模型

运用耦合协调度模型可以反映文化和旅游发展的内在联系程度，但由于文化资源禀赋在短时间内不会有太大的变化，旅游发展水平的变化浮动可能在短时间内较大。耦合协调度没有办法反映文化和旅游两者之间的差异。因而引用旅游相对优先度模型。

旅游相对优先度是指区域旅游经济相对于文化资源丰裕度超前发展还是滞后发展的度量。其公式为：

$$P = y/x \tag{6-10}$$

其中，P 为旅游相对优先度；y 为旅游发展水平评价值，x 为文化资源禀赋评价值。当 $p>2$ 时，区域旅游发展相对于文化资源禀赋处于超前状态；当 $1\leqslant P\leqslant 2$ 时，区域旅游发展与文化资源禀赋发展同步；当 $P<1$ 时，区域旅游发展相对于文化资源禀赋处于滞后状态。

6.5.6 长城文化资源的综合发展水平

结合熵值法得到各指标权重，并得出 2011～2019 年河北省长城文化资源与旅游产业两个系统的综合发展水平。将得到的长城文化资源与旅游产业的综合发展水平代入耦合度模型和耦合协调度模型得到河北省长城文化资源和旅游产业的融合度。

从表 6.4 可以看出，河北省长城文化资源的综合发展水平在这 9 年间呈稳定上升趋势，9 年的平均值为 0.6282，2013～2019 年长城文化资源的综合发展水平均高于平均值，只有 2011 年和 2012 年这两年的数值低于平均值。这也说明 2011～2019 年长城文化资源得到了较快发展，如表 6.4 所示。

基于长城文化资源的特殊性，其在河北省分布的资源丰度和资源等级在有些年内不会有很大程度的改变，长城文化资源的综合发展水平也随之不会有较大的变动。这反映在 2013 年、2014 年、2015 年长城文化资源综合发展水平均为 0.6763；2017 年和 2018 年长城文化资源综合发展水平为 0.8696。从 2011～2019 年的发展趋势可以看出，国家对于长城文化资源保护是越来越重视，使省级、国家级文物保护单体数量有所增加，从而使长城文化资源总体水平呈现上升趋势。

表 6.4　　2011～2019 年长城文化资源与旅游产业综合发展水平

年份	U 旅	U 文	旅游相对优先度	发展类型
2011	0.1047	0.0167	6.2884	旅游发展超前
2012	0.5933	0.1976	3.0028	旅游发展超前
2013	0.5474	0.6681	0.8193	旅游发展滞后
2014	0.59	0.6763	0.8723	旅游发展滞后
2015	0.5758	0.6763	0.8514	旅游发展滞后
2016	0.5571	0.6763	0.8238	旅游发展滞后
2017	0.6686	0.8696	0.7689	旅游发展滞后
2018	0.8073	0.8696	0.9284	旅游发展滞后
2019	0.7265	1.0033	0.7241	旅游发展滞后
平均值	0.5745	0.6282	—	—

6.5.7　旅游产业的综合发展水平

从表 6.4 中得出，旅游产业的综合发展水平在这 9 年间处在 0.1～0.8 波动，综合发展水平变化较大，9 年的平均值为 0.5745，整体呈上升趋势。旅游发展综合水平 2014～2019 年旅游产业发展相对较好，均高于平均值。旅游综合发展水平在 2018 年达到最高的 0.8073，2019 年有所下降，但仍达到 0.7265。整体发展趋势如图 6.5 所示。

相对文化资源的特殊性，旅游产业的发展是可以在短时间内有所改变的。从 2011 年开始进入河北省“十二五”旅游规划发展时期，全省上下对旅游业发展比较重视，加大对旅游业的发展力度，河北长城旅游产业得到了大力发展，从而使旅游业综合发展水平自 2012 年开始基本都在 0.5 以上。2018 年旅游产业的发展规模最大，旅游产业的综合发展水平达到0.8073。2019年因受到景区提升建设的原因，部分长城景区关闭，旅游发展规模相对缩减；同时2019年河北省在长城文旅融合方面的投资减少，旅游投入产出比降到最低，旅游发展效率也因此降低，影响旅游综合发展水平，使2019年旅游综合发展水平相对2018年要低，但仍达到了0.7以上。

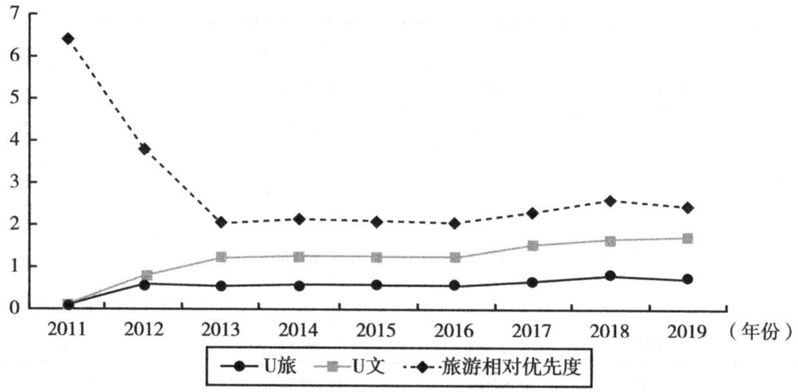

图6.5　2011～2019年河北省长城文化资源与旅游产业综合发展水平趋势

通过旅游相对优先度模型得到在河北省长城文化资源和旅游产业在2011年和2012年处在旅游发展超前状态，说明在2011年和2012年长城文化资源还没有引起大家重视，大家更多的是利用这些资源开展旅游活动，使在这两年处在旅游发展超前状态。其余年份均为旅游发展滞后状态，旅游发展滞后说明了河北省长城文化资源丰富，但长城旅游产业的发展相对缓慢，未能跟上长城文化的发展脚步。但从每年的数据中可以看到旅游相对优先度均在0.7以上，说明从2013年开始人们开始注重利用长城文化资源开展旅游活动，逐步向区域旅游发展与文化资源禀赋发展同步靠近。

6.5.8　耦合度及耦合协调度分析

将数据代入耦合度模型，可以得到各年份河北省长城文化资源与旅游产业的耦合度。从表6.5中可以看出，2011～2019年，河北省长城文化资源与旅游的耦合度均在 0.3 ~ 0.5，处于拮抗阶段。耦合度除 2011 年和 2012 年外，其他年份均在 0.49 以上，整体上，这 9 年里河北省长城文化资源和旅游产业相互作用程度较低，长城文化资源和旅游产业融合水平较低，这意味着长城文化资源与旅游产业的融合发展具有很大的发展空间。从表 6.5 和图 6.6 可以看出，2013 ~ 2019 年耦合度处在趋于平稳的阶段。

表 6.5　　2011 ~ 2019 年长城文化资源与旅游发展的耦合类型

年份	耦合度（C）	耦合类型	耦合协调度（D）	协调类型
2011	0.3441	拮抗阶段	0.1445	严重失调
2012	0.4329	拮抗阶段	0.4138	濒临失调
2013	0.4975	拮抗阶段	0.5499	勉强协调
2014	0.4988	拮抗阶段	0.5620	勉强协调
2015	0.4988	拮抗阶段	0.5586	勉强协调
2016	0.4977	拮抗阶段	0.5540	勉强协调
2017	0.4957	拮抗阶段	0.6175	轻度协调
2018	0.4997	拮抗阶段	0.6472	轻度协调
2019	0.4936	拮抗阶段	0.6533	轻度协调

通过使用耦合协调度模型进行分析得到 2011 ~ 2019 年的河北省长城文化资源与旅游产业的融合度，从表 6.5 中得到的文旅耦合度的数值中可以看出，河北省长城文化资源和旅游产业的耦合协调度在 0.1 ~ 0.7。耦合协调度由最初 2011 年的严重失调，到 2012 年的濒临失调，再到后面的 2013 年的勉强协调，最后到 2017 年的轻级协同。因此可以看出河北省长城文化资源和旅游产业在这 9 年里协调度逐步向好，这也说明河北省对长城文化资源和旅游产业的足够重视。

综上所述，河北省长城文化资源和旅游产业在 9 年里融合程度发生了较大变化。由原来的严重失调，到濒临失调，再到勉强协调，最后到轻度协调，河北长城文旅融合的程度越来越高。从旅游相对优先度模型可以看出，除 2011 年和 2012 年两年长城旅游产业发展超前外，其余年份均处在旅游发展滞后阶段。虽然旅游发展相对滞后，但是从旅游相对优先度模式可以看出数值都在0.7以上，甚至在2018年超过了0.9，说明河北省长城文化资源和旅游产业越来越同步。

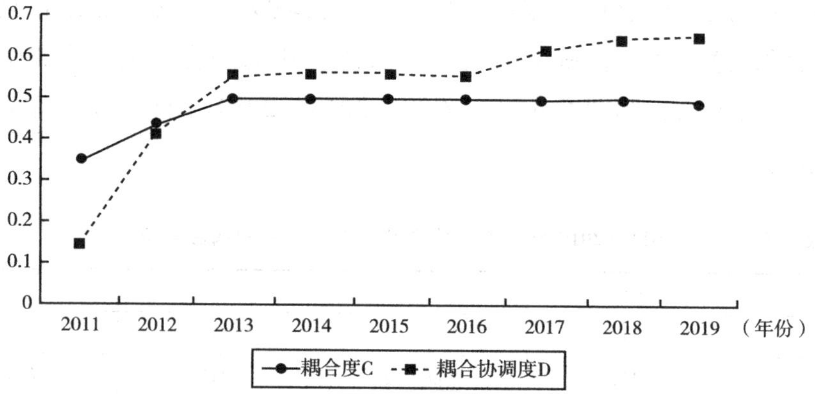

图6.6 2011～2019年河北省长城文化资源与旅游产业耦合协调数值

6.6 长城文化旅游融合存在问题

（1）长城文化旅游融合普遍，但融合度低。

从整体实践层面来看，河北省长城文化和旅游融合越来越多，从耦合度模型计算结果可见，2011～2019年，河北省长城文化资源与旅游的耦合度均在0.3～0.5，到目前为止处在轻度协调的状态。

（2）渗透融合比重大，重组和延伸融合比重小。

目前，河北省这方面做得相对较好的是秦皇岛市，其次是张家口、唐山、承德等，其他地市做得相对较落后。“长城文化+旅游”非常普遍，全国形成100多个景区。但两者或多者之间融合大多停留在渗透融合阶段，产业形态没有改变，以原有的形态吸引旅游者，与旅游产业其他要素简单叠加，缺乏深度融合。观光型旅游产品多，真正整合资源、延伸产业链条、创新度高的产品还比较少，产业结构调整还需要进一步加强。

（3）长城文化旅游融合同质性较高，传统旅游区的融合主动性还不够。

从长城文化旅游产业融合的类型来看，融合形式大体相同，导致产品的同质性较高，可复制性较强，特色挖掘欠深入。营销力度不够，市场认知不足，缺乏统一品牌塑造的意识。这一现象无论是秦皇岛的山海关还是张家口的大境门或者是承德的金山岭文化旅游均不足，仍多以观光游为主。

5A级景区是区域旅游发展的极点，呈现出强大的吸引力，使各种资源在空间上富集，产业融合的动因也以旅游产业为主导产业的融合，旨在丰富和拓展旅游景区的各种功能，融合程度比较深。秦皇岛山海关长城融合程度相对较深。但3A级以下景区的同质化现象就比较突出，产品创新不足，不能满足游客多层次、多样化和高文化品位的需求。非A旅游产品创新不充分，融合整合创新待提高。同时，传统长城文化旅游景区对文旅融合的主动性和进展不高，更多的是“被融合”。进行产业融合的动力不足，旅游项目的综合效益没有充分挖掘，旅游企业的升级换代发展较慢，驱动系统和机制还没有有效运转，形不成良性循环。

（4）企业组织形态变革尚处在初级阶段。

在旅游云、智慧文旅建设中，多以旅游营销为主，在智慧管理、智慧服务和智慧体验等方面明显不足。同时，新技术与旅游的融合而形成的旅游产品基本上集中在声光电的表演场景设置上，缺乏有创新性内涵的产品，企业组织与新技术的融合不足，不能实现旅游企业的组织形态的变革。

6.7 存在问题的原因分析

（1）长城文化旅游产业融合基础有待加强，导致融合程度不足。

长城文化旅游的融合的基础在于区域经济和产业本身的发展水平，沿线大多处在以第一产业为主的区域，文化产业发展不足。农业现代化虽然稳步推进，但第一产业规模组织程度低，农业科技含量低，生产效益低等问题明显。工业加快新旧动能转换，工业内部结构重，耗能高、污染高，知识密集型的产业比重偏低，技术含量和附加值较高的通讯设备制造业、仪器仪表等行业的产值低，高新技术产业起步晚、比重低。第三产业由内向型向外向型转变，服务业发展尤其是商业、旅游、物流和运输等行业发展迅速，但比重偏低于全国平均水平，旅游与其他产业融合过程中，产业支撑不足，造成融合层次浅，很难出现引爆点。

（2）产业属性和强弱差异导致旅游产业融合目标多样化。

产业的属性不同，在进行产业融合过程中的目标也不尽相同。文化产业兼具经济和社会属性，决定了部分文化+旅游产业融合的部分产品具有很强的公益性，导致目前其盈利不足。产业发展强弱不同，也会影响产业融合过程中的目标。在政府推动过程中，优惠的政策吸引了更多投资商，主动拥抱旅游产业，相比文化+旅游产业融合的本身发展，更注重由此而带来的土地、财政、金融等政策优惠。

（3）人、财、信息等资源不足导致有产业融合乏力。

传统旅游业是劳动密集型行业，对人才的需求量大，但技能型岗位多造成人员收入较低，不能有效吸引人才，同时旅游业发展迅速加重了人才短缺。经营管理、营销策划、产品创意等方面的人才短缺造成了文旅融合不能有效实施。传统旅游产业收入偏低，不能有效支撑产业融合后续项目的投资建设和信息化建设，而其他产业与旅游业融合的过程中，又存在从业人员尤其是管理层以其他行业转型为主，对旅游行业一知半解，旅游管理运营能力低，竞争力较差。

6.8 长城文化旅游融合策略

（1）牢固坚持宜融则融、能融尽融的原则。

牢固树立融合发展的理念，坚持宜融则融、能融尽融的原则，着力推动长城沿线的文化、农业、工业、商业等与旅游的深度融合。这取决于三个条件：第一，从产业层面来看，要打牢产业融合发展的产业基础，如文化与旅游的融合需要文化产业蓬勃发展，这是融合的基础；第二，从市场需求层面来看，要满足游客的需求，只有满足旅游者需求的旅游产品才能为市场所接受，这是融合的动力；第三，要解决产业融合的技术问题，如文化创意、市场策划、旅游规划等方面能否引导融合，并由专业的从业人员进行落地实施。因此建议在融合过程中一定要分析条件，确定融合的可行性。

（2）加大长城文化挖掘，优化长城文化资源传承利用载体。

实施“长城记忆”项目，抢救性发掘整理民间流传的长城文化故事，以情景再现形式叙述发生在地区的重大历史事件及对中华文化产生的影响。建立“长城家谱”，设立专项基金，资助明代以来长城修筑者、守卫者以及长城抗战的当事者家庭建立或续写家谱、大事记、年谱、传记等历史文献；建设“长城故事”体验馆。

优化长城文化遗产的传承载体，增建续建一批特色文化博物馆、遗址博物馆、陈列馆、展览馆，探索遗址类长城现场展示阐释手段、技术，建立规范、统一的长城价值、内涵展示标识及讲解导览体系，分级分类建设长城文化主题博物馆。探索“互联网+”、AR、VR等互联网、数字化展示手段，形成特色突出、互为补充的综合展示体系。转变博物馆的静态展示为动态展示，建设一批长城文化小镇，提升丰富一批长城沿线景区的文化内涵，尤其是以生态自然风景为本的风景区，强化景区的文化特色和独特的文化符号。

（3）推进文化产业发展，促进文博单位景区化。

推动长城文博单位景区化和信息化，文化产业旅游化。加大长城资源基础信息开放力度，完善长城文物、文化资源基础数据库，支持、推动长城相关文博单位逐步景区化和信息化，应用VR、AR、全息等数字化影像技术和5G、人工智能等，建设“长城故事”体验馆。演绎与长城有关的战事、故事、传说，并让游客模拟身份参与其中。体验馆长年播放长城题材的故事片、纪录片，供游客研学、体验，推动长城文化研学旅游基地建设。加强专题文艺创作，促进文化产业发展。鼓励电影、电视剧、纪录片等多种艺术形式创作，传播宣传长城文化。建设中国长城美术馆。着重推出一批体现长城文化特点、适合在长城沿线重点点段开展的“长城记忆”系列文艺演出活动。以优惠政策招引专业团队和艺术家工作室入住长城沿线重要点段，依托长城文化，创作适应新文化消费潮流的文创旅游产品和游客参与平台，创建河北的国家级长城文创产业基地。

（4）促进城镇化和信息化与长城文旅融合。

长城文化旅游城镇是长城文化旅游与城市融合发展的主要形式，休闲城镇是城镇发展的方向。第一，在旅游资源条件良好、旅游业发达、在国内或国际市场占有重要地位的城镇，按照驱动力的差异，明确短板，提升旅游品质，实现文化价值，促进旅游产业与城市的协调发展；第二，在休闲城镇中，完善休闲产业，丰富休闲产品，提供居游共享的休闲服务；第三，在乡村旅游片区中，以旅游特色小镇作成为引领，实现三次产业融合发展的典范，为全域旅游发展和乡村振兴提供支撑；第四，依托城镇，培育区域旅游集散和服务中心，把旅游城镇和休闲城镇纳入区域旅游集散咨询服务体系中去，实现旅游服务功能扩散。

旅游业与信息产业相融合，将给长城旅游带来“技术革命”。第一，从政府的层面，进一步进行旅游大数据的建设，为智慧化管理和服务奠定基础；第二，鼓励传统旅游企业运用信息化手段进行管理和服务，鼓励5A级旅游景区、博物馆等旅游场所率先应用VR、AR等技术。加快物联网技术在旅游场景的应用。利用机器人和人工智能进行导游导览、景点解说、信息咨询等。利用人脸识别、指纹识别、虹膜识别等技术改进用户体验，最终改变其组织形态和运营方式。

（5）加大投资力度，合力推进，构建多部门多地区联动机制。

加大投资力度，联动各个部门，促进长城沿线各个区域共同推进旅游产业的融合创新。会同相关部门，对新业态完善标准体系、认证机制；联合交通、文化、体育、卫生、商务、教育等部门，对新业态项目建设、政策落实、资金使用等情况进行跟踪、督导、检查和评估等。

（6）提升从业人员素质，为产业融合提供内生动力。

提升旅游从业人员素质，第一，发挥旅游类教学指导委员会作用，依托高校，校企合作，共同设置相关课程，加强旅游急需人才的培养和输送；第二，加强行业培训，对现有人才进行培养，采用请进来、走出去的方式，兼有现场教学和主题讲座，提升其旅游理论知识和能力；第三，发挥协会职能，组建旅游新业态智库，为长城文化和旅游高质量发展奠定基础。

河北省长城文化资源禀赋较好，最近几年省政府对长城文化资源保护开发力度较大，使长城文化资源和旅游产业融合度不断加强，文化和旅游产业发展也逐步区域同步。目前河北省长城文化旅游融合还处于初级阶段，要想真正达到长城文化旅游融合，需要深挖长城文化内涵；加大长城公共服务体系建设；构建长城品牌体系建设；加大资金投入，引进高科技手段；引进高素质管理者从而推动多部门联动，进而达到长城文旅融合的目的。

第7章 河北省长城文化遗产活化利用研究
——以长城文创产品开发为例

推动长城文化遗产的活化与传承，汲取长城文化遗产精华，挖掘文物和文化遗产的多重价值，打造长城文化资源创造性转化、创新性发展新方式，焕发长城文化遗产新活力，彰显时代价值，有利于传播长城文化和长城精神。河北省沿线长城具有保存状态的真实性和完整性、价值突出性、建造技艺精良和复杂性、长城沿线文化丰富性等特点，为长城遗产活化利用提供了保障。本章在文旅融合背景下，从文创产品开发的角度对河北沿线长城文化遗产活化利用进行研究，在分析了河北沿线长城文化遗产相关文创产品市场需求的基础上，针对长城文创产品开发中存在的主要问题提出了相关策略，以推动河北长城文化遗产活化和利用。

7.1 长城文化遗产活化利用概述

文化遗产是人类社会在社会实践中创造的具有文化价值的财富遗存，包括人类在社会实践中所创造的一切物质财富和精神财富。通过适当途径对长城文化遗产发挥作用，被大众关注与分享，这样才能使文化遗产具有更旺盛的生命力。

长城是文化遗产的载体，对其活化利用不仅针对长城本体的保护、修复和利用，还包括对长城文化、长城价值和长城精神的传承与发展。活化长城文化遗产，一方面可以利用线上“长城文化+互联网”，通过云课堂、云展览、云直播、云考古等强互动线上方式，打破时空限制，多维度展示长城文化遗产；借助数字技术、信息技术、网络技术、元宇宙技术等，打造传播典型性、历史性、时代感突出的云平台和各类数字化产品，实现线上活化。例如，在河北省文化和旅游厅主导下建立的“云长城河北”——可阅读长城数字平台①，是全面率先创新推出、应用实施的长城国家文化公园数字再现工程，主要通过“长城保护”“长城文化”“长城精神”“长城旅游”“长城资讯”“长城商店”“乐游长城”等板块全面展示了河北长城文化遗产。平台已传承长城文化为宗旨，采用三维重建、3D 建模、光电 5G、AR 技术、智能导览、AI 图像融合等高新数字技术，全面立体展示河北省长城蕴含的丰富文化资源，让长城历史文化活起来，更好地满足公众、游客个性化、多元化、高品质的阅读观赏，在线上游览中享受长城文化的魅力。另一方面，采取线下“长城文化 + 产品”方式活化长城文化遗产，常见产品类型包括长城故事演义、经典场景类还原产品、文创产品等，将长城文化和长城精神巧妙地融入各类产品之中。以下以长城文创产品为例，分析长城文化遗产活化利用的现状，游客通过线上、线下购买方式获得，将长城文创产品实物带回旅游客源地，从而获得物质和精神的享受。

7.2　长城文创产品及其类型

7.2.1　长城文创产品的内涵

文创产品是文化与旅游融合的产物，也是文化创意产业中最重要的表现形式。随着文创产业的发展，文创产品不断推陈出新。文创产品的核心在于“创意”字，也就是说是以前没有的、独有的、首创意义的产品，它不仅蕴涵了富有深厚历史背景的文化内容，而且又带有艺术上的审美价值。

① 2021 年 7 月河北省文化和旅游厅率先在全国长城沿线省份中打造了“可观看、可阅读、可体验、可感悟、可游购”的“云长城河北”平台，由河北广电网络集团传媒科技有限公司具体建设运营。

一般情况下，文创产品都是从日常生活取材，从地域、文化等方面出发，寻找有特色的元素融入产品设计中，体现了一定的文化内涵，能够在一定程度上满足人们对精神文化的需求。因此，所谓文化创意产品主要依靠创意人的智慧、技能和天赋，借助于现代科技手段对文化资源、文化用品进行创造与提升，通过知识产权的开发和运用，而产出的高附加值产品。长城文化遗产相关文创产品属于文创产品的一部分，是长城文化的载体，既可以满足市场需要，又能有效传承长城文化和长城精神。

7.2.2 长城文创产品的类型

随着河北省国家长城文化公园的全面建设，河北的长城文创产品也迅速发展起来。如今全省的长城文创产品种类比较齐全，数量也数不胜数，大致可以分为长城文创纪念品、长城文创土特产、长城文创日用品和长城文创奢侈品等四大类（王红宝，2010）。

（1）长城文创纪念品。

长城文创纪念品是构成文创产品的核心部分。长城纪念品是指有长城文化特色并具有纪念价值的有形产品，对长城文化品牌形象的提升和传播地域文化具有重要的意义。与其他文创产品比较而言，文创纪念品具有两个突出的特征，即地域性和纪念性。长城地域性是源于独特的地域环境及其造成的文化隔离所形成的各地长城文化，这种独特的长城文化对于市场具有很大的吸引力；纪念性是指长城纪念品的纪念意义和纪念价值，这种纪念意义和纪念价值个人的经历、体验或信仰。同时两者之间具有内在的联系，前者是构成后者的重要条件，即地域性对构成长城纪念品的纪念性有着重要的意义。

（2）长城文创土特产。

土特产是文创产品的重要组成部分。关于土特产的概念体系上，至今尚没有较为完善的概念界定。一般来说，广义的特产包含当地的各种农林特产、工艺品、纺织品和矿物产品等；狭义的土特产仅仅包括农林特产，尤指植物性的特产，特产可以是直接采收的原料，也可以经特殊工艺加工的制品。但是，土特产必须具备两个特点：一是地域性的特点，这是形成特产的一个前提条件；二是品质，无论是原料还是各种制品，都应该具有自己的特色。本书指的是狭义的土特产，包括长城脚下具有地方特色的糕点、菜肴、酒水、饮料、水果等。

（3）长城文创日用品。

长城文创日用品是指为了方便旅行生活的需要购买的各种文创生活用品，如购买的带有长城文化符号的服装、雪糕、扇子、冰箱贴、遮阳帽、便签夹、旅游鞋、化妆品、医药用品等。

（4）长城文创奢侈品。

富含长城文化和长城精神的价格比较昂贵的奢侈品，对于一些收藏爱好者来说，可遇不可求。奢侈品的特质主要表现在两个方面：一方面是“古”，奢侈品往往具有沧桑的历史厚重感，它是一定历史时期的政治、经济、文化、军事等文化；另一方面是具有文化性，体现在品味和艺术两个方面。随着长城国家文化公园建设的不断完善，各种具有艺术价值且高质量长城文创奢侈品不断出现，逐渐成为收藏者的“新宠”，主要包括含有长城文化符号的高档工艺美术品、书画、字画、雕刻、漆器等。

目前长城四大类文创产品，即长城文创纪念品、长城文创土特产、长城文创日用品和长城文创奢侈品种类齐全，特色也较鲜明。

7.3 长城文创产品发展概述

河北段长城年代叠加全，是长城沿途15个省区市中修建长城最多的省份，现存战国、秦、汉、北魏、北齐、唐、金、明代等不同时期的长城，长城文化特色凸出，据此各地积极研发各类文创产品，目前已经生产出许多地方特色的长城文创产品，如表7.1所示。

从销售渠道来说，河北省积极采取“线上+线下”营销方式，除了传统的营销方式外，更是结合5G、移动网络和AI人工智能等现代科学技术进行营销。2022年春节期间，河北省推出“云长城”线上购物方式，云游出圈，这对新冠肺炎疫情下长城文旅产业的发展尤为重要，通过 AR 地图应用，开启了与物理世界无缝融合、不断演化的数字新世界。“云长城”打破了时空间隔，实现了随时游览、在线观看长城景观，增强了线上线下的跨时空互动社交，建构了一个可望、可及、可游、可对话交流的云上长城文旅空间。新体验、新传播和新营销方式，不仅大大提高了河北省文创产品的营销效果，更有利于传播长城文化和长城精神。

表 7.1　　河北代表性长城点段及文创产品

代表性点段	长城特色	长城精神	建设保护主题	代表性长城文创产品
山海关	山海关被誉为“天下第一关”，始建于明洪武十四年（1381 年），素有中国长城“三大奇观之一”“天下第一关”“边郡之咽喉，京师之保障”之称，国家 5A 级旅游景区，地理位置优越，形势险要，文物众多。这段长城设防十分严密，以山海关关城为中心，所建筑的城墙、城台、城堡、敌楼、烽燧等组成了一个完整的防御体系	山海关长城代表了古代军事防御体系建筑的最高成就；展示了中华民族守望和平、众志成城的自强精神；红色革命历史体现了中华民族团结统一、抵御外敌的爱国精神	“众志成城，雄关天下”	含长城文化或长城精神的“神威大将军”大炮笔筒、“神威大将军”大炮调味瓶、青砖印章、青砖智力玩具、姜艳华剪纸、长城饽椤饼等
金山岭	金山岭长城是万里长城的精华地段，素有“万里长城，金山独秀”之美誉。始建于明代洪武元年（1368 年），两百年后，戚继光担任蓟镇总兵官时期（1567～1582 年）主持重新修筑。国家 5A 级旅游景区。障墙、文字砖和挡马石是金山岭长城的三绝，素有“摄影爱好者的天堂”美誉	金山岭建筑艺术高超，彰显了我国古人日臻完善的长城建造技艺和开拓进取的创新精神；万里长城，金山独秀，彰显了人与自然融合互动的文化景观价值	“坚韧自强，金山独秀”	含长城文化或长城精神的根雕、字画、粗粮等

续表

代表性点段	长城特色	长城精神	建设保护主题	代表性长城文创产品
崇礼	崇礼区长城遗存众多，分布广泛，形式多样，各有特色，全长257.1千米，集中体现了长城文化所包含的边塞文化、商贸文化和民族融合文化。文物遗存数量多，价值较高；长城材质多元、建筑形制多样；边贸互市通道，文化多元；冬奥之城，体现现代运动时尚	长城脚下的冬奥会，以奥运会充分彰显了中华民族文化自信、展示世界文化遗产保护"中国智慧"和"中国经验"，集中展示人与自然融合发展的文化景观	"自信自强，冬奥胜景"	打造出长城文化为元素的剪纸、花鞋垫、玻璃制品、针织品、布艺5大文创产品系列
大境门	大境门长城位于张家口市桥西区北部，全长约22.6千米。明王朝于明成化二十一年（1485年），在北魏长城和北齐长城的基础上修建了这段长城。现为国家4A级旅游景区、全国重点文物保护单位。崇礼长城文物资源丰富、商堡文化底蕴深厚、红色文化资源众多	作为万里长城第一门和张库大道起点，体现了中华民族的融合、开放精神；革命旧址传承了红色文化基因和革命精神；革命文化资源代表了全民族团结统一、众志成城的爱国主义精神	"和平开放、大好河山"	含长城文化或长城精神的蔚县剪纸、框裱画、碹窑模块玩具、手绘T恤、创意浮雕画、万全葫芦烫画、蔚县青砂器、宣化国玉国礼陶瓷、泥塑、手绘明信片、手绘花盆、大辽茶道千年吃茶法茶器等

注：根据《长城国家文化公园（河北段）建设保护规划（2019～2035年）》整理。

7.4　长城文创产品市场需求分析

7.4.1　问卷设计

本次调查在查阅相关文献，结合前人的研究成果的基础上，根据游客对河北长城文创产品体验情况和满意度确定此次调查问卷。此调查问卷分为三部分：第一部分为游客人口学特征的基本信息；第二部分为游客对河北长城文创产品的体验情况；第三部分为对河北长城文创产品体验的满意度调查，这部分利用李克特量表法，通过设置五个选项，即很满意、满意、一般、不满意、很不满意，详细调查游客满意度情况。

7.4.2　问卷调查过程

课题组成员在2021年7~9月，利用暑假时间在山海关、金山岭、大镜门等长城点段走访调查，随机通过网络链接填写调查问卷，被调查者包括游客和文创产品爱好者，共发放260份，回收有效问卷235份，回收率和有效率为90.38%。

7.4.3　调研结果统计分析

课题组对本次调查结果进行了认真梳理，逐一进行统计研究，详细内容如下：从选取的样本数据分析可以看出，这次调查的对象，从性别上来看，参与的被调查者女性多于男性，参与的男性占36.6%，女性占63.4%，省内占据总人数的68.94%，而来自省外的只占了31.06%。从学历上看，被调查人绝大部分是大专以上游客，其中大专或本科占80.43%，研究生及以上学历占11.06%，合计占总数的91.49%，相对较高文化素质的被调查者能够更好理解长城文化和长城精神的内涵。被调查者是以18~40岁的青年人和41~65岁中年人为主，占总人数的94.47%，其中青年人占66.81%，中年人占27.66%，65岁以上的老年人占2.55%。调查对象的职业也是五花八门，几乎涉及各行各业，其中占比例最高的是大学生，占48.94%，这部分人年富力强，知识丰富，对长城文化具有浓厚的兴趣，理解能力强，但由于收入来源有限，3000元/月收入以下人数占到59.15%；其次是企业员工和政府机关/事业单位工作人员，占到20.85%和17.45%；3000~5000元/月收入占21.7%，5000~10000元/月人数占12.77%；10000元/月以上人数占6.38%。总的来说，本次主要调查对象具有一定的文化水平，一般较为客观冷静，在很大程度上能够真实客观地反映河北长城文创产品评价现状，具体内容如表7.2所示。

表 7.2　　基本信息

统计指标	分类指标	人数	百分比
性别	男	86	36.60%
	女	149	63.40%
年龄	18 岁以下	7	2.98%
	18～40 岁	157	66.81%
	41～65 岁	65	27.66%
	66 岁以上	6	2.55%
职业	学生	115	48.94%
	政府机关/事业单位工作人员	41	17.45%
	企业员工	49	20.85%
	自由职业者	17	7.23%
	离退休人员	4	1.70%
	其他	9	3.83%
收入/月	3000 元以下	139	59.15%
	3000～5000 元	51	21.70%
	5000～10000 元	30	12.77%
	10000 元以上	15	6.38%
学历	初中以下	12	5.11%
	高中、中专及职高	8	3.40%
	大专或本科	189	80.43%
	硕士及以上	26	11.06%
客源地	河北省内	162	68.94%
	河北省外	73	31.06%

7.4.4　调查结果分析

从问卷调查结果可知，整体上来看，被调查者河北长城熟悉程度有所不同，其中熟悉山海关的占调研人数的 89.36%，遥遥领先于其他点段，说明山海关在全省乃至全国的名气都非常大。其次是熟悉金山岭的被调查者占调研人数的 32.34%，“金山独秀”金山岭的确为很多人所知；熟悉大境门和崇礼的人数差不多，因为崇礼即将成为冬奥会的举办地，名气要大于大境门。熟悉河北其他点段的被调查者占 15.74%，具体数据如表 7.3 所示。本次调研的所有样本中，被调查者购买过河北长城文创产品的人数所占比例仅仅为 28.09%，有 71.91% 没有购买过，说明河北长城文创产品对被调查者的吸引力还远远不够，具体数据如图 7.1 所示。

表 7.3　　熟悉河北长城著名点段所占比例

选项	小计	比例
山海关	210	89.36%
金山岭	76	32.34%
大境门	57	24.26%
崇礼	66	28.09%
喜峰口	39	16.6%
其他	37	15.74%
本题有效填写人次	235	

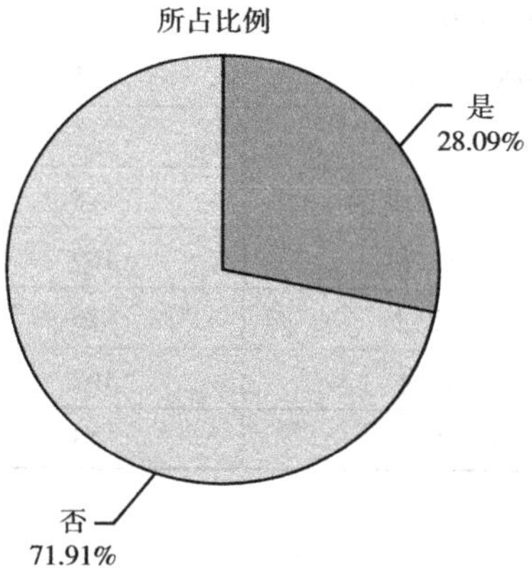

图 7.1　购买河北长城文创产品情况

从河北长城文创具体产品来看，“含长城文化元素的纪念品”对游客的吸引力最大，占 51.91%，其次是“含长城文化元素的日用品（如服饰、食品、玩具等）”和“含长城文化元素的土特产”分别占 40% 和 30.64%，具体数据如表 7.4 所示。被调查者最喜欢的河北长城文创产品中，“含长城文化元素的纪念品”所占比例最高，达到 52.77%，其次是日用品和土特产，所占比例分别为24.68%和11.91%。“含长城文化元素的奢侈品”所占比例最低，仅仅为1.28%，具体数据如图7.2所示。从问卷调查结果分析可以看出，游客购买河北长城文创产品的原因五花八门，其中选择长城文创产品的纪念价值的所占比例最高，达到71.49%，其次是长城文化或长城精神排在第二位，占54.04%，随着国家文化公园的建设，人们对长城精神越来越了解，被调查者对产品所含的精神价值越来越重视，希望所购买用于纪念或消费的文创产品赋予更多的长城精神内涵。另外，使用价值和物美价廉也是被调查者需要考虑的因素，所占比例分别为35.74%和28.09%，具体数据如表7.5所示。

表7.4　购买的河北长城文创产品情况

选项	小计	比例
含长城文化元素的纪念品	122	51.91%
含长城文化元素的日用品（如服饰、食品、玩具等）	94	40%
含长城文化元素的土特产	72	30.64%
含长城文化元素的奢侈品	18	7.66%
其他产品	43	18.3%
无购物	36	15.32%
本题有效填写人次	235	

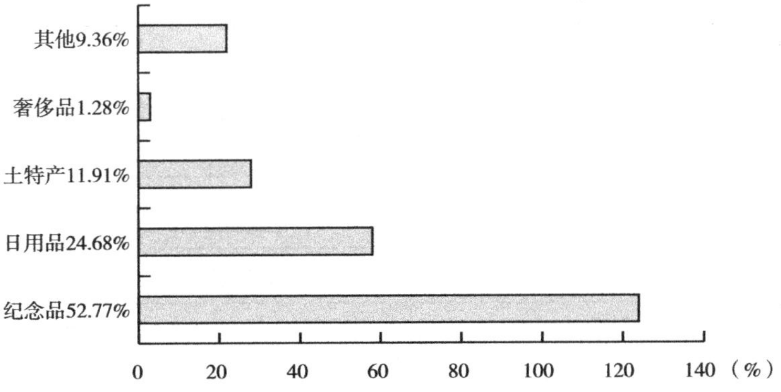

图7.2　最喜欢的河北长城文创产品

表 7.5　　购买河北长城文创产品的主要原因

选项	小计	比例
纪念价值	168	71.49%
使用价值	84	35.74%
物美价廉	66	28.09%
长城文化或长城精神	127	54.04%
其他	26	11.06%
本题有效填写人次	235	

7.4.5　对河北长城文创产品满意度调查分析

从问卷调查结果可知，大部分被调查者认为河北长城文创产品体现得地方特色感到比较满意，满意和很满意的占 54.05%，但仍有 7.66% 的表示不满意，36.6% 的感觉一般，没有达到他们的期望，说明在特色方面需要进一步提升，具体数据如表 7.6 所示。就对河北长城文创产品与长城文化结合程度满意度而言，满意和很满意的占 53.62%，不满意和极不满意的占 9.79%，36.6% 的感觉一般，近一半被调查者对文创产品与长城文化结合态度不积极，具体数据如图 7.3 所示。

表 7.6　　对河北长城文创产品体现的地方特色的满意度

选项	小计	比例
A. 很满意	39	16.6%
B. 满意	88	37.45%
C. 一般	86	36.6%
D. 不满意	18	7.66%
E. 极不满意	4	1.7%
本题有效填写人次	235	

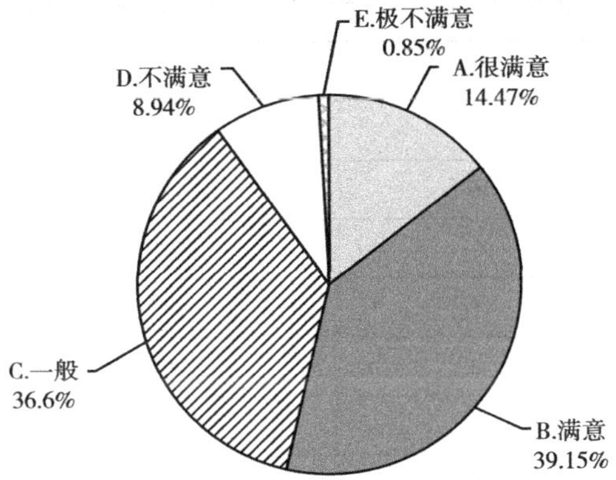

图 7.3　对河北长城文创产品与长城文化结合程度满意度

四类主要的长城文创产品各自具有自己独特的价值，其中纪念品体现在收藏价值、日用品体现在使用价值、土特产体现在地方特色、奢侈品体现在品牌价值等方面。根据调研结果，被调查者对纪念品的收藏价值满意及以上人数 48.94%，对日用品的使用价值的满意及以上人数 49.36%，土特产的地方特色满意及以上人数 36.38%，对奢侈品的品牌价值满意及以上人数 37.02%，所有产品都有 1/3 多的被调查者感到一般，甚至还有部分被调查者不满意或极不满意。可以看出被调查者满意人数都没有超过一半，还远远没有达到预期的目标，具体数据如表 7.7、表 7.8 和图 7.4、图 7.5 所示。

表 7.7　　您对河北长城文创产品——纪念品的收藏价值满意度

选项	小计	比例
A 很满意	29	12.34%
B 满意	86	36.6%
C 一般	81	34.47%
D 不满意	22	9.36%
E 极不满意	4	1.7%
F 无表态	13	5.53%
本题有效填写人次	235	

表 7.8　对河北长城文创产品——土特产的地方特色满意度

选项	小计	比例
A 很满意	33	14.04%
B 满意	76	32.34%
C 一般	91	38.72%
D 不满意	18	7.66%
E 极不满意	2	0.85%
F 无表态	15	6.38%
本题有效填写人次	235	

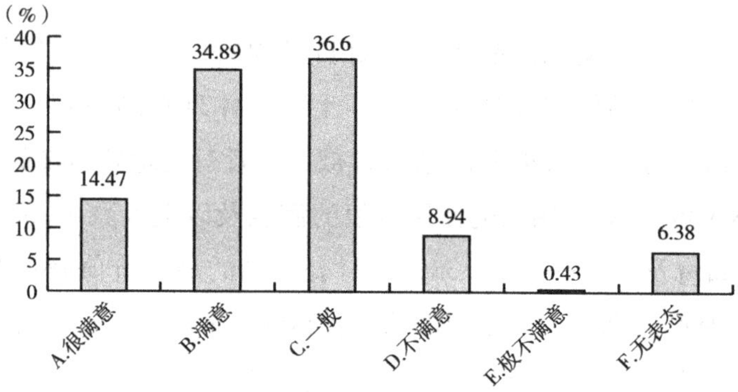

图 7.4　对河北长城文创产品——日用品的使用价值满意度

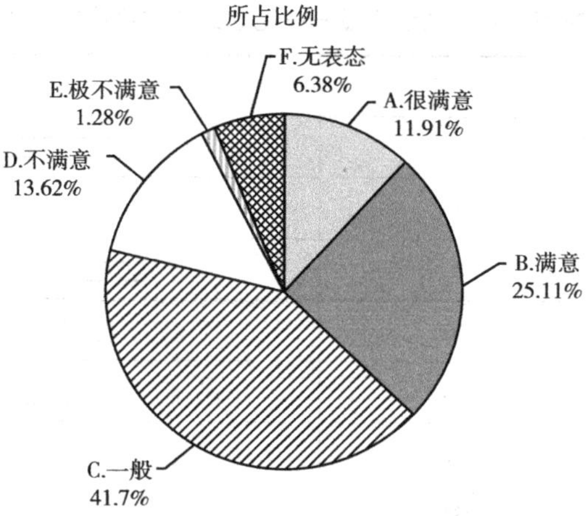

图 7.5　对河北长城文创产品——奢侈品的品牌价值满意度

从调查结果来看，对河北长城文创产品的质量满意以上人数超过一半，达到 54.47%，35.74% 的感觉一般，不满意的不到 1/10。对河北文创产品购买的便利性方面，超过 50% 的感觉满意，40% 的感觉一般，不满意游客较少，说明如今文创商店的布置较为合理。对河北文创产品销售服务质量调研发现，超过一半的比较满意，可以看出，如今商家比较重视销售服务质量，被调查者的满意度相对较高，具体数据如表 7.9、表 7.10 和图 7.6 所示。

表 7.9　　对河北长城文创产品的质量满意度

选项	小计	比例
A 很满意	38	16.17%
B 满意	90	38.3%
C 一般	84	35.74%
D 不满意	22	9.36%
E 极不满意	1	0.43%
本题有效填写人次	235	

表 7.10　　对河北文创产品销售服务质量满意度

选项	小计	比例
A 很满意	37	15.74%
B 满意	89	37.87%
C 一般	89	37.87%
D 不满意	19	8.09%
E 极不满意	1	0.43%
本题有效填写人次	235	

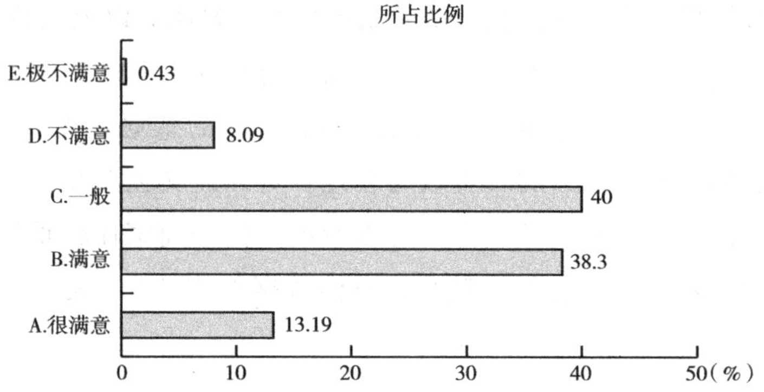

图 7.6　对购买河北文创产品的便利性满意度

文创产品的价格是被调查者比较关注的要素，在本次满意度调查中，被调查者对河北文创产品的价格满意以上人数仅仅占到 45.54%，还不到一半，43.83% 感到一般，超过 1/10 的不满意或极不满意。对河北文创产品的外在包装而言，一半的被调查者感到满意或很满意。价格和包装整体上满意度还不高，远远没有达到市场要求，具体数据如表 7.11 和图 7.7 所示。

表 7.11　对河北文创产品的价格满意度

选项	小计	比例
A 很满意	30	12.77%
B 满意	77	32.77%
C 一般	103	43.83%
D 不满意	23	9.79%
E 极不满意	2	0.85%
本题有效填写人次	235	

从问卷调查结果可知，对河北长城文创产品知名度满意及以上者仅仅占 40%，都低于其他满意度指标，甚至还有 16.59% 的表示不满意或极不满意，说明知名度不高。对河北文创产品发展现状调查时同样发现满意度不高的现象，满意及以上者仅仅占 47.24% 的，也不到一半人数，15.32% 的出现不满意或极不满意现象。因此，河北长城文创产品的未来发展之路任重而道远，具体数据如表 7.12、表 7.13 所示。

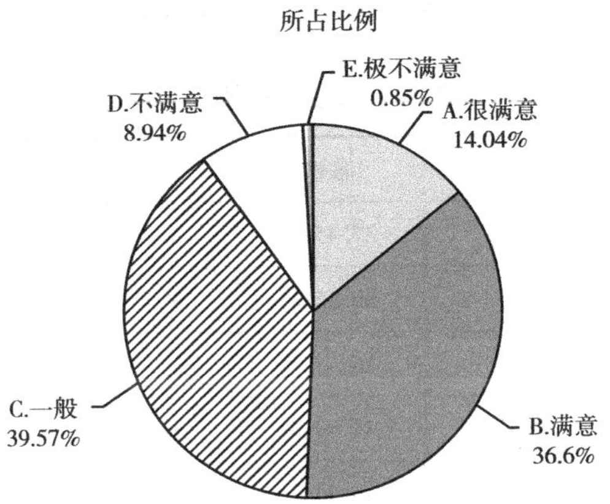

图 7.7　对河北文创产品在外包装满意度

表 7.12　　对河北文创产品知名度满意度

选项	小计	比例
A 很满意	26	11.06%
B 满意	68	28.94%
C 一般	93	39.57%
D 不满意	28	11.91%
E 极不满意	11	4.68%
F 无表态	9	3.83%
本题有效填写人次	235	

表 7.13　　对河北文创产品发展现状满意度

选项	小计	比例
A 很满意	30	12.77%
B 满意	81	34.47%
C 一般	88	37.45%
D 不满意	25	10.64%
E 极不满意	11	4.68%
本题有效填写人次	235	

综合以上内容，可以汇总出表7.14，以便于对比分析。

表7.14　　对河北文创产品满意度

类别	很满意	满意	一般	不满意	很不满意
体现地方特色方面	16.6%	37.45%	36.6%	7.66%	1.7%
与长城文化结合程度	14.47%	39.15%	36.6%	8.94%	0.85%
纪念品的收藏价值	12.34%	36.6%	34.47%	9.36%	1.7%
日用品的使用价值	14.47%	34.89%	34.89%	8.94%	0.43%
土特产的地方特色	14.04%	32.34%	38.72%	7.66%	0.85%
奢侈品的品牌价值	11.91%	25.11%	41.7%	13.62%	1.28%
文创产品的质量	16.17%	38.3%	35.74%	9.36%	0.43%
购买的便利性	13.19%	38.3%	40%	8.09%	0.43%
销售服务质量	15.74%	37.87%	37.87%	8.09%	0.43%
文创产品的价格	12.77%	32.77%	43.83%	9.79%	0.85%
文创产品在外包装	14.04%	36.6%	39.57%	8.94%	0.85%
文创产品知名度	11.06%	28.94%	39.57%	11.91%	4.68%
文创产品发展现状	12.77%	34.47%	37.45%	10.64%	4.68%

数据来源：问卷星统计结果。

7.4.6　四类长城文创产品需求与满意度对比分析

从表7.4统计购买的河北长城文创产品情况可以看出，被调查者对四类长城文创产品的需求程度存在一定的差异，其中对长城文创纪念品占51.91%、长城文创日用品占40%、长城文创土特产占30.64%、长城文创奢侈品占7.66%。可以看出，对长城文创纪念品的需求程度最高，而对长城文创奢侈品的需求程度最低。根据调查结果表7.14显示，被调查者对四类长城文创产品满意度也存在差异，其中长城文创日用品满意度最高，达到49.36%；其次是长城文创纪念品，满意度为48.95%，再次是长城文创土特产，占比为 46.38%；最后是长城文创奢侈品，满意度仅仅为 37.02%，具体数据如表 7.15 所示。

表 7.15　　四类河北文创产品需求程度与满意度统计数据

	长城文创纪念品	长城文创日用品	长城文创土特产	长城文创奢侈品
需求程度	51.91%	40%	30.64%	7.66%
满意程度	48.95%	49.36%	46.38%	37.02%

通过对比分析，被调查者对河北长城文创产品需求程度和满意度可以看出，两者具有一定的关联性。一般来说，被调查者需求程度越高，满意度也越高。因为对于需求越高的产品，往往相关部门和企业越重视这类长城文创产品的设计与开发，投放市场的文创产品就越能满足游客的需要，如长城文创日用品和长城土特产。根据调查结果显示，被调查者对长城文创纪念品需求程度最高，但满意程度却低于需求程度的 2.96%，这也是四类长城文创产品中唯一满意程度低于需求程度的指标，说明该类长城文创产品的设计与开发有待进一步加强。另外，调研还显示长城文创奢侈品的被调查者需求程度最低，仅仅为 7.66%，表明很多被调查者对该类文创产品兴趣不高，一方面资金有限；另一方面长城文创奢侈品特色不足，不能引起市场兴趣。具体数据如图 7.8 所示。

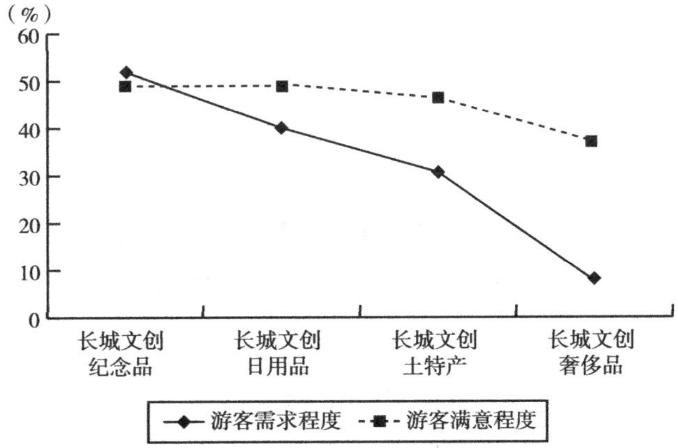

图 7.8　对四类河北文创产品需求程度与满意度对比

7.5 长城文创产品开发中存在的主要问题

通过以上调查分析可以看出，目前河北长城文创产品，还存在地方特色不明显、与长城文化和长城精神结合不紧密、品牌价值低、知名度不高，整体上被调查者的满意度有待提升等一系列问题，具体体现在以下几个方面。

(1) 长城文创产品中长城文化精神体现不明显。

长城文创产品的价值在于商品本身要体现出对于购买者的重要意义。长城文创产品具有纪念价值、审美价值、收藏价值、长城文化传播价值等，然而这些价值又源于长城文创产品所具有的地方特色和能够代表典型区域的文化特征。只有这样的长城文创产品才能激起强烈的购买欲望。由于历史文化、地理环境的差异，很多地区在长时间里都形成了自己独特的长城特色文化（王红宝，2008）。

因此，一个好的长城文创产品要能够反映出其所处该地区的民族文化的精髓。对购买者来说，长城文创产品是极有纪念意义和特殊价值的。所以，在游览长城进行购物时，首先注重的是那些带有浓郁的地方特色和文化特色的长城文创纪念品。但是，目前对长城文创产品开发的文化及民族特色重视不够，旧工艺制作的相对落后和新工艺制作的缺失，致使长城文创产品市场混乱无序，产品性价比低，不能凸显河北段长城文化的独特文化特征，最终造成河北长城文创产品虽然种类繁多、形态各异，但是总体上无论是长城文创产品本身还是长城文创产品的包装文化含量都不高。总体而言，目前河北各地长城文创产品市场的发展也比较滞后，普遍缺乏地方特色。

与此同时，通过课题组调查得知，很多被调查者来河北游览后常常抱怨买不到自己喜欢的长城文创产品，现有长城文创产品与长城文化结合不紧密，满意度不高，没有凸显出河北长城文化的地方特色，对文创产品长城文化结合满意度仅仅在50%左右。目前，河北很多长城文化纪念品千篇一律，即没有地方文化特色，激发不了购买兴趣。由此看来，长城文创产品文化的缺失导致吸引力不足。

（2）长城文创产品生产企业文化品牌意识有待加强。

品牌是一种区别标志，能够认知差异，品牌的产生为产品的制造者和所有者做标记。品牌可以使一个地区的长城文创产品独树一帜。不同的长城文创产品品牌代表了不同的产品特性、文化背景、设计理念和心理目标。目前河北长城文创产品市场上销售的长城文创产品大多没有统一的商标，质量难以保障。本次调查主要体现在河北长城文创产品奢侈品的品牌价值的市场满意度较低，满意和很满意的仅仅占总人数的 37.02%，而不满意和极其不满的占到 14.9%，还有近一半人数感觉一般，说明河北长城文创产品生产企业文化品牌意识不强，还没有形成强有竞争力的品牌，也在一定程度上造成地方特色不明显。

随着市场需求的增加，市场对长城文创产品的品牌认识也越来越深入，许多文创相关企业对自己的文创产品进行了定位，申请各种品牌（王红宝，谷立霞，2010）。目前虽然一些长城文创产品生产厂家已经意识到品牌对企业长城文创产品的可持续发展的重要意义，但是文化品牌意识还是比较淡漠。长城文化博大精深、源远流长，充分挖掘长城文化内涵是进一步推进河北长城文创产品品牌化的有效途径。

（3）长城文创产品监管机构在文化指导方面有待深入。

河北长城文创产品的健康、快速发展与河北长城文创产品监管机构积极培育与推进是密不可分的，在长城文创产品的设计、开发和经营上更是离不开河北长城文创产品监管机构的积极支持和推进。

随着国家文化公园建设的不断推进，河北长城文创产品监管机构对文创产品的发展也越来越重视。但河北长城文创产品监管机构对文创产品的依托性、关联性、复杂性、文化性并没有深刻认识。其主要体现在两大监管机构上：一是河北各级政府监管机构对河北长城文创产品的文化内涵指导不够深入。在观念上重资产建设，轻长城文创产品的开发；在思想上的不重视所带来的结果就是河北长城文创产品市场与品牌观念缺失，宣传与推介的工作不到家。其结果是河北的长城文创产品很多，但具有知名品牌的却很少。二是协会等组织对河北长城文创产品的文化内涵指导也不够深入。但是对于进一步从长城文化的角度来指导生产企业生产出具有地域文化的长城文创产品，并进而形成河北区域长城文创产品品牌方面做得还不够。

7.6 存在问题的原因分析

河北长城文创产品在文化内涵方面存在问题的原因是多方面的，既有企业内部的原因，又有外部宏观环境的原因，以下从不同角度对该现象的成因进行分析。

7.6.1 外部原因分析

（1）政府监管方面的原因。

政府对长城文创产品重视程度在一定程度上影响着长城文创产品的深度开发。良好的品牌有助于消费者建立起消费偏好，有助于经营者促销手段的实施。品牌意识如果不强则会影响长城文创产品产权的开发和利用。目前相关监管部门对河北长城文创产品文化内涵的关注度还不够，长城文化品牌意识有待加强。河北省众多的长城文创产品中除了为数不多的“老字号”外，很多产品缺乏文化内涵和品牌支撑，这已成为制约长城文创产品发展的重要因素。政府监管是整个长城文创产品生产企业监管体制下的主要环节，由于政府拥有法律赋予的依法行政执法的权力，这种权力是带有强制性的，因此，政府的监管和引导对企业的影响力往往很大。目前政府监管人员还不能完全从战略的角度充分认识长城文创产品的重要作用，对长城文创产品的重要性还认识不足，在制订相关政策时，只是笼统地提出重视商品的文化内涵，不能从地域文化的角度明确提出重视长城文化或长城精神在河北长城文创产品的具体应用方针，政府引导方向还欠明确，长城文创产品管理也需要进一步完善。

（2）行业协会监管方面的原因。

目前河北行业监督协会发展还不够完善，到目前为止，还没有专门的河北省长城文创产品协会，更没有确定相应的章程，明确规定会员的权利和义务。这样一来无法对长城文创产品的设计、生产与经营进行宏观引导与管理、监督检查，更无法维护长城文创产品秩序，规范企业行为。因此，长城文创产品协会的成立，对于放大消费市场，规范长城文创产品经营行为，优化文创市场秩序，保护长城文创产品企业和消费者的合法权益，都将发挥十分重要的作用。因此，河北省长城文创产品监管的缺失在一定程度上影响着长城文创产品的进一步发展和完善。缺少了河北长城文创产品行业协会监管机构在文化内涵方面的指导，很多长城文创产品生产企业在设计和生产文创产品时，无法真正重视长城文化或长城精神在商品中的价值和意义，也不能深入地研究长城文化或长城精神，并将其融入长城文创产品中去，在一定程度也造成了河北长城文创产品发展滞后。

7.6.2　内部原因分析

分析河北长城文创产品文化内涵缺失问题首先应该从长城文创产品企业内部入手，总体来说，这其中既有企业经营战略层次的原因，又有执行层面的原因，主要表现在以下几个方面。

（1）长城文创产品生产企业的经营理念问题。

长城文创产品生产企业的经营理念或者经营宗旨在企业战略层次的经营哲学，其内容直接影响企业的生产和营销的指导思想，也对长城文创产品生产企业产品是否具有特色起着决定性的作用。当前的一些长城文创产品生产企业把企业的目标单纯地看作追求利润最大化或者市场占有率，而没有深入思考如何进一步增强产品的特色，在一定程度上忽视了长城文化对产品特色的重要性。

（2）企业对长城文化精神对文创产品的重要性认识不足。

市场的竞争也日趋激烈。长城文创产品生产企业如何进一步发展，主要取决于最高领导者经营理念及其个人综合素质。正确的经营理念是以社会与购买者的利益为前提，并将企业利益、购买者利益及社会利益结合起来。这种正确的经营理念会融入企业产品设计、生产、营销等决策的制定与实施中，从而保证产品的独特性。当领导者的个人对长城文化或长城精神对本企业长城文创产品的重要性认识不够深入时，由于其具有决策权，就有可能会对本企业商品的生产和销售活动产生负面影响。目前河北省很多长城文创产品生产企业的管理者还不能充分认识到长城文化或长城精神对河北长城文创产品开发的重要意义，更不能把长城文化或长城精神的内涵赋予产品中进行有效的开发，最终在一定程度上造成河北长城文创产品品种单一、缺乏地方特色。

（3）长城文创产品研发力量薄弱。

在过去很长的历史时期里，我国极具地方特色的长城文创产品基本上是手工制作出来的，是一些民间工匠的一门谋生的技术，但很多从业人员素质普遍偏低（钟志平，2002）。目前河北省一些传统长城文创产品的生产技艺出现青黄不接、后继无人的现象（马建英，2021）。高层次专业人才缺乏，传统的经验上升为系统的开发模式有一定的难度。长城文创产品开发所涉及的学科众多，要把长城文创产品开发好，必须有高层次人才。而长城文创产品大多是由中小企业生产的，他们无力进行研发，而且即使研发成功，由于仿制极其容易，开发生产者的合法权益不能得到很好的保护，因而长城文创产品开发商之间相互抄袭蔚然成风，使长城文创纪念品的研发处于尴尬的境地（耿娟娟，2007）。同时河北省缺乏长城文创产品开发研究机构，长城文创产品研发力量薄弱是制约其河北省长城文创产品在文化内涵方面进一步创新的重要因素。

（4）工艺技术方面的原因。

河北省很多长城文创产品生产企业在开发上重传统的生产工艺技术，缺少独立的技术创新系统。多数企业较少融入现代文化观念和现代科技与生产工艺。目前，省内许多长城文创产品生产厂家依旧停留在传统的工艺作坊式的经营模式中，技术设备开发不足，生产水平落后，使许多开发的纪念性、特色性长城文创产品呈现出新产品老模式的状况，已难以适应市场的需要（钟志平，2002）。

在知识经济时代，创新已经成为社会的热点，是决定文创产品成败的关键因素。创新对长城文创产品而言同样重要，长城文创产品在开发设计上的新颖性往往可以将长城文化精神反映在不同产品上。但是目前省内的部分长城文创产品的设计却明显落后，缺乏独立的创新体系，造成产品设计单一、缺乏新意，致使河北省内市场上的长城文创产品普遍存在文化内涵较低的特点。

以上所列的内部和外部因素对长城文创产品文化内涵缺失的影响不是孤立作用的，它们之间互相交错、彼此渗透。不断增强河北长城文创产品的长城文化或长城精神的内涵，提高其附加值，应同时从企业内部经营环境和外界的监管环境入手，才能真正突出河北长城文创产品的文化特色。

7.7　长城文创产品开发的提升对策

一般来说，文化创意产品具有较高的文化和精神内涵，如今在文旅背景下，文旅产品具有高超的工艺技术和丰富的文化内涵，不仅能满足市场的需求，还能带来较高的附加值（魏鹏举，2010）。

7.7.1　依据目标市场进行市场定位

不同年龄、职业、兴趣、爱好的消费者对长城文创产品的功能、特点需求不同，因此，需要将市场细分成几个不同需求特征的目标市场。然后根据不同目标细分市场的特征、竞争环境、企业自身的竞争能力以及提供体验式长城文创产品的难易程度，选择一个或多个目标细分市场。在个性化的体验设计中，还要注意依据不同年龄层次、不同知识层次的市场需求特点，进行体验式场景设计和体验氛围的营造，从服务人员的服装、服务态度、言语到周围的环境和文创产品，都要适合市场的个性需求，充分调动购买者的全部感官。在购买的长城文创产品中，长城文创纪念品是核心部分，为了满足体验参与性的需求，各地工艺品生产企业或生产基地，应在细分目标市场的基础上，在厂区设置适当的生产工艺体验区，激发其购买欲。

7.7.2 树立长城文创产品品牌形象策略

随着长城文创产品市场的逐步完善，一些长城文创产品生产企业都已经清楚地认识到，只有创出品牌，才能攻占市场并取得良好的社会与经济效益。品牌价值的产生往往来自消费者对品牌的忠诚，尤其名牌产品有较高的附加值，使生产企业获得较为丰厚的回报。因此，每家长城文创产品生产企业在设计和生产长城文创产品时都必须注重商品的质量，保证长城文创产品的质量是树立我国长城文创产品的品牌形象的前提。在此基础上，一是大力开展长城文创产品自主品牌创建。鼓励有条件的生产企业申请注册商标，国家、省著名商标、市知名商标，申请各类质量体系认证、原产地认证。二是大力加强长城文创产品品牌宣传和保护。对企业的品牌知识进行培训，统一策划和开展品牌对内对外推介活动，推动长城文创产品自主品牌“走出去”，扩大影响力，并加大品牌知识产权的保护工作力度，构建有利于品牌成长的环境。三是加大对长城文创产品品牌的奖励力度。对每年所获的著名商标、知名商标的企业都要进行奖励，同时对为申请省著名商标做了大量前期工作的相关单位拨付进行相应的工作经费。

另外，在营销方面，针对潜在目标市场，注意采用多种新媒体多手段营销，如采用喜闻乐见的“直播”带货方式进行销售。“直播”这种传播方式，已由资讯传播进而娱乐化，再而商业化，其影响范围越来越广。甚至如今已经由“带货”扩展到“带游”，影响力也随之越来越大。“直播”不仅是一种传播方式的引入，更是一种产品服务数字化的创新，实现线下场景到线上场景的自由转换，实现了有限服务到无限服务的质变，其影响力自然不可同日而语。虽然从某种意义上来讲，“直播”带货是采取“云游”方式销售，但不同的是，“直播”更体现了人的主体参与性，“主播”作为直播主体，与潜在客户互动，能够产生主体间的张力，影响着市场对长城文创产品的接受和感悟，增加了市场对长城文创产品的认知，能够扩大长城文创产品品牌的传播。

7.7.3 依托长城文化精神提高文化体验质量

随着市场需求的不断发展，更多的人开始寻求文化的体验，对长城文创产品也是如此。文化渊源是长城文创产品的灵魂，是吸引文化体验的核心内容。实践证明，文化品位越高，长城文创产品的价值越高，也越受市场的欢迎。为此，利用长城文化或长城精神提升长城文创产品竞争力已迫在眉睫。依托长城文化或长城精神提高文化体验的质量，主要应从以下几个方面入手。

（1）设计以长城文化精神为核心长城文创产品。

题材是指长城文创产品中的文化含义。长城文创产品应该植根于本土文化，深入挖掘本区域的长城文化或长城精神，以文化背景作为依托，设计出独具特色的长城文创产品。经研究长城文化精神主要体现在以下方面：一是长城本体文物建筑古迹是长城文化或长城精神的物质载体；二是长城沿线长期形成的民俗风情文化。民俗风情文化是民众在长期的生产、生活中积累沉淀下来的生活方式、思维方式和行为准则。它既是历史的，又是在现实中正在传承的，各地丰富多彩的民族风情文化至今仍存活于大众生活之中。

（2）采用能反应长城文化精神的原材料。

材料是指生产制作长城文创产品的原材料。原材料的选择同样能反映出地域文化的特点和差异。就地选取材料，利用本地特有的原材料，精心设计具有地方特色的长城文创产品，能够反映出当地制作者的文化、思维和独特的价值观念。换句话说，使用本地传统的加工材料制作的长城文创产品，这是一种原汁原味的传统文化型长城文创产品，其古色古香、原始自然的特色非常鲜明，能够最好地满足纪念、体验和审美需求，可以将流传的千百年的长城文化或长城精神精髓反映在各地长城文创产品中，需要在各地就地选材，运用当地人的价值观念精心设计长城文创产品，反映出长城文化或长城精神风情。

（3）选取以长城文化精神为出发点的工艺技术。

工艺是指长城文创产品的加工制作技术。工艺精致、制造精良材料使用合理，可以批量生产是现代长城文创产品设计的基本原则，也是产品文化得以实现的保证。当地工艺技术与异地工艺技术、手工工艺与机械工艺、传统工艺与现代工艺都是不同文化在商品中的折射。不同的工艺体现着不同的历史背景和文化发展过程。同时，长城文创产品生产企业需要结合国内外先进的生产技术，确保长城文创产品创新发展。技术力量薄弱、生产设备落后、资金投入不够是制约我国长城文创产品创新发展的重要因素。因此可以与一些文创产品研发先进的国家、地区进行合作、交流，按照“平等互利、共同发展”的原则，引进国外先进的生产流水线，在不影响长城文创产品文化内涵的基础上，将传统工艺与现代化生产、经营方式相结合，在降低生产成本的基础上，扩大生产规模，提高长城文创产品生产企业的生产力（王红宝，2010）。

（4）外在包装巧妙体现长城文化精神。

由于生活方式、思想观念的差异，往往越具有“地方特色”的文创产品越容易吸引购买者。因此，在长城文创产品的外在包装上融入长城文化精神的设计是必不可少的。如果长城文创产品本身已包含当地的民族风格、地方特色等文化内涵，要求必须与产品相吻合，更好地彰显产品的长城文化特色。长城文创产品的外在包装不仅应该赏心悦目，而且应具有长城文化品位。其图案样式、文字形式、色彩运用都应该透着强烈的长城文化精神，深入研究，精心安排的点、线、面尽显长城文化的内涵与外延，尽力巧妙体现长城文化精神的精髓。

第 8 章　河北省长城文化遗址开发利用绩效评价研究

目前，长城文化遗址开发利用主要以旅游景区为主，其开发利用绩效水平的提高，有利于挖掘长城精神内涵，传播长城文化，树立文化自信。本章以河北省的山海关、金山岭、大境门、角山、青山关、白羊峪、喜峰口、红峪山庄、鹫峰山等长城文化遗址开发利用典型区域为研究对象，建立基于 DEA 模型和 Malmquist 指数模型对 2011～2019 年 9 处长城文化遗址开发利用区的经营绩效进行静态分析和动态分析。静态分析表明，山海关、金山岭、白羊峪、喜峰口、红峪山庄 5 处开发利用区综合效率有效，而大境门、角山、青山关、鹫峰山开发利用区综合效率小于 1 且规模收益递减，表明 4 处开发利用区的管理水平和技术水平等还需要进一步优化；动态分析表明，各开发利用区在 2012～2013 年、2013～2014 年、2016～2017 年的综合绩效水平得到了明显改善，在动态分析中金山岭、红峪山庄两家开发利用区全要素生产率有效，山海关、白羊峪、喜峰口全要素生产率分别为 0.950、0.932、0.972，均高于平均值。

8.1　长城文化遗址开发利用绩效评价研究背景

当前国内外关于长城文化遗址开发利用区绩效评价的研究相对较少。鉴于本章是文旅融合模式的开发利用，文献梳理也以旅游绩效评价为主。国外一些发达国家和地区的旅游绩效评价主要针对旅游目的地整体绩效、生态环境绩效、社会绩效、经济绩效等方面，注重旅游的可持续发展。在对酒店进行绩效评价的指标体系构建主要包含五个方面，分别是口碑、重复业务、运行成本、使用率和营业额（Sunny Hama，2005）；在对旅游目的地运营及竞争力的绩效评价中主要采用了IPA、关键事件分析法和数据包络分析方法（DEA）（Prichard，2006；Tiziana Cuccia，2016）；在对旅游体育企业社会责任感的绩效评价中采用了IFIPA方法，并改进了重要性—绩效方法（Fei - Hsin Huang，2015）。国内学者的研究重点在于运用定量分析方法构建相关指标体系，探索旅游经济绩效的现状及影响因素；李天元教授从财务指标、消费指标等角度构建了多维度评价体系（张化丽，2007）。在绩效评价方面，以长城为研究对象的成果较少。

虽然国内外学者对于旅游景区的绩效研究取得了相应的进展，但是以往大多数学者的研究方法主要是平衡计分卡、层次分析法、模糊综合评价、TOPSIS和IPA等，这些方法在一定程度上由于人为赋权等原因造成计算结果的主观性，本章选用的数据包络分析方法能够克服主观赋权带来的片面性，同时充分考虑了建设投入与产出的延迟性，在实施绩效评价时不仅进行了静态分析，还引入了Malmquist指数模型进行动态分析。

8.2 长城文化遗址开发利用绩效评价研究方法和模型

数据包络分析方法结合了数学、运筹学、管理学等学科知识，是一种测量相对效率的评价方法，通过数学规划和统计数据分析，对多个输入、多个输出的同类决策单元进行有效性评价。相对于其他方法来说，DEA模型能够避免人为确定权重带来的主观偏颇，同时还可以根据计算结果调整决策单元投入产出幅度。

现阶段，CCR与BCC是从DEA模型中衍生出来的，两个模型的主要区别在于CCR模型运用前提是在规模效率不变的情况下，来评价决策单元是否达到最优综合效率（丛日杰、韩洁平，2018）。运用DEA模型进行评价时首先应确定选取产出导向型还是投入导向型，本章综合考虑长城文化遗址开发利用区的特点，选取产出导向型模型进行数据的计算，即，在投入既定的情况下，计算出决策单元产出扩大的比例。由于DEA模型属于静态分析方法，只能在一个时期内进行效率分析，但旅游景区的建设投入与产出具有一定延迟性，故为了研究旅游景区在不同时期内的绩效情况，本章还应用 Malmqusit 指数模型进行动态效率分析。

Malmquist 指数的主要用途是用来评价不同时间段内多个投入变量与多个产出变量的动态生产效率，并由此来计算全要素生产率的变化。根据对 Malmquist 生产率指数的定义可将它分解成资源配置变化和技术变化，前者是在景区住宿、餐饮、门票、商品等价格和景区技术一定的条件下测算投入产出的最优组合，后者是在投入要素既定的情况下实际投入和最大产出的比值（李俊杰、景一佳，2021）。通过分解 Malmquist 生产效率指数，对提升长城文化遗址开发利用区绩效管理的内在因素进行分析。其表达公式如下：

$$M_0(x_t,y_t,x_{t+1},y_{t+1})=\left[\frac{D_0^{t+1}(x_{t+1},y_{t+1})}{D_0^{t+1}(x_t,y_t)}\times\frac{D_0^t(x_{t+1},y_{t+1})}{D_0^t(x_t,y_t)}\right] \tag{8-1}$$

式（8-1）可进一步变形为：

$$M_0(x_t,y_t,x_{t+1},y_{t+1})=\frac{S_0^t(x_t,y_t)}{S_0^t(x_{t+1},y_{t+1})}\times\frac{D_0^t\left(x_{t+1},\frac{y_{t+1}}{VRS}\right)}{D_0^t\left(x_t,\frac{y_t}{VRS}\right)}\times\frac{D_0^t(x_t,y_t)}{D_0^{t+1}(x_t,y_t)} \tag{8-2}$$

式（8-2）中，等式左边的全要素生产率（tfpch）可分解为右边的三项，依次是长城文化遗址开发利用的规模效率变化（sech）、纯技术效率变化（pech）和技术进步（tech）。规模效率变化与纯技术效率变化的乘积等于技术效率变化。

其中，若规模效率变化>1，则表明长城文化遗址开发利用绩效存在规模效率；若纯技术效率变化>1，则表明长城文化开发利用的管理水平和管理制度的改善使绩效有所提高；若技术进步>1，则表明存在技术进步，即其建设和维护工作引用了新的科学技术和研发新产品；若全要素生产率>1，则表明长城文化遗址利用的综合绩效有所提升。但是，若上述指标<1，则表明长城文化遗址利用的绩效情况在逐渐退化。在新时代背景下，文旅融合发展进入一个全新的深度，故本章选择从产出角度进行分析，

即在政府财政拨款和自身投入不变的情况下，加强长城文化遗址的保护力度。

8.3 长城文化遗址开发利用绩效评价实证分析

（1）指标选取。

对于投入产出绩效测算的核心思想是：期望能够在同样的政府财政和自身投入情况下，满足更多游客需求的高质量产品和服务，增加开发利用区的经济收入，同时也更加全面地保护长城文化遗迹。本章充分考虑了景区在经营过程中的资源损耗和建设保护等情况，经专家讨论，同时考虑各其财务报表中数据的可获得性和公共旅游资源评价指标体系，构建了基于旅游模式的长城文化遗址开发利用的投入产出绩效评价指标体系（陆旭东，2020），如表 8.1 所示。

表 8.1　　长城文化遗址开发利用的绩效评价指标

类别	一级指标	二级指标
输入	经济投入	财政投入
		景区内部建设投入
		景区外部建设投入
输出	经济产出	住宿收入
		门票收入
		餐饮收入
		商品收入
		旅游人次变动

评价一个决策单元是否有效的关键在于，是否能在相同投入的情况下获得尽可能多的产出，说明在投入既定的情况下，产出量越大决策单元就越有效。具体到长城文化遗址开发利用区，以财政投入、内部建设投资和外部建设投资作为输入指标；住宿收入、门票收入、餐饮收入、商品收入和旅游人次变动作为决策单元的输出指标。

（2）数据来源。

以长城文化遗址开发利用典型区域——九个河北长城文化景区作为决策单元（DMU），根据上述建立的指标体系选取 2011～2019 年的相关数据作为样本容量，由此来测算其绩效情况，本章研究数据主要来自 2011～2019 年河北省旅游景区财务报表，对于研究年限中数据的缺失，本章采用平均值方法进行补充（Charnes，1978）。

（3）长城文化遗址开发利用区经营效率静态测度。

根据 2011～2019 年的面板数据，运用 DEAP 2.1 软件对山海关、金山岭、大境门、角山、青山关、白羊峪、喜峰口、红峪山庄、鹫峰山的投入产出要素进行整理和计算，得到相关研究数据。在静态分析当中，综合效率值不包含其规模收益效率，纯技术效率是考虑了其规模的收益技术效率。受管理水平和技术水平等方面的影响，规模效率的前提条件是管理水平等各方面条件一定，在此基础上分析现有景区规模与最优规模之间的差异，综合效率 = 技术效率 × 规模效率。由于 DEA 模型所得到的效率值也是相对效率，故某一个景区的 DEA 无效也并不代表绝对无效，而是在计算区域中相对较差，效率值为 1 的景区也不代表绝对有效，只是在计算的区域中相对有效（朱茜，2014）。具体计算结果如表 8.2 所示，各景区变化比较如图 8.1所示。

表 8.2　　2011～2019 年各区综合效率情况

景区名称	综合效率	纯技术效率	规模效率	规模收益
山海关	1.000	1.000	1.000	—
金山岭	1.000	1.000	1.000	—
大境门	0.835	0.905	0.923	递减
角山	0.929	1.000	0.929	递减
青山关	0.871	1.000	0.871	递减
白羊峪	1.000	1.000	1.000	—
喜峰口	1.000	1.000	1.000	—
红峪山庄	1.000	1.000	1.000	—
鹫峰山	0.807	0.940	0.858	递减
平均值	0.938	0.940	0.858	—

注：作者绘制。

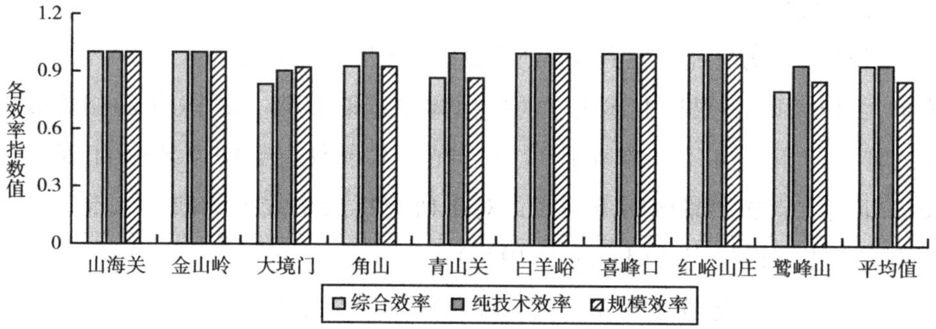

图 8.1　2011 ~ 2019 年各景区综合效率比较

注：作者绘制。

从表 8.2 可知，2011 ~ 2019 年景区三项指标均值情况。综合效率、纯技术效率和规模效率的均值分别为 0.938、0.940 和 0.858，指标指数均低于 1，表明在 2011 ~ 2019 年，河北长城文化景区的绩效未达到最优情况，具体问题包括内部资源不合理开发、新技术结合程度较差、管理水平较低等。且纯技术效率的均值大于规模效率的均值，因此规模效率的低下导致综合效率较低（李俊杰，2021）。9 家中，有 5 家的综合效率为 1，分别是山海关、金山岭、白羊峪、喜峰口、红峪山庄，占样本总量的 55.56%，存在一半的资源配置不合理。

山海关、金山岭、白羊峪、喜峰口、红峪山庄的综合效率、纯技术效率、规模效率均为 1，且规模收益保持不变。山海关、金山岭、白羊峪、喜峰口、红峪山庄五家的综合效率均为 1，表明政府财政投入与自身建设投入和门票收入、住宿收入等产出达到了相对效率最优，实现了较好的资源配置。

角山、青山关两家景区的综合效率无效，纯技术效率为 1，且规模效率均小于 1，说明景区资源配置不当，其规模效率分别为 0.929 和 0.871，规模收益呈现递减状态。新技术的引用需要投入相应的人力资源、资金等存在冗余和浪费现象，从而导致规模收益不经济。

大境门、鹫峰山的纯技术效率与规模效率分别为 0.905、0.940、0.923 和 0.858，两家的规模收益递减，这说明这两家的投入产出结构存在不合理的情况下，相对效率尚未达到最优。纯技术效率小于 1，表明管理水平和管理制度不够完善，其门票收入、餐饮收入、实际产出低于理想产出。在建设发展过程中需要有充足的投入意愿，但是不能盲目，在投入之前应该详细分析具体发展情况，而非随意乱投，避免造成冗余。经分析发现，需要适当减少投入规模，加强对高级管理人才和技术人才的引进，提高自身的管理水平和完善制度建设。

（4）长城文化遗址开发利用区经营效率动态测度的综合评价。

静态分析只能进行横向比较，但是其投入与产出具有延迟性，为进一步研究河北长城文化遗址开发利用区经营效率动态变化和发展趋势，增加可比性，本章进一步通过 DEAP 2.1 软件对经营效率进行 Malmquist 指数分析。计算结果如表 8.3 所示。

表 8.3　　2011～2019 年各区整体全要素生产率

年份	effch	tech	pech	sech	tfpch
2011～2012	0.183	1.354	0.647	0.282	0.247
2012～2013	5.258	0.348	1.527	3.444	1.830
2013～2014	0.990	1.179	1.011	0.979	1.167
2014～2015	0.732	0.584	0.820	0.892	0.427
2015～2016	0.729	2.858	0.810	0.900	2.083
2016～2017	0.710	1.846	0.945	0.751	1.311
2017～2018	0.930	0.741	1.133	0.821	0.689
2018～2019	0.657	0.881	0.754	0.872	0.579
均值	0.828	1.014	0.925	0.895	0.839

注：作者绘制。

由表 8.3 可知，9 家长城文化遗址开发利用区 2011～2019 年全要素生产率均值为 0.839，整体的综合绩效情况处于衰退下降趋势。其中，2012～2013 年、2013～2014 年、2015～2016 年和 2016～2017 年的全要素生产率大于 1，表明综合绩效增长水平得到了逐步改善，其余年份均处于下降趋势，且 2011～2012 年最低，仅为 0.247。共有 5 家全要素生产率低于 1，占样本总量的 55.56%，超过 50% 的呈现下降趋势。9 家规模效率仅有 2012～2013 年大于 1，表明河北长城文化遗址开发利用的管理水平、新技术与高级管理人才引进、开发新产品仍有提升空间，2012～2013 年规模效率大幅度提升是由于当期技术效率大幅度提高的。

为了更加直观地表现出 9 景区全要素生产效率的动态变化，将表 8.3 中 2011 ~ 2019 年各区的纯技术效率变化（pech）、规模效率变化（sech）和全要素生产率变化（tfpch）的趋势利用曲线图表示出来，如图 8.2 所示。

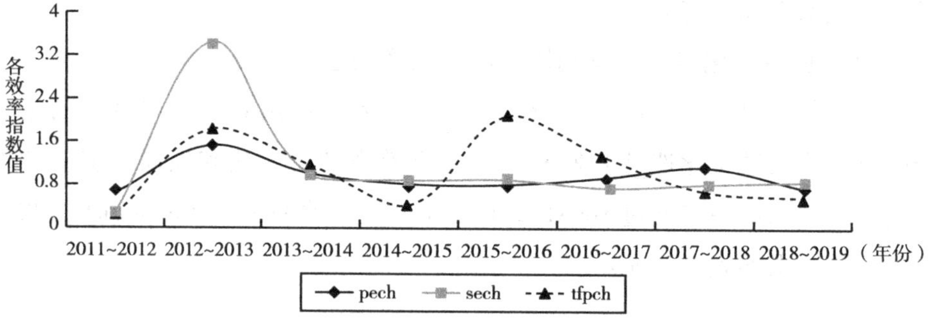

图 8.2　2011 ~ 2019 年各区整体全要素生产率变化趋势

分析各景区的整体情况后，对 9 景区全要素生产率变动情况进行具体分析和指数分解情况分析，如表 8.4 所示。

表 8.4　　2011 ~ 2019 年 9 景区全要素生产率变动情况

景区名称	effch	tech	pech	sech	tfpch
山海关	1.000	0.950	1.000	1.000	0.950
金山岭	0.876	1.214	0.880	0.995	1.064
大境门	0.770	0.780	0.767	1.004	0.600
角山	0.672	0.945	0.864	0.778	0.635
青山关	0.689	0.959	1.000	0.689	0.661
白羊峪	0.864	1.080	1.000	0.864	0.932
喜峰口	1.000	0.972	1.000	1.000	0.972
红峪山庄	0.827	1.348	0.843	0.982	1.115
鹫峰山	0.816	0.984	1.008	0.810	0.803
平均值	0.828	1.014	0.925	0.895	0.839

从表 8.4 可知，2011 ~ 2019 年各景区全要素生产率的均值为 0.839，河北长城文化遗址开发利用的综合效率呈下降趋势。研究各部分的分解指标，技术效率指数均值为 0.828，技术进步变化指数均值为 1.014，显示出河北长城文化遗址开发利用的平均技术提升了 1.4%，表明在开发利用中

应该重视技术创新。纯技术效率指数均值为 0.925，规模效率指数均值为 0.895，表明了全要素生产效率下降主要是因为规模效率和纯技术效率的下降，说明在管理水平、引进新技术和开发新产品方面需要重点关注。2011～2019 年，仅金山岭长城和红峪山庄长城全要素生产率大于 1，增幅分别为 6.4%和 11.5%，占样本总量的 22.22%，分析发现该期间的技术进步增幅分别高达 21.4%和 34.8%，说明金山岭长城和红峪山庄长城较为充分地利用了政府财政投入和自身建设投入，在提升管理水平和引进新技术等方面进行了资源的合理配置。

大境门、青山关、喜峰口、鹫峰山和角山长城的技术进步小于 1，表明近年来对新技术的引进以及新产品的开发力度不足；青山关、白羊峪、红峪山庄、鹫峰山和角山长城的规模效率小于 1，表明在财政投入和自身投入与门票收入、住宿收入等产出结构不合理，相对效率未能达到最优情况；大境门、红峪山庄、鹫峰山和角山长城的纯技术效率小于 1，表明管理水平和管理制度不够完善；大境门、角山、青山关、鹫峰山的全要素生产率指数低于各区平均值，表明在技术创新、管理水平与引进高级人才等方面没有跟上步伐。

为了更加直观地表现出具体的全要素生产效率与其他几个效率指数的动态变化，将表 8.4 中 2011～2019 年技术进步（tech）、纯技术效率变化（pech）、规模效率变化（sech）和全要素生产率变化（tfpch）利用柱状图表示出来，如图 8.3 所示。

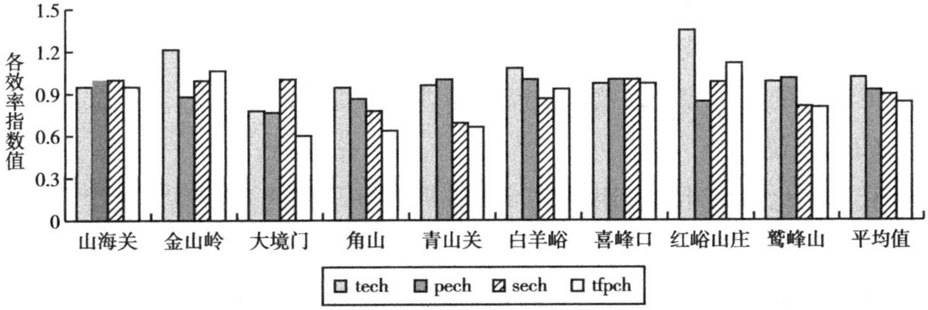

图 8.3　2011～2019 年各效率指数比较

注：作者绘制。

8.4 结论与建议

（1）结论。

河北长城文化遗址开发利用的文旅融合和资源配置等还需要不断加强。长城是我国的重要文化遗产，在新时代背景下“文化+旅游”的融合度不断加深，故长城文化遗址开发利用的绩效情况对长城保护与发展都至关重要。当前长城文化遗址开发利用尚存在诸多不足，如大境门等区仍然存在新技术引入、管理水平和资源合理配置等方面问题。因此，只有持续性引进高级管理人才提高管理水平，不断动态评估改善资源配置，提高新的产品开发能力，加强文旅融合，才能够更好地传承与发展。

长城文化遗址开发利用的整体综合绩效水平尚需要进一步提升。从静态角度实证2011~2019年综合效率还有待提升，有近1/2的综合效率低于1，究其根本原因在于规模效率无效且规模收益递减。因此，大境门、角山、青山关、鹫峰山长城需要对投入的规模与资源进行优化。从动态角度分析了2011~2019年的动态效率情况，实证研究表明在9年期间仅有2012~2013年、2013~2014年和2016~2017年表现有效，河北长城文化遗址开发利用的整体绩效呈现波段式增减变化。尤其是大境门长城各指标低于平均值，因此需要提高管理水平，保护与发展进行合理化投入。通过静态和动态两个方面相互印证，仅有个别长城在纯技术效率值与规模效率指标值存在差异，其余长城动静态分析结果基本一致，并且综合得出长城文化遗址开发利用的整体综合绩效水平尚需要进一步提升。

（2）建议。

长城文化遗址开发利用应从增强管理效率与优化建设规模两个角度出发。综合管理水平的提高基于高层管理者的创新管理意识的提升（蒲小川、张宇，2021），高层管理人员要对综合发展进行筹划与布局，把握好创新管理决策，同时也要充分考虑自身规模与缺口进行科学合理的资金与人力资源投入。

各景区要注意建设资金投入产出的绩效问题。政府要充分发挥引导作用，提高景区发展能力，鼓励加大新技术与高级管理人才引进的投入，定期加强对绩效的考核情况，提升员工的专业化水平，可考虑奖金激励机制，提高员工的工作效率（娄阳，2017），并且也要不断开发新产品来满足游客更高的品质追求。

第 9 章　河北省长城文化体验价值维度研究

随着社会的发展，国家文化公园的建设，人们生活、教育水平的提高，人们对长城文化体验的需要也日益多样化，人们更加重视长城的内在文化，如何提升文化体验，让人们感受到长城文化的价值，是当前长城文化公园建设的社会价值所在。本章以山海关长城为例，对长城文化体验价值的四个维度：功能性价值、感知性价值、情感性价值、探知性价值进行研究。研究发现，功能性价值中交通体验的体验度较高，餐饮、住宿、购物和产品体验的体验度较低；感知性价值中环境体验的体验度较高；情感性价值中景观游览体验和服务体验的体验度较高；探知性价值中成本体验（时间成本和体力精力成本）的体验度较高，成本体验（金钱成本）和文化体验的体验度较低。

9.1　长城文化体验价值维度研究背景

目前，由于学者们对于体验价值的研究领域、研究对象、研究目的不同，对体验价值有着不同的分类（那梦帆，2019）。Sheth 提出体验价值的五维度有功能性价值、社会性价值、情感性价值、尝试性价值、情境性价值，后来 Sheth 和 Cross 又对上述五维度予以完善，将尝试性价值予以删除，增加了认知性价值（Sheth，1991；Sheth and Cross，1991）。餐馆业的服务体验价值包括功能体验、情感体验和社会体验三个维度（李建州、范秀成，2006）。刘家明等学者以杭州西溪湿地公园为例，开发了湿地公园体验价值量表，确定了特色、服务、成本、教育、信任、生态、关怀体验等七个体验价值的主因子（刘家明、刘莹，2010）。杨艳提出历史文化街区体验价值结构的四个维度，包括感知性价值、情感性价值、探知性价值和享乐性价值，感知性价值中包括景观体验和环境体验；情感性价值中包括服务体验、感性体验和游览体验；探知性价值中包括文化体验和成本体验；享乐性价值中包括休闲体验和消费体验。共 9 个二级评价因子（杨艳，2016）。那梦帆、谢彦君探索了目的地体验价值模型的维度和结构，确定了三个维度，分别为功能性价值、享乐性价值和符号价值以及新鲜感、交流、知识获取等八个子范畴（那梦帆、谢彦君，2019）。通过文献梳理发现，长城文化体验的探索和研究相对较少。本书从市场感知的角度对山海关文化体验价值进行研究。

首先，基于扎根理论，以山海关为例，选取网络上的游记、评论等文本资料以及政府官方的宣传资料、网络报道、宣传视频等作为数据源，软件 NVivo 12.0 作为数据处理的工具，提炼长城文化遗产体验维度。其次，进行体验价值调研、测度和分析。基于长城文化体验维度设计调查问卷，进一步验证文化价值体验。

9.2　长城文化体验价值维度构建

9.2.1　研究工具的选择

本书选取网络上的游记、评论等文本资料以及政府官方的宣传资料、网络报道、宣传视频等作为此次研究的数据源，因为研究的数据既包括文本，还包括图片和视频等，所以数据处理的方式上也有别于量化研究对数据处理的方法。本书选择了质性分析软件 NVivo 12.0 作为数据处理的工具（谢芳亭，2017）。按照扎根理论的程序，首先选择携程网和马蜂窝两大网站作为样本的来源。经过数据的搜集与初始编码，形成核心的概念与范畴，为使理论达到饱和，将在根据实际研究进行理论抽样。数据的搜集主要是采用手动网络信息搜集。

9.2.2 数据来源

在携程网和马蜂窝上进行游记和网络评论等网络文本的搜集。搜集时间为2017年1月1日至2020年12月31日。经搜集，分别得到携程网、马蜂窝游记912篇和325篇，总计1237篇；鉴于游记重复、信息无效等原因，进行筛选：一是样本内容要丰富完整，语言表述清晰；二是优先选取热门和精华游记；三是文本字符最低为800字，浏览量要在1000次以上；四是选出携程网游记23篇，马蜂窝游记35篇，总共58篇游记。并分别得到携程网、马蜂窝用户点评1432条和312条，总计1744条，对资料进行编号，按照“感知—游记（评论）—来源网站—号码”，如“GZ－YJ－XC（携程）－01”“GZ－PL－XC－1”。

9.2.3 文化体验价值维度构成

从原始资料中提取编码要素，将编码要素归纳整理形成概念，对概念分类—合并—归类，最终形成范畴。本书在编码过程中，保持开发的态度对网络游记和文本资料相关内容进行编码。

（1）文化体验价值概念化和范畴化。

对原始资料的开放性编码、主轴编码进行分析，得到由功能性价值、环境感知性价值、情感性价值、享乐性价值和探知性价值的资料，该范畴具体的编码情况如表9.1所示。

表9.1 长城文化价值体验编码示例

资料编号	文本资料	编码要素	概念化	范畴化
GZ－PL－XC－555	给孩子买的半价票，兑换使用都挺方便。天下第一关这些景点历史悠久，又有挺多故事，孩子学了不少东西，挺值的	半价票、兑换方便、历史悠久、故事多、学东西、挺值	物价水平、服务设施、研学教育	功能性价值、探知性价值

续表

资料编号	文本资料	编码要素	概念化	范畴化
GZ－PL－XC－306	景区在龙头下还可以到渤海边戏水，海边水清沙细，如果想戏水可以给小朋友带泳裤去，旁边有厕所，厕所旁边有专门洗脚的地方，算是很贴心的	戏水、水清沙细、厕所、洗脚的地方、贴心	休闲娱乐、审美愉悦、服务设施	功能性价值、环境感知性价值
GZ－YJ－XC－05	走在这条古老的城墙之上，湛蓝的天空下，散发着浓郁的皇家气魄，古朴而悠远。山海关传承了古老而厚重的文化底蕴和历史使命	古老的城墙、湛蓝的天空、古朴、悠远文化底蕴厚重	生理审美、历史文化	环境感知性价值、探知性价值
GZ－YJ－MFW－42	欣赏了古老的明清风情，领略了雄浑的边关遗韵，聆听了“冲冠一怒为红颜”的历史典故	明清风情、冲冠一怒为红颜	历史文化、历史事件	环境感知性价值、探知性价值
GZ－PL－XC－64	山海关古建筑群保存完整，整个关隘的建筑格局也保留了建造时的原汁原味，无论从其人文建筑还是自然风光来说，都是绝无仅有的旅游胜地	古建筑群保存完整、原始建筑格局	建筑价值	环境感知性价值
GZ－PL－XC－25	站在高耸的第一关城楼下面，会感觉到自己非常渺小	第一关、高耸的城楼、渺小	精神愉悦审美	情感性价值
GZ－PL－XC－79	游览天下第一关最主要就是参观箭楼—镇东楼。站在城内广场上抬头仰望，镇东楼巍峨高耸、气势恢宏	镇东楼、巍峨高耸、气势恢宏	长城文化氛围浓厚	环境感知性价值、探知性价值
GZ－PL－XC－111	万里长城与大海相接，气势磅礴，自古以来即成为险要关隘，又名“天下第一关”	长城入海、气势磅礴、险要关隘、天下第一关	长城文化	环境感知性价值、探知性价值
GZ－PL－XC－458	来这里必游老龙头吧，就是亲眼看看当年古人的智慧和力量	必游老龙头	长城文化感叹	情感性价值
GZ－YJ－MFW－34	素来享有“中华之魂”的盛誉，形成了海边长城的独特面貌，称为万里长城中的一绝	中华之魂、海边长城	中华之魂	情感性价值探知性价值

续表

资料编号	文本资料	编码要素	概念化	范畴化
GZ - YJ - MFW - 41	“天下第一关”的名声在外，所以到山海关不看天下第一关绝对是个遗憾	天下第一关、到山海关不看天下第一关绝对遗憾	长城文化感叹	情感性价值
GZ - PL - XC - 65	天下第一关之雄伟，值得一睹雄关之风采，历经几百年沧桑，依然矗立之长城之关隘	雄伟、雄关风采、沧桑	雄伟壮观、历史沧桑	情感性价值环境感知性价值
GZ - PL - XC - 248	山海关天下第一关，古城古色古香，有着历史吸引我们去观看，领会	古色古香、历史吸引力	古色古香、历史气韵	情感性价值探知性价值
GZ - PL - XC - 607	老龙头建在海边。城墙下就是滔滔渤海的海水，雄伟大气景色很美，海风也不凛冽	长城建在海边、雄伟大气、景色很美	长城入海、景色优美、雄伟壮观	情感性价值环境感知性价值
GZ - PL - XC - 1239	山海关历史悠久，全是故事。非常值得一来	历史悠久	历史悠久	情感性价值
GZ - YJ - XC - 06	山海关经过多次修缮，但还是基本上保留着明朝的平原长城的原貌，可以一步一步地感受历史的气息	历史的气息	历史气韵	情感性价值环境感知性价值
GZ - YJ - MFW - 36	入海石城，最经典的一段海上长城。犹如巨龙之首一样直冲大海，而这里便是巨龙之头	海上长城、巨龙之首	长城入海、龙首	情感性价值环境感知性价值
GZ - YJ - MFW - 56	一边大海一边长城，站在这里看海，更能感受大海的磅礴大气	一边是大海，一边是长城、磅礴大气	长城入海、磅礴大气	情感性价值探知性价值

（2）长城文化价值体验分析。

通过分析可知，首先是环境感知价值在文化体验中的比例最大，山海关长城文化空间场景的文化氛围，以及由此而引发的对长城所蕴含文化的关注和感知，并由此引发的情感价值较多；其次是探知性价值体验较多，对其军事价值、建筑价值、艺术价值，以及闯关东文化、民俗文化和和历史文化等体验多；最后是功能性价值体验丰富，吃住行游购娱等活动贯穿全程。山海关长城依山傍海，山海相连，是万里长城极具特色的长城。同时，历史文化内涵丰富，在游览过程中引发了雄伟壮观、气势磅礴、中华之魂的感知，从而形成愉悦等情感性价值。

①功能性价值与情感性价值分析。

在功能性价值中，主要集中在交通、餐饮、购物、住宿、解说系统等方面。在环境感知价值中主要体现在市场秩序、卫生环境、文化氛围等方面，其中对“卫生干净”（频次53次）、“环境很好”（频次38次）的提及频率最高。利用NVivo 12.0软件编码计算服务形象中各方面内容的正面、中性以及负面感知的情况，最终服务形象感知中各方面的情感感知情况如图9.1所示。

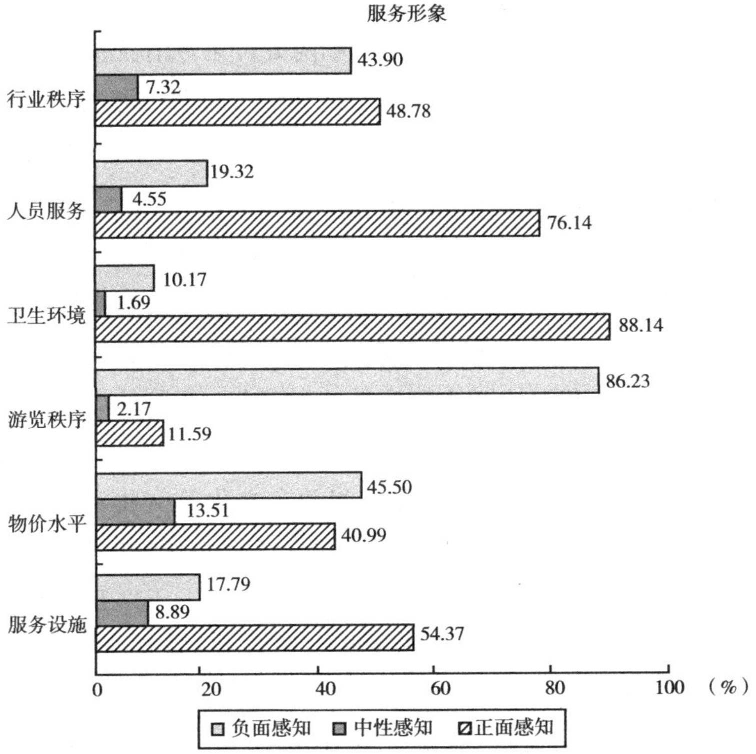

图9.1　功能性价值与情感性价值比例

从图 9.1 可以看出，卫生环境和人员服务质量的正面感知高于服务设施，山海关的服务设施中的基础设施、餐饮、交通、住宿等正面感知要远远高于解说系统。基础设施的“自助取票机”“取票方便”“服务中心”备受关注，感知深刻。餐饮中的“四条包子”“花生糕”提及频率最高。住宿方面，总体提及较少，但“闲庭酒店”“长城艺术酒店”“古典清朝风格酒店”等特色酒店关注较高。交通方面“接驳车”“公交”“火车”提及的频率较高。购物方面“通关文牒”提及较多。物价水平方面，有 45.50% 的负面感知，40.99% 的正面感知，可见价格问题要引起重视。在游览秩序方面的负面感知数据明显要高于其他类型，且远超于其正面感知。在卫生环境方面的正面感知最高，占比达到了 88.14%。人员服务方面，正面感知为 76.14%。行业秩序方面，提及较多的是“餐馆”“交通”，相关内容共提到了 41 次，其中 18 次为负面感知，普遍认为“餐馆”存在“吃饭宰客”的现象，以及“黑车拉人”在停车场随处可见等消极感知，20 次积极感知中提及的是“不吭不骗”“外面监管严格”，说明山海关在行业秩序方面正在不断改进与完善，但进一步规范化、诚信化的行业秩序仍需要培养。

②环境感知性价值与情感性价值分析。

通过分析，对山海关的环境感知中最具有代表性的标志物为老龙头长城、天下第一关箭楼、天下第一关匾额。且所感知的标志性特征归纳为壮美、优美、拥挤、滨海长城军事展窗、文化深厚、休闲、古典、消费高、干净等 9 个概念。最突出的感知特征是“壮美”，宽厚的城墙、高耸的城楼、壮观震撼的入海石城；“优美”源于依山傍海，山、海、关相依相映；“文化深厚”与长城文化、历史文化、闯关东文化等文化密不可分；“古典”与古建筑、古城沧桑历史相关；“拥挤”主要在假期时间段出现；“消费高”主要是对门票、停车费和餐饮方面产生感知；干净是游客在游览过程中对长城文化环境的感知。

③享乐性价值与情感性价值分析。

山海关长城享乐性价值主要包括休闲娱乐、研学活动两个部分。休闲娱乐出现的频率高，游客认为此地“适合休闲”频率达到 11 次，提及研学活动的频率为 69 次。休闲的内容主要包括“海边休闲”“古城休闲”“文化体验”三个方面内容。研学活动多为家庭消费者，且多数消费者感到愉悦。

④探知性价值与情感性价值分析。

山海关长城探知性价值主要由历史价值、军事价值、文化价值三部分构成。历史价值主要包括历史事件、历史人物、传统建筑与遗迹三个方面（见图9.2），消费者提及长城是中国的象征，是中华民族抵御外强侵略众志成城、万众一心的精神，山海关的古城、古城墙、驻军遗址等都承载着当年的历史，激发对历史的缅怀和认知，并由此激发其家国情怀。军事价值主要集中在“军事防御作用”“古代军事设施”“防御战略位置”和“军事防御机构”四个方面。

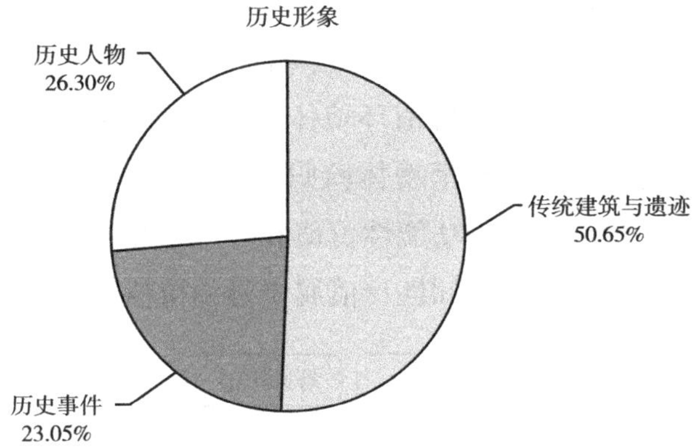

图9.2　探知性价值与情感性价值分析

文化价值包含闯关东文化、历史文化、民俗文化、长城文化等四个方面。提及“关内外分界线”频次为28次，并明确对其“艰难”感知最为强烈。历史文化、长城文化与传统建筑与遗迹、历史事件等关联较强，突出表现在“历史厚重”“老龙头由来文化”“明王朝”历史等几个方面，旅游者对山海关历史文化深厚感知较深。民俗文化主要包括“节庆文化”“趣味传说”，其中“海神庙求福”频次7次、“二月二摸龙头”频次2次、“春节庙会”频次2次、“舞龙舞狮”频次4次等，此外还有“孟姜女哭长城传说”“老龙头地基传说”等。

通过对资料的整理、归纳感知形象中山海关长城的整体形象包括底蕴深厚的古城、历史人文遗迹、巍峨壮美、风景优美、滨海长城军事之窗、干净整洁、拥挤、物价高、休闲度假目的地。对景区整体形象的感知呈现多样化，且大多数为积极感知，但存在拥挤和物价高两个消极感知。

9.3 长城文化体验价值调研分析

9.3.1 长城文化体验价值维度

为了验证以上分析，结合长城文化属性，确定5个体验价值维度：功能性价值、感知性价值、探知性价值、情感性价值、享乐性价值，进行实地调研分析。功能性价值包括餐饮体验、住宿体验、交通体验、购物体验、产品体验等5个因子；感知性价值环境体验；情感性体验包括服务体验和景观游览体验；将休闲体验和消费体验归为享乐性价值；将文化体验和成本体验归为探知性价值。其中功能性价值和环境感知性价值属于基础价值，情感性价值、享乐性价值和探知性价值属于延伸价值，具体如图9.3所示。

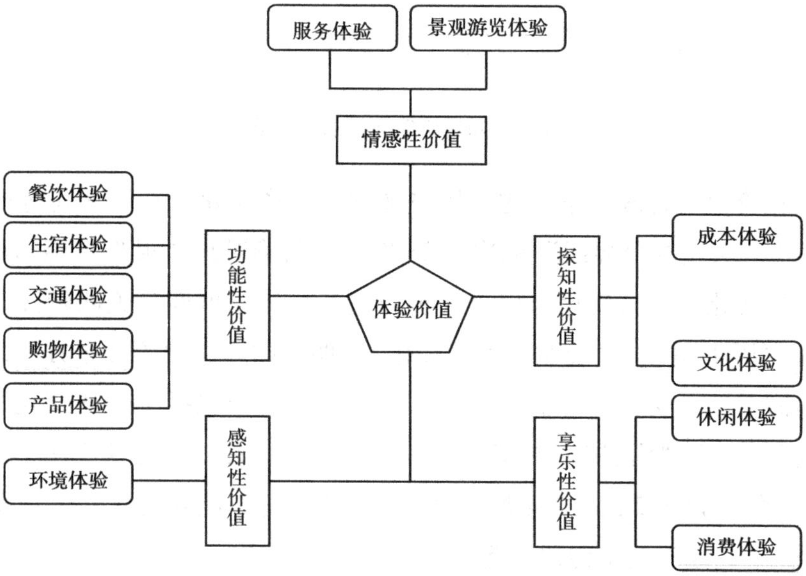

图9.3 长城文化体验价值拟定维度

9.3.2　山海关长城文化体验价值调研分析

（1）问卷的设计与调查。

调查问卷分为两部分，第一部分为游客基本信息及游玩时间，一共包含6个题目，包括年龄、性别、职业、文化程度及游玩时长等；第二部分为通过游客体验前的期望值和体验后的实际感知的评价，共计24个题目，根据前面拟订的山海关长城文化体验价值的5个维度12个评价因子以及实际情况制定评价量表。功能性价值包括餐饮体验（1个测量项）、住宿体验（1个测量项）、交通体验（1个测量项）、购物体验（1个测量项）及产品体验（2个测量项）；感知性价值包括环境体验（3个测量项）、情感性价值包括景观游览体验（3个测量项）和服务体验（2个测量项）；享乐性价值包括休闲体验（2个测量项）和消费体验（2个测量项）；探知性价值包括成本体验（3个测量项）和文化体验（3个测量项）。该量表采用李克特5级量表，分别用分值5、4、3、2、1代表非常重要/满意、比较重要/满意、一般、不重要/满意、很不重要/满意，根据体验感受打分（李晓青，2013）。

此次调研开始于2020年4月20日，结束于2020年4月30日，历经10天时间，通过问卷星制作调查问卷后予以发放，邀请去过山海关长城的人员填写问卷，利用所调查的数据，进行后期数据分析。由于疫情原因，本次采用网络平台发放的问卷的方式，借助的平台主要有微信、微博和QQ等，共计发放问卷400份，其中有效问卷304份，无效问卷96份，问卷的有效率为76%。

（2）数据分析。

1）问卷的信度与效度检验。

本书利用SPSS 21.0统计软件对量表可靠性Cronbanch's α系数和KMO（Kaiser - Meyer - Olkin）值检验量表的信度和有效性。多数学者认为Cronbanch's α的值大于0.9，表明数据信度很高；Cronbanch's α值在0.8以上表示可接受；Cronbanch's α值在0.70以上表示部分项目需要修改；本书采用的量表 Cronbanch's α 值为 0.986；KMO（Kaiser - Meyer - Olkin）值为 0.932，大于 0.9，显著性水平 sig <0.05，说明变量之间具有较好的关联效度，表明该总体量表的信度和有效性很高，可以进行后续的分析（胡迎春，2018）。

2）描述性统计分析。

①基本信息调查分析。

根据问卷调查整理的人口信息的结果可以看出，女性占总数的 64%，男性占总数的 36%。回收的问卷中 18 ~25 岁年龄段的占比为 66%，所占比重加大，25 ~40 岁年龄段占比为 21%，学历在本科和研究生居多，共计占 79%，游览时长在 1 ~3 小时居多，占比约为 60%。

②体验价值重要性评价调查结果分析。

依据问卷调查获得的数据，利用式（9 -1）算出各个影响因子的分数，利用式（9 -2）算出一级因子均分分别为：功能性价值为 4.03 分，感知性价值为 4.15 分，情感性价值为 4.11 分，享乐性价值为 4.09 分，探知性价值为 4.09 分（见表 9.2）。从一级因子均分可以看出感知性价值比较重要，情感性价值次之，功能性价值相比之下最不重要。利用式（9 -3）将各指标相加得到山海关长城文化体验价值重要性评价的综合得分为 98.07 分，可以看出游客认为所列的各因子都比较重要（赵懿譞，2017）。

计算公式：

$$M = 1/304 \times \sum_{i=1}^{304} k \qquad (9-1)$$

其中，M 为该因子的综合分数；K 为该因子所打分数。

$$T = \sum_{i=1}^{a} Ma/a \qquad (9-2)$$

其中，T 为该指标层的综合分数，a 为该指标层因子个数。

$$S = \sum_{i=1}^{b} Mb \qquad (9-3)$$

其中，S 为山海关长城文化体验价值评价综合分数，b 为山海关长城文化体验价值内含因子个数。

表 9.2　　山海关长城文化体验价值重要性评价表

目标层	目标得分	一级因子层	一级因子均分	因子层	因子得分
山海关长城文化体验价值重要性评价	98.07	功能性价值	4.03	餐饮服务	4.06
				酒店设施、服务、卫生	4.09
				景区的内外部交通	4.18
				景区的购物品质	3.85
				游玩体验获得的满足感	4.12
				周边产品的独特性	3.86
		感知性价值	4.15	环境安全舒适	4.18
				环境整洁、绿化优美	4.14
				文化氛围	4.14
		情感性价值	4.11	视觉的冲击性	4.15
				成就感、刺激感	4.04
				指示标识	4.12
				服务人员的态度	4.08
				服务设施	4.14
		享乐性价值	4.09	身心休息、放松	4.09
				文化活动丰富	4.05
				消费价格	4.11
				经营诚信度	4.12
		探知性价值	4.09	文化内涵的丰富程度	4.13
				历史文化的获取	4.11
				文化、艺术、演艺娱乐活动	4.34
				花费的时间	3.92
				花费的金钱	4.01
				体力、精力消耗	4.04

③体验价值满意度评价调查结果分析。

利用式（9－1）算出各影响因子分数，利用式（9－2）算出一级因子均分分别为：功能性价值为 3.57 分，感知性价值为 3.74 分，情感性价值为 3.73 分，享乐性价值为 3.57 分，探知性价值为 3.64 分（见表 9.3）。从以上得分中可以看出对感知性价值和情感性价值相对比较满意，相比之下对功能性价值和享乐性价值满意度低一些。通过式（9－3）将各指标相加得到山海关长城文化体验价值满意度评价的综合得分为87.39分。从山海关长城文化体验价值满意度评价的综合分数来看，游客对于山海关长城文化体验还是比较满意的。

表9.3 山海关长城文化价值满意度评价

目标层	目标得分	一级因子层	一级因子均分	因子层	因子得分
山海关长城文化体验价值满意度评价	87.39	功能性价值	3.57	餐饮服务	3.58
				酒店设施、服务、卫生	3.59
				景区的内外部交通	3.68
				景区的购物品质	3.39
				游玩体验获得的满足感	3.75
				周边产品的独特性	3.45
		感知性价值	3.74	环境安全舒适	3.76
				环境整洁、绿化优美	3.77
				文化氛围	3.68
		情感性价值	3.73	视觉的冲击性	3.80
				成就感、刺激感	3.76
				指示标识	3.75
				服务人员的态度	3.65
				服务设施	3.69
		享乐性价值	3.57	身心休息、放松	3.78
				文化活动丰富	3.62
				消费价格	3.38
				经营诚信度	3.50
		探知性价值	3.64	文化内涵的丰富程度	3.83
				历史文化的获取	3.81
				文化、艺术、演艺娱乐活动	3.32
				花费的时间	3.65
				花费的金钱	3.53
				体力、精力消耗	3.67

④探索性因子分析。

利用SPSS 21.0软件对山海关长城文化体验价值的评价量表进行探索性因子分析。将数据中信度不高的数据予以删除后，再经过旋转将存在于两个维度且载荷值都大于 0.4 的同一变量予以删除，经过分析后将文化体验获得的满足感，身心休息、放松，消费价格，历史文化的获取，经营诚信度，服务人员的态度 6 个项目予以删除，经过旋转后将文化活动丰富和文化内涵的丰富程度两个项目删除，最终保留 16 个项目，结果显示：KMO（Kaiser – Meyer – Olkin）值为 0.932，大于 0.9，Bartlett 的球形度检验 p 值为 0.000 <0.005，表 9.4 表明矩阵间有相关性，所以适宜做降维因子分析（周赫群，2017）。采用主成分分析，成分 1 ~3 的特征值均大于 1，累计解释 60.674%。

表 9.4　　KMO 和 Bartlett 的检验

取样足够度的 Kaiser – Meyer – Olkin 度量		0.932
Bartlett 的球形度检验	近似卡方	1887.177
	df	120
	Sig.	0.000

享乐性价值中身心休息、放松，文化活动丰富，消费价格和经营诚信度这四个二级因子在实际的分析过程中代表性较弱，且其评价内容也可以由功能性价值和探知性价值中的其他相关因子所替代，如消费价格可以由花费的金钱所代表的，且花费的金钱所包含的内涵更全面；从整体上来看，享乐性价值对于贡献率并不高，因此在分析过程中将享乐性价值删除从理论上来讲是合理的。

因此山海关长城文化体验价值最终确定了四个维度，分别为功能性价值、感知性价值、情感性价值和探知性价值。最终确定的 4 个公因子累计解释方差 71.59%，各项因子载荷在 0.5 以上（见表 9.5）。

表 9.5　　长城文化体验价值旋转成分矩阵

题项	成分			
	功能性价值	感知性价值	情感性价值	探知性价值
购物的品质满意度	0.804			
内外部交通便利情况满意度	0.726			
餐饮服务的满意度	0.721			

续表

题项	成分			
	功能性价值	感知性价值	情感性价值	探知性价值
酒店的配套设施服务水平卫生环境满意度	0.620			
配套周边产品的独特性满意度	0.592			
环境的整洁绿化优美满意度		0.817		
洗手间的位置数量及卫生条件满意度		0.760		
环境安全舒适程度满意度		0.725		
游览中获得的成就感和刺激感满意度			0.765	
山海景观融合给您视觉的冲击性满意度			0.734	
指示标识的醒目程度满意度			0.597	
服务设施实用清洁舒适安全满意度			0.580	
所花费的时间满意度				0.780
文化艺术演艺等娱乐活动满意度				0.764
在游览中体力精力消耗满意度				0.641
花费金钱的满意度				0.560

⑤山海关长城文化体验价值维度分析。

从表9.5可以看出功能性价值的影响因子有5个，包括购物的品质、内外部交通的便利、餐饮服务、酒店的配套设施、服务水平、卫生环境、配套周边产品的独特性。其中购物品质对功能性价值的影响比较大，其次是交通便利情况，配套周边产品的独特性对该价值的影响相对较小。最终确定功能性价值的评价因子有餐饮体验、住宿体验、购物体验、交通体验和产品体验。

感知性价值的影响因子有3个，包括景区环境的整洁、绿化优美，文化氛围和景区环境安全舒适程度。其中景区环境的整洁、绿化优美对感知性价值影响比较大，景区环境安全舒适程度对该价值影响相对较小。最终确定感知性价值的评价因子为环境体验。

情感性价值的影响因子有4个，包括游客在游览中获得的成就感和刺激感，景区内山海景观融合给游客视觉带来的冲击性，指示标识的醒目程度，服务设施实用、清洁、舒适、安全性。其中游览中获得的成就感和刺激感对情感性价值的影响较大，服务设施实用、清洁、舒适、安全性对该价值的影响相对较小。最终确定情感性价值的评价因子有服务体验和景观游览体验。

探知性价值的影响因子主要有4个，包括所花费的时间、文化艺术演艺等娱乐活动、在游览中体力精力消耗、花费的金钱。其中所花费的时间对探知性价值的影响较大，其次是文化艺术演艺等娱乐活动。花费的金钱对该价值的影响相对较小。最终确定探知性价值的评价因子文化体验和成本体验。

9.3.3　山海关长城文化体验重要性——满意度分析

期望是人们对于某一具体事物提前勾画出的一种标准，是对山海关长城文化满足其自身需求的预期认知，也反映了长城文化体验市场感知的重要性，包括对山海关长城的功能性价值、感知性价值、情感性价值、探知性价值等方面的期望，期望值的大小反映该因子对游客的重要程度；满意度指对山海关文化体验的满意程度。已有学者提出期望、质量感知、价值感知对满意度具有显著的影响。本书根据游客期望与满意度之间的差异，进行重要性与满意度的关系研究。

（1）对山海关期望与感知的比较。

根据研究1~5级李克特量表，其平均值在2.5以下代表不满意，3.5以上代表赞同，其余代表中立（吴清，2013）。通过对期望均值和感知均值进行比较，发现对山海关长城文化的期望普遍高于感知（均值为4.07、3.63）。由表9.6可以看出，有13个影响因子游客表示赞同，游客对另外的3个影响因子表示一般，因而游客对山海关是比较满意的。从期望与感知差异水平看，文化、艺术、演艺等娱乐活动的期望与感知差异最大，差距最小的是花费的时间。并且大体上呈现出期望与感知差异值越小，其满意度就越高。满意度相对较高的山海关长城作为世界文化遗产，其所具有的独特山、海景观的融合给游客带来视觉上的冲击性，环境整洁、绿化优美，游览中获得的成就感和刺激感等。游客对购物品质、周边产品的独特性和文化、艺术、演艺等娱乐活动保持中立态度。

表 9.6　对山海关期望与感知的比较

项目	期望均值（I）	满意均值（P）	差值（I－P）
7 餐饮服务	4.06	3.58	0.48
8 酒店的设施、服务、环境	4.09	3.59	0.5
9 景区的内外部交通	4.18	3.68	0.5
10 景区内购物品质	3.85	3.39	0.46
12 景区内周边产品的独特性	3.86	3.45	0.41
13 山、海景观融合给您视觉的冲击性	4.15	3.79	0.36
14 游览中获得的成就感和刺激感	4.04	3.76	0.28
15 景区内道路、餐厅、场馆等路牌指示标识的醒目程度	4.12	3.75	0.37
16 环境安全舒适程度	4.18	3.76	0.42
17 环境整洁、绿化优美	4.14	3.77	0.37
18 洗手间的位置的选择、数量合理，卫生条件	4.14	3.68	0.46
20 服务设施实用、清洁、舒适、安全	4.14	3.69	0.45
27 文化、艺术、演艺等娱乐活动	4.34	3.32	1.02
28 花费的时间	3.92	3.65	0.27
29 花费的金钱　物有所值	4.01	3.53	0.48
30 游览中体力和精力消耗	4.04	3.67	0.37
总平均值	4.07	3.63	—

（2）重要性——满意度分析。

从表 9.6 可以看出，对各个影响因子的期望总均值 I＝4.07，对各个影响因子满意度的总均值 P＝3.63，再根据 I 值和 P 值相交的点画出四个象限，如图 9.4 所示，再将各影响因子的 IP 值在各象限对应的位置上标记下来。

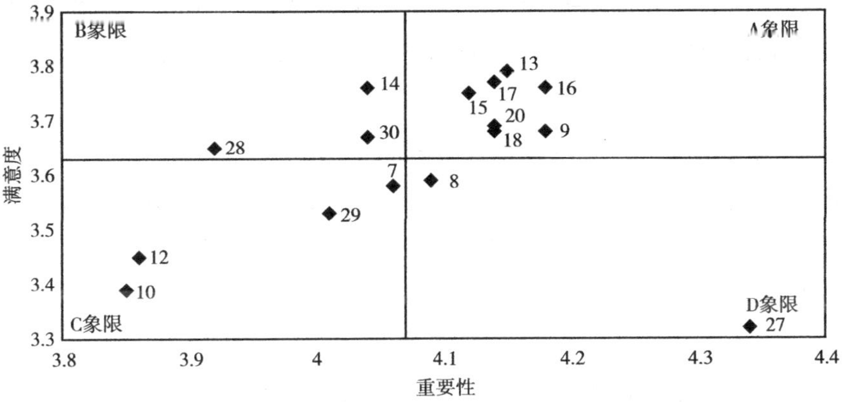

图9.4 山海关长城文化体验IPA总体定位分析

①总体分析。

从图9.4可以看出，A象限为重要性和高满意度双高区域，7个因子分别为景区的内外部交通（9），山、海景观融合给您视觉的冲击性（13），景区内道路、餐厅、场馆等路牌指示标识的醒目程度（15），环境安全舒适程度（16），环境整洁、绿化优美（17），文化氛围、卫生条件（18），服务设施实用、清洁、舒适、安全（20）。

B象限为低重要性高满意度区域，3个因子分别为游览中获得的成就感和刺激感（14）、在景区中花费的时间（28）、游览中体力和精力消耗（30）。

C象限为重要性和高满意度双低区域，4个因子分别为餐饮服务（7）、购物品质（10）、周边产品的独特性（12）、花费的金钱（29）。

D象限为高重要性低满意度区域，为重点改进区域，2个因子为酒店的配套设施、服务水平、卫生环境（8），文化、艺术、演艺等娱乐活动（27）。

②长城文化价值体验度较高的维度分析。

功能性价值中的交通体验，感知性价值中的环境体验，情感性价值中的景观游览、服务的体验，探知性价值中的时间、体力精力的体验均较高，这得益于山海关长城交通区位良好，景区的服务环境良好，文化氛围较为浓厚，山、海融合的独特景观给游客视觉的冲击性，使游客在景观游览体验中的体验度较高。对比在游览中的收获，游客对所花费的时间及所消耗的体力和精力感觉相对值得，说明景区对于游览线路安排和游览设施提供上是比较成功的。

③长城文化价值体验度较低的体验价值分析。

游客在功能性价值中的餐饮、住宿、购物和产品体验的体验度较低。餐厅和酒店的位置、数量的选择、服务水平、餐厅食品的安全性、卫生条件和设施等存在较大的问题，尤其是旅游购物的独特性和新颖性有待进一步加强，且在与长城文化元素的融合不足。

探知性价值中的成本体验，花费的金钱和文化体验的体验度较低。在景区成本体验中金钱方面感觉物有所值上的体验度较差，同时对景区内文化的演艺活动的体验很低，说明缺乏在文化活化项目的供给，制约了长城文化精神的传播。

9.4 长城文化体验价值的提升策略

（1）加强服务体系建设，丰富产业链条，创新业态，提升功能性体验。

游客对餐饮体验以及住宿体验的体验度均较低，餐饮和住宿方面除了要注入当地特色文化元素外，还应当改善其卫生条件、食品的安全性和美食的独特性，对于餐厅和酒店的位置选择与建设数量也应当科学合理安排。提升交通的接驳和衔接，提升一体化交通体验。当前很多景区的纪念产品都千篇一律，缺乏独特性，山海关长城的购物体验以及景区周边产品的体验均较低，改善当前现状最好的办法就是在其产品开发时将其当地的独特文化注入产品当中，在展现独特历史文化的同时也要注入现代元素，让产品有历史气息的同时也有现代感。此外，完善景区的讲解系统，提供多样式的展示方式与讲解方式，使景区文化活化，便于游客了解和参观，让游客充分感受到景区资源的独特。

（2）提升服务质量，优化消费环境，提升环境感知价值。

对景区的负面形象主要包括拥挤和物价高两个方面。拥挤的景区主要是由于节假日客流爆满，影响游客体验的质量。这可以通过开发出游客量查询 App 和提升景区服务水平来缓解。游客通过查看 App 上实时显示的人数，来选择合适的旅游日期和恰当的观景时间与地点，借此来缓解人员拥挤问题；物价高的景区，据资料显示主要凸显在“门票、停车费”等方面，一方面景区应合理定价，价格要保持平稳状态，不能因节假日人多而随意涨价，且做到明码标价；另一方面不断提升景区服务水平，以优质的软性服务带给游客内心的平衡，从而给游客带来高质量的旅游体验，为景区塑造良好的形象。

根据游客对景区评价因子打分的情况可以看出，游客对在山海关长城景区的花费金钱物有所值上的体验很不好，所以景区应当为游客营造一个舒适、健康的消费环境，加强对景区内商品价格的监管，把好产品的质量关，让游客在景区所付出的成本与收获成正比，这样不仅可以提高游客的体验度，还能提升景区的口碑，为景区树立良好的形象。

（3）挖掘文化内涵，创新旅游业态，提高探知性价值。

山海关长城要结合自身旅游资源特点，不断挖掘资源特色，提升旅游产品开发的层次性。增加旅游者能参与体验的项目使文化型产品不再单调无味。文娱、文化演艺类的项目位于 IPA 象限图的 D 象限中属于重点改善类项目，山海关长城的“菊花节、音乐节、冰雪节、浑锅夜宴”等活动，旅游者探知价值并不明显，山海关长城文化活化开发文娱、文化演艺类项目，提升项目质量和互动性，让游客以更加直观的方式了解景区的历史文化，景区可以借鉴《宋城千古情》《梦回大唐》《印象刘三姐》等成功案例，结合景区自身的实际情况与当地的特色文化开展大型的真人演绎项目，如《孟姜女哭长城》。探索以数字化展示形式，形成多样化长城文化载体，从而促进长城文化精神的弘扬与传播。

（4）建设长城文化体验监测系统，提升情感性价值。

在 11 家长城旅游景区中，只有 4 家旅游景区在百度指数中能搜索到，即仅 37% 的长城旅游景区在市场上有一定的知名度。在 4 家长城旅游景区中，仅有山海关的搜索指数日均超过 2000，其他景区则维持在 500 以下，搜索量偏低。因此存在长城在线平台利用的有效性不足、市场知名度低等问题。在网络时代，河北省长城文化景区构建舆情监控体系，加大对网络舆情的分析、整理，出台应对措施，建立督查机制，与网上形成良性互动。与 OTA 进行良好合作，促进线上销售与线下服务的无缝隙对接。分析长城客源市场需求特点和行为特征，利用“两微一抖”等自媒体进行自传播，创新营销模式。利用大数据分析，利用游客画像，进行网格化营销，实现精准营销。借着河北省建设长城国家文化公园建设的契机，来实现河北省长城的市场知名度和美誉度。

第10章　河北省长城国家文化公园管理体制研究

河北省长城国家文化公园的建设是坚定文化自信的重要实践，是实现长城文化遗产高质量保护与开发利用的必由之路。管理体制研究和建设是河北省长城国家文化公园建设的重要内容。结合河北省发展实际，提出河北省长城国家文化公园管理体制构建存在土地难以统筹管理、居民建设意愿不愿、资金短缺、权责混乱等四方面障碍，河北省成为长城国家文化公园试点省份，然而创建长城国家文化公园还存在缺乏统一高效的管理体制、专项的法律法规和保护发展规划等问题，亟待解决。

10.1　长城国家文化公园管理体制研究背景

自2019年始，长城国家文化公园的建设吸引了众多研究者的兴趣，研究文献也开始起步，基本上聚焦于建设方向性探讨。与国家文化公园相近的是国家公园，国家公园的相关管理体制、法律法规等对于建设长城文化公园具有重要的借鉴作用。

对于国家公园的研究与国家公园设置密切相关，国内的研究相对较晚，主要集中在对国外国家公园建设经验总结、管理体制、特许经营、法律法规、环境教育管理等方面。学者们在分析总结澳大利亚、日本、英国、德国等国家公园管理体系、运营体系、法律法规、公众参与等方面的现状得出中国创建国家公园的启示（张天宇，2019；郑文娟，2018；许雅雯，2016）；有的学者对美国等国家的特许经营体制，分析这些国家实行特许经营体制的目的、依据、运营过程、面临的问题，从中得出中国建立特许经营体制的经验（安超，2015；刘翔宇，2018；陈朋，2019）；有的学者分析美、德、法、日、韩、英等国家公园立法的成功经验，得出中国国家公园立法的经验（李爱年，2019；蔚东英，2017）；有的学者重点分析加拿大国家公园的管理理念、模式和体制，得到我国建设国家公园需要将管理理念、体制等与时俱进、在保护的基础上合理开发、拓宽融资渠道，摆脱政府财政依赖（苏杨、胡艺馨等，2017）；有的学者重点研究美国等国家公园环境教育规划和管理现状，从教育主题分类、多元解说方案、便捷的获得渠道、公众积极参与等方面开展总结，得出了外国国家公园对于环境教育的研究主要集中在教育资源评估、教育目的、教育管理和教育成效及其影响因素四个方面，并在此基础上得到中国国家公园环境教育规划的经验（吴研，2020；陈东军，2020）；业界学者对于外国国家公园的研究全面，但缺乏深度，并国际间的合作较少。

中国现已建成11处国家公园试点，对于本国国家公园的研究成为重点，特别是对现有的国家公园试点的研究，对钱塘江国家公园试点（陈真亮，2019）、东北虎豹国家公园在发展过程的法律法规、管理体制和运营机制不顺畅、特许经营不成熟、资金不到位、保护和发展矛盾等问题有待解决，在此基础上提出了“低成本化”的发展路径，为其他国家公园的发展建设提供借鉴作用（陈雅如，2019）；从旅游视角出发，研究国家公园经营机制的改革的若干问题（张朝枝，2017），对国家公园遴选原则、设立条件进行研究（唐小平，2020），明确了我国国家文化公园要遵循国家重要性、人民性、不可替代性、可行性四项原则（吴丽云，2020）；国家公园的建设离不开利益相关者的合作，国家公园的核心利益主体和利益诉求，形成各种利益关系（刘伟玮，2019）；我国国家公园建设过程中自然资源的使用权和相应的补偿问题，存在管制较严较广而补偿却不到位等问题，应以体系化的思路完善使用权和补偿措施（赵悦，2020）；国家公园和社区之间的冲突与相应的制度安排之间为非线性关系，涉及土地政策、生态保育政策、社区参与政策和可持续生计的资源管理体制（李正欢，2019）；国家公园和自然保护地的相关法律法规要相互衔接（胡锋，2020）。

国家公园的重点是对稀缺的自然资源的保护，而国家文化公园不仅包括对自然资源的保护，更重要的是对于文化资源的保护，两者之间还有一定的差异。而对于长城国家文化公园的研究现停留在大框架上，多为学者的大致思路，成文的期刊文献较少，结合实际开展研究几乎没有，故本章借鉴国际国家公园的经验，并结合河北省的实际情况，研究河北省长城国家文化公园的管理体制的相关内容。

10.2　长城国家文化公园管理体制建设现状

河北省初步形成了长城国家文化公园管理体制，对于其他 15 个省区市来讲，有一定创新性和借鉴意义。

（1）初步形成了三级管理格局，部分区域探索事业性管理中心。

依照中央“领导小组—办公室—专班”的顶层设计，河北省在省级层面上也构建了同样的管理架构，宣传部部长任国家文化公园建设工作领导小组，办公室设在河北省文化和旅游厅，专班设在资源开发处，总揽本地国家文化公园建设。根据遗产资源所处的市、县，河北形成了河北省长城国家文化公园—长城国家文化公园（承德段、张家口段、唐山段、秦皇岛段等）—长城国家文化公园（59 个县）省市县三级分段管理格局。在建设上，主要以市为国家文化公园建设的核心实施机构，以市行政边界为界进行分段管理。在长城国家文化公园建设中，河北迁安市组建了长城国家文化公园管理中心，事业单位的性质是国内首个县级国家文化公园建设保护实体管理机构。

（2）基本形成了“国省文保专项资金 + 地方财政资金 + 社会投资”复合资金机制。

河北省长城国家文化公园的经费主要来源于各级政府的投入和社会类投资，政府投入主要包括国省文保专项资金和地方财政资金。从落实情况来看，国省文保专项资金占比最低，地方财政资金和社会类投资比例相当。但资金缺口非常大，占总投资的 80%。

（3）保护规划已经完成，法律法规保障体系基本建立。

河北省于 2017 年 2 月 1 日起施行《河北省长城保护办法》，2020 年制定了《长城国家文化公园（河北段）建设保护规划》。2020 年启动制定《河北省长城保护条例（草案）》，有国家文化公园专门内容，对有序建设长城国家文化公园有重要的法律依据。秦皇岛、保定等地先后制定了长城保护条例等地方法规，与《文物保护法》等国家层面法律法规，共同推动国家文化公园建设有法可依、有法可循，构建国家文化公园建设的法律支撑。

10.3 长城国家文化公园管理体制面临的障碍

河北省虽然是长城资源大省，但是河北段长城的分布较为广泛，情况复杂，建立长城文化公园试点存在土地难以统筹管理、居民建设意愿不强、资金短缺、权责混乱等方面的障碍。

（1）土地难以统筹管理。

中国的国情决定了中国土地制度为公有制，土地所有权归国家所有，企业或个人具有使用权。但河北省长城国家文化公园的建设需要占用大量的土地，而这些土地的使用者和可开发、可利用性复杂，难以进行统筹管理。

从表 10.1 中可以看到，河北段长城重点分布在境内的 9 市（区）59 个县（区），这些县区的耕地和林业用地占比较大。其中，除廊坊市的林业用地面积仅占廊坊市总面积的 17.7% 之外，剩余的 8 个市的林业用地面积均占到省总面积的 50% 以上；廊坊、邯郸、唐山、邢台、保定、石家庄 6 市的耕地面积占比较大，其中，廊坊市的耕地面积占廊坊市总面积的 73.8%；唐山市的耕地面积占总面积的 30.98%；邯郸市的耕地面积占总面积的 30.54%；邢台市的耕地面积占总面积的 26.79%；保定市的耕地面积占总面积的 24.78%；石家庄市的耕地面积占总面积的 20.06%；其余的市县的耕地面积占比不足 20%。总体来看，长城沿线分布的市、县是农业用地或林业用地密集分布的市县，其境内的耕地面积和林业用地面积占到总面积的 70% 以上（张家口市的占比最小，为 72.36%）。

这样的土地性质，严重制约长城国家文化公园的建设。随着包产到户、家庭联产承包责任制的实行，长城沿线的耕地面积早已分散在各个农户手中，林业用地归河北省草原和林业局负责管制，且近年来政府对于环境问题越来越重视，出台一系列保护耕地、林地的政策和法规，建设长城国家文化公园，必须解决土地难以统筹管理的障碍。

表 10.1　河北省长城沿线市土地和人口分布情况

市	县	耕地占比（%）	林地占比（%）	农业人口占比（%）
秦皇岛市	山海关区、海港区、抚宁区、卢龙县、青龙满族自治县	17.03	64.36	61.09
唐山市	迁安市、迁西县、遵化县	30.98	58.14	18.45
承德市	鹰手营子矿区、双桥区、双滦区、平泉市、承德县、滦平县、宽城满族自治县、隆化县、兴隆县、丰宁满族自治县、围场满族蒙古族自治县	9.25	70.72	82.42
张家口市	康保县、沽源县、尚义县、张北县、崇礼县、怀安县、万全区、宣化县、赤城县、怀来县、逐鹿县、蔚县、桥东区、桥西区、下花园区、阳原县	18.68	53.68	65.34
保定市	涞源县、易县、唐县、顺平县、阜平县、涞水县、曲阳县	24.70	69.11	94.27
雄安新区	徐水区、容城县、安新县、雄县	74.22	10.43	91.34
邢台市	内丘县、邢台县、沙河市	26.79	55.56	86.97
邯郸市	涉县、磁县、武安市	30.54	56.51	83.88
石家庄市	井陉县、鹿泉区、灵寿县、平山县、赞皇县	20.06	56.26	86.97
廊坊市	文安县、大城县	73.80	17.70	87.12
总计		73.8	17.7	75.01

注：数据来源于河北省林业和草原局的相关数据。

（2）居民建设能力和意愿均较弱。

长城文化遗产保护工作主要由相关职能部门、专业科研单位进行，在吸纳民间力量、鼓励公众参与方面做得还远远不够。近年来，公众参与情况虽有所好转，但参与的层次、深度都不够，形式也比较单一，一些决策性、核心层面的工作仍缺乏公众的参与（龚道德，2016）。

从表10.1可以看出，长城分布的大多数县（区）是农业人口大县（区）。其中，保定市的农业人口分布最为密集，占比为93.56%；邢台市、石家庄、廊坊3市的农业人口占比均在85%～90%；邯郸市的农业人口占比为83.88%；承德的农业人口占比为82.42%；张家口的农业人口占比为65.34%；秦皇岛的农业人口占比为61.09%；唐山市的农业人口占比最少，只有18.45%。这意味着当地居民更希望可以提升经济实力，国家文化公园建设若不能满足经济发展方面的需求，就导致居民主动参与到长城国家文化公园的能力和意愿均较弱。

（3）大环境影响政府投资能力弱，造成资金短缺。

创建长城国家文化公园需要大量的资金投入，因其公益性导致基础设施投资等前期投资主要来源于政府财政拨款，但河北省受到供给侧结构性改革、环保等各方面政策的影响，经济发展较慢。市场主体因其新冠肺炎疫情影响，观望徘徊者增多。据统计，河北省长城沿线地区共有13个贫困县和27个生态功能区，长城沿线的县（区）的生产总值仅占到河北省生产总值的26.28%，长城分布的市县经济发展水平较低，政府财政资金紧张，用于创建“以保护为主”且具有公益性的长城文化公园会力不从心。

（4）管理部门多，权责不清晰，协调难度大。

整个河北省长城沿线地区范围广泛，长城沿线地区统一管理模式还没有形成，没有设立专门管理机构、配备人员及配套设施等。同时缺乏专门机构和队伍，大量跨区域跨部门的调查研究、规划、宣传、立法等整体性工作推进困难，协调难度大。且建设长城国家文化公园不仅包括对于长城本体资源，还包括长城沿线的非本体资源，长城本体资源主要包括城墙、敌楼、关隘、敌楼、烽燧等，而长城沿线的非本体资源都有很多种类，包括非物质文化遗产、历史文化名城、历史文化名镇、红色旅游典型景区、国家级风景名胜区和国家级地质公园等。要建设长城国家文化公园需要综合管理这些资源。这些资源隶属于多个部门进行管理，很容易导致条块分割、多头管理的局面。要建设长城国家文化公园必须联合多个部门，如何合理有序地调节各个管理部门之间的利益、权利和责任是一件烦琐复杂的工作，同时这也是建设长城国家文化公园的重大障碍之一。

（5）未建立专门的管理机构，缺乏专业稳定的管理队伍。

河北省在省级层面上还没有建立专门的管理机构，只是设置临时机构：长城国家文化公园领导小组、办公室和专班。在市、县层面上专门管理机构有一定的探索，张家口成立长城保护管理处，迁安市设置迁安市长城国家文化公园管理中心。但总体来看，在国家文化公园建设的实体性机构设置方面推进不快。

缺乏稳定的专业管理队伍。河北省长城国家文化公园建设工作领导小组办公室设在省文旅厅资源处，专班人员少，同时还要承担原处室职能任务。缺乏稳定专业的队伍无法保证长城国家文化公园高质量的运营。

（6）功能区范围不明确，缺乏政策指引。

长城国家文化公园建设中的四大主体功能区，除了管控保护区的保护边界可以确定之外，其他3个功能区边界无法明确，这就导致管理权限、发展规划针对性差。除指导性文件外，目前没有明确的政策指引长城国家文化公园的建设。例如，项目审批和落地手续难，与生态红线、基本农田等控制线如何协调发展，都需要政策的指引。同时，长城国家文化公园维护、监控、项目建设等标准化不足，长城国家文化公园保护和传承利用没有标准指导，不能推进国家文化公园迅速推进。

10.4 典型国家公园管理体制分析

因各国的政治体制、经济发展水平、土地所有权、历史背景等各不相同，因此在建设国家公园中所设计运用的管理体制、保护规划、法律法规等各不相同。

（1）管理体系分析。

通过对各国的管理实践总结，总体上形成了“中央集权型”“地方自治型”和“综合管理型”3种主要的管理体制类型。以美国为主的“中央集权型”管理模式主要是通过设立专门的管理机构，从上而下进行垂直管理，其余机构起协助管理的作用。以德国和澳大利亚为主的“地方自治型”管理模式主要是国家公园所在地政府进行管理，中央政府只颁布法规和政策，不得干涉当地政府的决策。以英国、日本为主的“综合管理型”管理模式，中央政府参与国家公园的建设，而当地政府在国家公园的建设中具有一定的权利参与政策和规划等的制定，如表10.2所示。

表10.2 各国国家公园管理体系类型和管理机构

国家	管理体系类型	主要管理机构
美国	中央集权型管理模式	美国国家公园管理局（NPS）
加拿大	综合管理型管理模式	加拿大国家公园管理局
德国	地方自治型管理模式	州立环境部—地区国家公园管理办事处—县（市）国家公园管理办公室
澳大利亚	地方自治型管理模式	国家公园管理局和其他相关机构
英国	综合管理型管理模式	英国环境、食品和乡村事务部和国家公园管理局、地方议会等
日本	综合管理型管理模式	环境省和都道府县等
法国	综合管理型管理模式	农林和自然公园部
韩国	综合管理型管理模式	国立公园管理公团和济州特别自治道管理

（2）运营体制分析。

建立国家公园的初衷是对于国内独特、稀有资源的保护，因此国家公园以保护为主，具有公益性和非营利性。

通过对各个国家国家公园运营体系的分析，发现多数国家（如美国、澳大利亚、日本等）采取管理权和运营权严格分离的方式来管理运营，国家公园的相关管理部门负责管理，而国家公园的运营则以特许经营的方式外包出去。例如，美国在经营方面采取公私合营的机制，主要采取特许经营的模式，各公园内有各类特许经营上加盟，NPS 对于特许经营者进行严格把控；并在管理运营中重视当地社区居民的参与。又如澳大利亚运营方面采取特许经营，但特许经营权偏向于当地居民；英国哈德良长城为多方参与的运营机制。

在资金管理方面，因为国家公园以保护资源为主，故国家公园的各种经济收入，如旅游收入等较少，不足以支撑公园的良好运转。因此各国国家公园的建设资金主要来源于政府拨款，另外还有公园自筹资金和个人或集团捐赠等，如表 10.3 所示。

表 10.3　　各国国家公园运营体系

国家	运营模式	运营资金
美国	公私合营、特许经营	政府税收财政拨款和私人捐赠
澳大利亚	特许经营	政府拨款和个人或企业捐赠
日本	特许经营	政府拨款和自筹、贷款、引资等
英国哈德良长城	多方参与的运营机制	国家财政专项拨款和贷款，非政府组织捐赠和志愿者个人捐款

（3）保护规划分析。

每个国家公园都是建立在完善的保护发展规划之上的。通过对国家公园所在地进行分区，按照每个分区内资源的重要程度进行不同的保护规划和开发。例如，日本公立公园的生态规划将国立公园所在地分为特别区域和普通区域，不同的区域有不同的规划要求；法国将规划地划分成核心区和加盟区两大区等。各个公园注重公园规划时公众的参与，在规划过程中听取公众的意见，甚至公众直接参与公园规划的制定。

国家公园向民众传播生态自然等方面的知识起到重要的作用，因此教育解说系统的规划得到各个国家的重视，各个公园制定了完善的教育解说系统，面向各个年龄段和各种形式的解说都囊括在教育解说系统的规划中。

（4）相关法律法规分析。

法律是保障国家公园正常运营的重要支撑，各个国家在建设国家公园时注重相关法律法规的制定，有些国家甚至先制定法律法规后建设国家公园。以美国和澳大利亚为例，两个国家基本实现了“一园一法”，如1872年的《黄石国家公园法案》，宣告黄石国家公园诞生，也是黄石公园在保护发展中的重要依据。澳大利亚的国家公园管理法规，除了规定各管理机构、保护管理措施的目的、性质和作用外，还较为详细地规定了其建立程序、管理程序，以及违反法规的惩罚措施，比较全面、具体。国家公园多采取特许经营的形式经营，美国在这方面制定了《特许经营管理改进法案》，对特许经营进行一系列的规定；英国、澳大利亚等国家制定的《环境保护法》中有些法律条例对国家公园内自然环境的保护和开发有明确的规定；法国制定《保护历史古迹法》，是世界上第一部保护文化遗产的现代法律，对国家公园的开发起到指导和保障作用。

与国家公园有关的法律法规不仅包括国家公园的专项法律，还有与之相关的法律法规，要协调好这些法律法规之间的关系，才能更好地指导和保障国家公园的正常运营发展。

（5）对长城国家文化公园建设启示。

通过对世界各国国家公园的创建进行梳理以及美国黄石公园的详细分析，本书得到创建长城国家文化公园的启示：第一，长城国家文化公园的创建必须有统一的管理机制，产权清晰，权责清晰；第二，特许经营机制作为世界上绝大多数国家公园的运营机制，对于长城国家文化公园的运营机制的建立有借鉴作用；第三，编制遗产保护规划和管理规划，对公园进行统一规划管理是十分有必要的；第四，构建多方参与机制，线性文化遗产因其线性分布，跨越距离较长，涉及管理单位和利益团体较多，所以构建各方合作机制是各国普遍采用的策略；第五，拓宽资金渠道，国家要加大遗产保护资金的投入，设立财政专项资金，用于文化遗产的保护和开发等一系列活动，建立以政府为主体、社会广泛参与的多元化投入机制；第六，在创建长城国家文化公园中完善相关的法律法案，构建法律体系。

10.5 创建长城国家文化公园管理体制的对策

（1）建立“中央＋地方＋市级区段＋保护点（景区）”的四级管理体制。

无论是“中央集权型”管理模式、“地方自治型”管理模式，还是“综合管理型”管理模式，都是建立在国家公园产权清晰，各部门权责清晰的基础上的。

但相对于自然类国家公园来说，长城在地理位置上分布更为分散，涉及多个省份、多个部门，协调各个部门具有很大的难度，因此长城文化公园的管理机制的设立相对其他的国家公园来说要更为复杂，考虑的情况更多。根据目前河北省在“地、人、权和资金”都处在劣势的前提下，结合河北省长城文化遗产沿线的复杂性和权属多样性，兼顾政府与市场的关系，管理单位的激励与约束，按照统筹能力和保护价值进行分类，河北省长城国家文化公园属于第四种类型，建议借鉴以澳大利亚和日本为代表的“中央＋地方，政府＋市场”的混合式管理。设置四级管理机构：一级为中央，可以考虑建立直属于国务院领导的国家历史文化遗产管理委员会和长城文化遗产管委会，并设置长城国家文化公园管理局或者办公室，职能为制定长城国家文化公园的政策、法律和管理框架；二级为省政府直属的长城国家文化公园管理部门或办公室，或者河北省文化和旅游厅成立长城国家文化公园管理局（或处）直接管理长城文化遗产，行使执行权和管理权；三级为国家文化公园各市级区段管理部门；四级为各个保护点（或景区）的保护站。

（2）编制专项保护规划和管理规划。

国家公园的专项保护规划和管理规划对于国家公园的各方面建设具有指导作用，指导着国家公园的各方面建设。长城分属不同省区市管辖，难免各自为政、缺乏统一规划，必须编制长城专项保护规划、管理规划、文旅融合规划、交通规划及文化遗产教育和解说系统等专项规划，在规划中要注重根据长城和文物、文化资源的整体布局、禀赋差异以及周边人居环境、自然条件、配套设施等情况进行分区，按照不同的分区设计不同的规划方案。同时要注重公众的参与，广泛地听取公众对于长城文化国家建设的意见。

（3）进一步加大政府资金投入，逐步建立资金增长机制。

长期以来，资金不足制约了长城沿线文化保护与利用，严重影响了沿线地区发展。在发展中可借鉴美国、加拿大等国家的做法，将国家公园建设作为社会公益事业，完善生态补偿机制和生态红线制度，逐步加大国家财政对其保护和建设工作的投入，同时为缓解国家公园建设资金不足的现实。借鉴德国等国家的社会捐款和经营性收入，逐步让公园回归公益性，实现公园建设逐步走向不以营利为目的、门票低价或免费、旅游景点持续发展的良好局面（黄丽媛，2019）。因此长城国家文化公园建设的资金来源由中央、省政府投资、社会捐款和经营性收入等相结合。长城国家文化公园的管理经费，建议由国家补贴，并列出财政预算。社会捐款、经营性收入等作为重要补充。

（4）规范国家文化公园的经营，实行管理权与经营权相分离的经营机制。

实现管理权与经营权的分离，能有效地避免管理体制混乱、政企不分及重经济效益、轻资源保护的弊端，对推动长城国家文化公园开发与保护的协同具有重要意义。在发展中借鉴其他国家和地区的先进做法，按照所有权和经营权分离的原则，在政府的主导和引导下，通过特许经营的方式将长城国家文化公园的经营权出让给相关企业和个人，充分调动社会各界参与长城国家文化公园保护、管理、开发和运营的积极性，提升公园发展效益。并按照统筹能力和保护价值两个要素对于长城国家文化公园的沿线进行分类，不同的类型可以采用事业型、社区参与和特许经营等不同的运营机制。

（5）适时出台专项法规，完善管理法律法规体系和标准体系。

国务院在2006年颁布了《长城保护条例》，河北省相继出台《河北省长城保护条例》和《河北长城保护办法》等文件，但都是纲领性文件。目前，我国长城国家文化公园管理的法律法规体系尚未建立完善，在发展中可充分借鉴美国、加拿大、澳大利亚、日本等国家的国家公园立法经验（张颖，2018），推动长城国家文化公园管理的法制化、规范化。首先，从国家层面，制定《国家文化公园基本法》；其次，河北省制定了《长城国家文化公园法》以及相关法律，国家文化公园法实行一园一法；最后，通过以上两部法律授权其他各个部门，制定细化以上两项法律的部门规章制度和标准体系，指导具体工作，统筹利用发展改革、自然资源、住房城乡建设、交通运输、文物等部门资源，发挥宏观政策综合效应，推动长城国家文化公园管理的法制化、规范化。

（6）广泛宣传引导，强化督促落实。

深入挖掘河北长城的文化内涵，加强长城国家文化公园建设宣传，统筹利用各类长城组织，营造关注长城国家文化公园建设的浓厚舆论氛围。根据《国家文化公园建设实施方案》和《长城保护规划》制定《河北省长城国家文化公园建设实施方案》，出台相关政策，推进长城国家文化公园标准化。建立评估和监督制度，制定《河北长城国家文化公园建设评估办法》和《河北长城国家文化公园监督管理办法》，落实监督责任，建立和完善文化公园建设管理考核体系。

第11章　河北省长城国家文化公园建设的路径选择

作为长城国家文化公园重点建设区，河北省肩负着引领和示范全国其他省区市国家文化公园建设的重担。河北省基于四类主体功能区形成统分结合的文化生态体系，强化顶层设计，建立健全长城国家文化公园建设推进体系，聚焦五大工程，在强化要素支撑等方面进行了战略布局。最终在长城国家文化公园管理体制机制、保护规划、法律法规保障体系、标志性项目推荐、长城风景道建设、具有河北特色的长城标识系统构建，数字科技赋能，长城数字产品创新、研究发掘成果等方面进行了实践，形成了长城国家文化公园建设的“河北经验”。

11.1　长城国家文化公园建设实践

自确定为长城国家文化公园重点建设区，河北省长城国家文化公园在管理体制机制、规划、法律法规体系、产品体系、长城风景道、长城标识系统、数字长城和长城文化挖掘等方面，进行了实践（任英文，2021）。

11.1.1　长城国家文化公园管理体制机制基本形成

（1）初步形成了三级管理格局，各地探索创新管理模式。

河北省通过成立工作领导小组，组建专家咨询委员会，并构建相关组织推进机构，基本形成了省—沿线9市1区—59个县（区）的三级分段管理格局（李秋云等，2021）。以市为国家文化公园建设的核心实施机构，以市行政边界进行分段管理。各地因地制宜推动长城国家文化公园的有效管理，初步形成了迁安市“文旅局＋长城国家文化公园管理中心”（国内首家县级公园管理中心）、滦平县“旅游区管委会＋长城国家文化公园管委会”（筹备组建）、张家口市“长城国家文化公园（长城保护）管理处”等管理模式（白翠玲等，2021）。

（2）制订实施方案，制定出台工作机制。

河北建立了以保护规划为指导的工作体系，建设实施方案、重点项目推进方案和年度重点工作方案都已制定完成。为推动长城河北段建设任务具体落实，《长城国家文化公园对标建设任务书》《2021 年长城国家文化公园建设重点工作任务及分工方案》等发布实施，《河北省长城国家文化公园建设工作领导小组办公室暨公园专班工作运行保障制度（试行）》《专家咨询委员会工作规则》等工作制度颁布实施，从而促进长城建设工作的顺利进行（李秋云，2021）。

（3）基本形成了“国省文保专项资金＋地方财政资金＋社会投资”复合资金机制。

河北省长城国家文化公园的经费主要来源于各级政府的投入和社会类投资，政府投入主要包括国省文保专项资金、旅游发展专项资金和地方财政资金，如 2021 年旅游发展专项资金 7800 万元。河北省文化和旅游厅会同省地方金融管理局广泛开展融资政策宣讲及银企线上对接活动，利用“5·18”廊坊国际经济贸易洽谈会等大力开展重点项目招商推介活动（李秋云等，2021）。

11.1.2　具有全国引领意义的保护规划已经完成，法律法规保障体系基本建立

2017 年 2 月 1 日起施行《河北省长城保护办法》；《长城国家文化公园（河北段）建设保护规划》及《建设实施方案》《长城周边风貌管控导则》《长城国家文化公园（河北段）文化和旅游融合发展专项规划》等规划方案于 2020 年编制实施，这些高效保护了长城沿线周边环境，促

进文旅融合发展；《河北省长城保护条例》于 2021 年颁布实施，在长城国家文化公园建设保护工作立法的工作上全国领先。除此之外，《长城国家文化公园标志使用规范（初稿）》《长城遗址重要濒危设施抢救性修缮实施意见》《河北省长城沿线非物质文化遗产保护传承弘扬协同机制工作方案》等方案的制定实施均对长城景区保护发展提供了保障（李秋云、苑潇卜，2021）。

11.1.3 长城国家文化公园产品体系逐步形成

（1）推动系列标志性项目开工建设。

河北省通过深入长城文化资源，并进行精准定位，在项目优化的基础上确定了 42 个项目，涵盖保护传承类项目 4 个，研究发掘类 6 个，环境配套类 12 个，文旅融合类项 9 个，数字再现类 1 个。其中 10 个项目列入国家层面重点项目，入列数量全国最多。

（2）节点性龙头项目提升改造，增强体验性和公众参与性。

建设长城文化特色的高等级景区、度假区和长城乡村旅游，例如 5A 级景区金山岭长城，4A 级景区迁安白羊峪长城旅游区、崇礼区太舞四季小镇旅游景区等，国家级旅游度假区以崇礼为主（曹铮，2022）。并引导长城沿线关隘型村落、戍边型村落和特色资源的村落迅速发展，建设一批以花楼沟村、花果山村、白羊峪村为代表的国家级乡村旅游重点村，打造北营子村、花厂峪村、古城川村等一批长城人家旅居产业带，长城人家的民宿品牌正在形成。

（3）策划长城文化遗产线路，举办长城品牌节事活动。

为弘扬长城精神与文化，共精心设计推出了 4 大主题 12 条精品线路。同时形成了长城相关的标志性活动“长城脚下话非遗”、全国新媒体自驾游长城活动、2021“一带一路”·长城国际民间文化艺术节等，使游客参与其中，提升了长城品牌知名度与美誉度。通过长城资源与文创产品的有机结合，推出一批高质量且游客满意的长城文创产品。

11.1.4 积极推进长城风景道建设，推动长城沿线融合发展

以《长城旅游风景道建设指南》为指引，积极推进长城风景道建设。现阶段秦皇岛、张家口等市已经开始计划总长230公里的长城风景道建设，共涉及20段；承德、唐山也对已修建的长城风景道修缮改进。在风景道修建过程中，选取长城文化元素聚集和基础设施完善的风景区进行完善，从而形成了一批长城风景道示范段，其中包含山海关示范段、金山岭长城景区连接线示范段、迁西示范段和赤城风景道示范段。通过风景道将重要节点连接起来，形成长城人家、传统村落、文旅融合示范区协同发展，促进长城沿线文化、经济、生态等融合发展。

11.1.5 构建具有河北特色的长城标识系统，塑造河北省长城国家文化公园品牌

河北省编制完成《国家文化公园标志使用规范（初稿)》，规定了国家文化公园形象标志的使用范围、使用要求、管理方式，提供了国家文化公园标志应用范例，着重发展山海关、大境门、金山岭长城，将标志规范的前期工作做好，明确标志的落地地段和点位，并对标志场景应用进行合理设计，待国家规范正式公布后，及时落地实施，将国家文化公园标志合理呈现。同时，形象标识也将得到充分应用，在相关设备、文创产品、网络媒体等都可以看到形象标识的展现，并在长城沿线的重要节点进行标志设置，从而提升国家文化公园形象和辨识度。

11.1.6 数字科技赋能，创新长城数字产品

河北省积极将现代信息技术与长城文化资源进行合理结合展示。一是重点发展可阅读长城数字云平台。以山海关、金山岭、大境门、崇礼等长城为重点，初步建设游客互动性线上展示空间，现阶段，云平台二期通过

深化拓展平台的智慧化、便捷化功能，从而满足游客的多样化需求，促进长城文化发展与宣传。二是支持推出长城智慧旅游产品。金山岭长城景区结合国家5A级旅游景区创建，大力推动智慧景区项目建设，如秦皇岛市重视山海关长城数据建模项目建设，目前已完成《秦皇岛长城数字智慧平台设计方案》。三是进行长城沿线信息技术基础设施建设。结合景区景点与信息技术，目前已推动山海关长城等河北省智慧景区示范点。

11.1.7 深挖文化内涵，形成了一批有价值、有分量的研究发掘成果

一是开展了丰富多彩的文艺创作活动。二是推出了一批长城文化发掘影视及数字化成果。例如，微电影《一块砖都不能少》、电视剧《塞上风云记》等，生动地展现了长城精神与内在文化。现阶段影片《筑城记》、纪录片《京畿雄关》等影视作品也正在拍摄录制中。三是推动长城主题社科研究。学者们对关于长城的研究项目也成为热点，通过与高校、科研院所等合作，形成了众多重要科研成果。例如，秦皇岛市组织实施了长城维护保养实践与研究项目，并完成了长城影像工程及中国长城百科秦皇岛卷，为河北省长城国家文化公园建设提供理论支撑和智力支持。

11.2 长城国家文化公园建设中存在问题分析

（1）行政区划边界地带长城管理矛盾突出，治理能力和治理水平尚需提升。

长城沿线的文化遗产保护和经济发展是目前的重要任务。早在2006年我国就出台了《长城保护条例》，其中明确规定了长城保护实行整体保护、分段管理的总原则。作为跨度大的世界性遗产，涉及的行政区划范围大，不单纯是某一个地区某一级政府的管理行为，而是需要政府、企业、居民、游客等多方主体在同一空间内实现共建、共享，进行联动开发的最大障碍

在于行政区域的限制。河北省长城资源跨燕山山区和太行山山区，空间联系较弱，两山区之间的协调效应较弱。在具体执行中也会出现了个别地方监管保护不力、保护的积极性和动力不一的问题，除了思想上不够重视等主观原因外，还有各地经济状况困难的客观原因，这些地区财政本就相对困难，即便有意保护长城也往往有心无力。处在边界地带的长城由于所属不同的行政部门管理，存在管理的混乱，如多头管理或无人管理的情况。如何打破行政壁垒，形成统一的规划和管理机构对河北省长城景区的保护和开发具有重要作用。

（2）长城保护形势严峻，保护抢险任务紧迫。

河北省长城地处内蒙古高原和冀北山地交错带，是高原山地到平原地形过渡带，同时也是半湿润和干旱气候过渡带等我国重要的自然地理过渡带。地形条件复杂多变，其中长城沿线坝上高原地区是国家重点生态功能区，冀北燕山山区和冀西太行山山区是省级重点生态功能区，生态环境脆弱。并且这些地区的长城呈现不连续的状态，保护起来尤为困难。这些地区经济发展相对滞后，缺乏充足的资金保障，因此保护和发展矛盾较为突出。

长城由于修建历史久远，长时间的风吹日晒雨淋，导致不断的风化与老化，需要进行及时的修护。但一些“野长城”因地处偏远、保护不够等多方面的原因，没有得到及时的保护与修复，均在不断消失。甚至在一些地区由于人们遗产保护意识的单薄，出现了拆掉长城的砖墙挪作他用的现象，这是对长城最大的毁灭性的破坏。在一些长城著名景区墙体上出现人为的乱写乱画现象等，这些对长城的破坏都是非常严重的。而在一些开发程度好的长城景区，由于游客数量严重超标对长城的保护造成不良影响。在旅游旺季时期，特别是“十一黄金周”等小长假期间，游览长城的游客数量出现激增，严重超过景区的承载量，不仅使景区的接待能力受到影响，同时长城文化资源也受到了影响。

在日常巡护方面，秦皇岛在全国率先建立了“长城保护员机制”，将境内 250 多公里的长城分 74 段划置，每段专门指定一名在长城附近居住的村民担任保护员。这 74 名保护员每月对各自负责看护的长城段进行 10 次以上的巡视，并向文物主管部门书面报告情况。每名长城保护员每年可获得政府给予的500元现金补贴或其他物质奖励。经过一段时间的实施，取得了一定的效果。但整体来看，保护员的数量仍然不够，工作量较大，特别是一些交通条件较差的地区，巡护更加困难，且仅靠个人的保护存在巡护的漏洞。因此，长城的保护和管理力量薄弱。

（3）长城保护和利用割裂，亟待合理保护与开发。

长城保护和旅游利用割裂，长城文物和文化资源合理利用不足、传播传承不够，让文物活起来的方法途径亟待创新，文旅融合有待加强。河北省长城沿线地区虽然已经依托长城资源建立起了一些景区，但大多数长城所在地没有得到有效的开发，存在旅游开发利用和长城保护割裂的现象。在对长城文化的挖掘和利用方面存在不足，存在部分地区对长城文化的保护意识淡薄、未认识到长城资源的重要意义。应深度挖掘长城文化精神内涵和时代意义，充分体现中华民族伟大创造精神、伟大奋斗精神、伟大团结精神、伟大梦想精神，通过文化引领，在价值观和文化内涵等方面传播“国家品位”和“国家意味”。目前对长城文化及文化资源的传播传承方式比较单一，在展示方面存在不足，如何“活化”长城精神，更好地实现长城文化的展现与传承成为亟待解决的问题。

（4）长城文化和长城价值挖掘不够。

长城作为人类历史上罕见的大型线性军事防御体系遗产，在2000多年的持续营造过程中，承载着中华民族坚韧自强民族精神的价值；具有坚定中华民族文化自信的历史文化价值；具有展现古代军事防御体系的建筑遗产价值；具有承载人与自然融合互动的文化景观价值。现代社会要求我们将长城价值与现代社会深度融合，体现长城的时代精神，做好长城文化和精神的再现与传承。在实现长城精神传承与发展的过程中，需要深度挖掘长城的文化价值，寻求新的更易于现代人接受的展示体系与展示方式，才能让公众有切身的感受，更深入地理解长城文化价值的内涵，进而产生共鸣，是我们亟待解决的问题。

（5）点状发展格局明显，廊道化整体开发成为当务之急。

目前以长城作为核心吸引物的景区发展较好，如山海关、金山岭等景区，极具特色取得了很好的旅游收入。但在旅游开发的过程中，这些景区之间的联系性弱，各自发展，呈现散点状，没有产生区域联动效应。

长城作为一项世界性线性文化遗产，其重要性不言而喻，如何使其发挥串联沿途村镇、整合散落资源、促进经济发展、再现历史上文化的交流等方面的作用，具有重要意义。因此将长城沿线的景区及相关类型的旅游资源有效地串联起来，形成长城生态化廊道，进行统一的规划设计与开发将会给长城资源的保护及沿线区域的经济发展产生重要的影响，这也是目前需要解决的主要问题之一。

（6）长城产品较为单一，长城特有的文化产品体系尚未成型。

目前已发展起来的长城景区的旅游产品虽基本形成了以“景区开发为核心的点状保护利用 + 旅游公路串联成廊道 + 旅游公共服务设施”的支撑系统。但大多是以传统的观光为主的类型，观光型旅游产品对游客深入体验长城文化的作用较小，且对环境造成的影响较大。虽然一些景区推出了一些长城文创商品，如山海关景区的丝巾等，社会反响较好，但成体系的长城特有文化产品尚未形成。围绕长城历史文化特色和现代价值设计其独特的文化产品体系，随着新技术的到来，需要将新技术运用到旅游产品创新体系中来，不断创新河北省长城产品，增强游客的体验感，有利于游客更好地体验长城文化和价值。

（7）主客共享的公共服务设施不完善，长城公共文化旅游空间需提升。

随着旅游业的发展，游客和当地居民也可以实现相互转化，即便是生活在这个地区的居民，也不一定了解和熟悉此处的长城，且不断会有新的移民到达此处，居民的周边一日游越来越多，因此居民和外地游客的界限越来越模糊，社区、街区的景观化和公共基础设施的休闲化，将取代传统景区景点的功能，打破景区景点和社区之间的界限和对立，实现全域的景观化。但目前大多长城景区由于远离城市，基础设施仍不完善，公共文化旅游空间仍处于较为初级建设的阶段，甚至有些地方没有基础设施，阻碍了长城旅游的发展。

（8）在线平台利用的有效性不足，长城文化品牌统一性不足。

目前河北省的长城数字化平台建设和利用有待加强，在 11 家长城旅游景区中，只有 4 家旅游景区在百度指数中能搜索到，即仅 37% 的长城旅游景区在市场上有一定的知名度。已有的自建网站、公众号等在线平台上的信息内容较少，更新时间较长，互动性不强，造成体验感较差。数字化产品的类型较为单一，各个平台之间的连接性和兼容性较差，没有形成统一的信息化平台。同时，作为长城国家文化公园，缺乏统一塑造长城文化品牌的意识，一体化的标识体系还需构建，品牌塑造活动和组织需要进一步加强。

11.3　长城国家文化公园建设的路径选择

结合不同的保护与开发模式，树立长城沿线整体性治理理念，明确长城国家文化公园建设目的；明确公园范围和建设重点，基于四类主体功能区和五大工程形成统分结合的文化生态体系；分类分段，协同联动，构建“两带、四段、多点”的空间布局；最终构建起以长城保护为前提，融“文化遗址保护 + 文化遗址活化展示 + 文旅供给体系 + 公共文旅空间服务体系”于一体，“三区一点（遗址点（段）+园区 + 社区 + 文旅融合区）”的保护与开发创新发展路径（见图 11.1）。

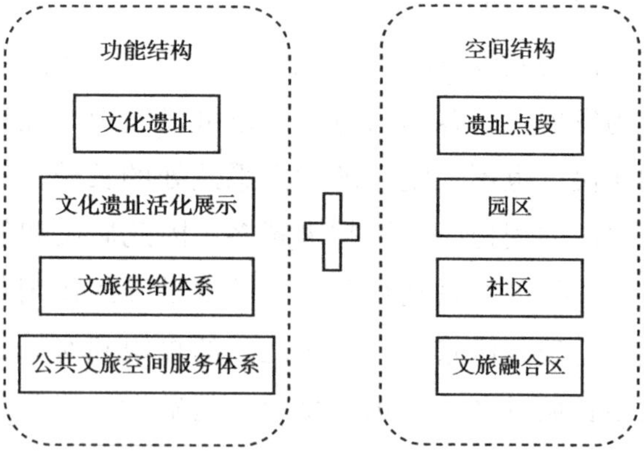

图 11.1　保护与开发创新发展路径

（1）明确长城国家文化公园建设的目的。

国家文化公园是国家推进实施的重大文化工程，需要深刻认识其建设的重要意义，正确把握其建设方向。河北省作为重点建设区，通过整合具有突出意义、重要影响、重大主题的长城文物和文化资源，实施公园化管理运营，实现保护传承利用、文化教育、科学研究、公共服务、旅游观光、休闲娱乐等功能，形成具有特定开放空间的公共文化载体，集中打造长城中国文化重要标志，进一步坚定文化自信，充分彰显中华优秀传统文化持久影响力、社会主义先进文化强大生命力。

（2）明确公园范围和建设重点，基于四类主体功能区和五大工程形成统分结合的文化生态体系。

河北省充分整合了长城沿线各类文物文化生态资源，从宏观层面挖掘整体共性与沿线区域差异，重点建设山海关段、金山岭段、大境门段和崇礼段等四个区段，进行管控保护区、主题展示区、文旅融合区和传统利用区等类主题功能区建设（见图 11.2），形成一个时空连续又内在丰富的文化生态系统（李天骄，2022）。

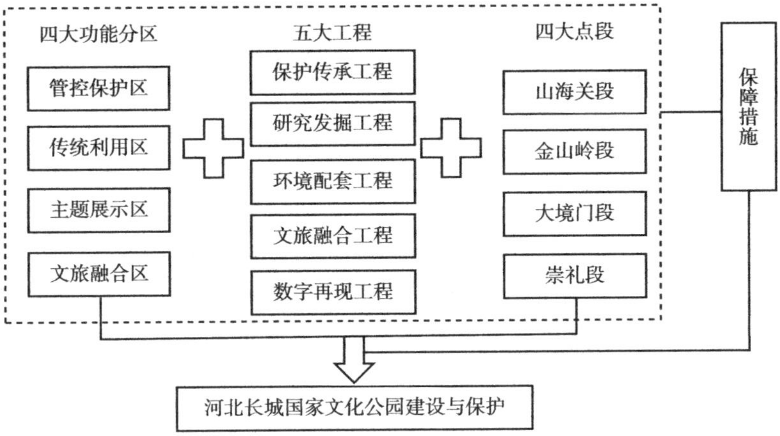

图 11.2　河北省长城国家文化公园建设与保护实施内容

以山海关段为例，对老龙头入海石城—角山城墙、山海关城、东罗城、南北翼城等长城本体严格管控，形成管控保护区；选择长城文化价值突出、保存状况和景观组合度好、边界完整清晰的遗址，以国家标志性重大工程——中国长城文化博物馆为载体，集中阐释长城文化和精神内涵，展现长城文化价值。以其周边历史文化和自然生态为核心，依托天下第一关、老龙头等核心景区，统筹要素和业态配置，重点利用文物和文化资源外溢辐射带动效应，形成文旅融合区；对北营子、三道关等长城沿线村落，合理保存传统文化生态，适度发展文旅产业，实现长城沿线乡村振兴和可持续发展，形成传统利用区。

河北省城国家文化公园建设聚焦五大工程，高标准推动重点项目落地实施。通过结合保护传承工程、研究挖掘工程、环境配套工程、文旅融合工程和数字再现工程，梳理项目体系，将重点项目作为落实国家文化公园建设的重要抓手。一是多方联动，建立健全科学可行的项目库；二是突出重点，强化重点区段项目谋划；三是强化督导，加快项目建设进程（见图 11.3）。

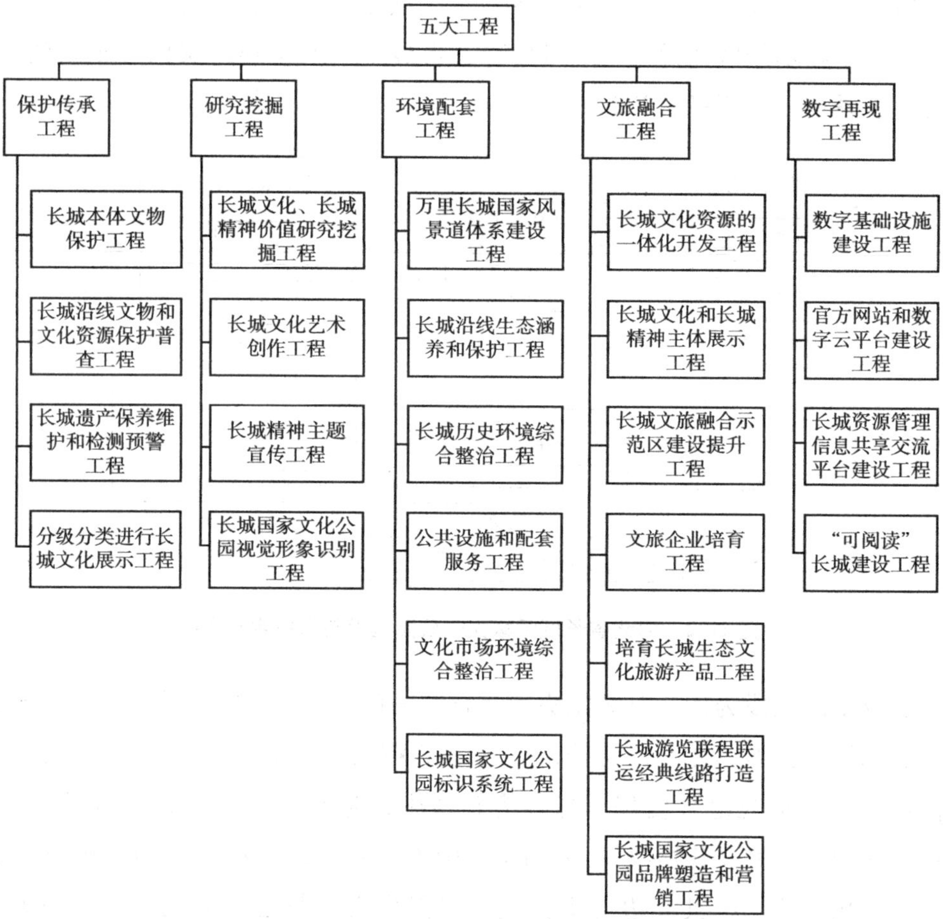

图 11.3 河北省长城国家文化公园五大工程结构

（3）分类分段，协同联动，点轴化带动廊道化发展。

按照保护价值和利用价值将长城划分为四类（见图 11.4）：第一类为利用价值和保护价值双高，核心园区吸引能力强，四类功能区齐全，山海关、金山岭、大境门和崇礼等属于此类；第二类为利用价值高，但保护价值低，核心展示园吸引力较弱，如长城为核心吸引物的 3A 级旅游景区，管控保护区弱，其他功能区齐全；第三类是保护价值和利用价值双低，没有核心展示园，仅有一些价值不高的长城遗址以及单体建筑等，无四类功能区；第四类是保护价值高，利用价值低，无核心展示园，有集中展示带和特色展示点及未利用的传统利用区，或不便开发的地段，如保定的乌龙沟段。

在总体空间布局上，结合河北省长城国家文化公园文化遗产的空间分布和保护传承利用的基础，形成“两带、四段、多点”的空间布局。“两带”指太行山和燕山两个长城文化遗产带。“四段”包括山海关段、金山岭段、大境门段和崇礼段。“多点”指长城沿线其他重要标志性长城文化遗产、长城关口城市等资源。由极点扩散带动轴，最终形成整个长城文化带的整体发展。

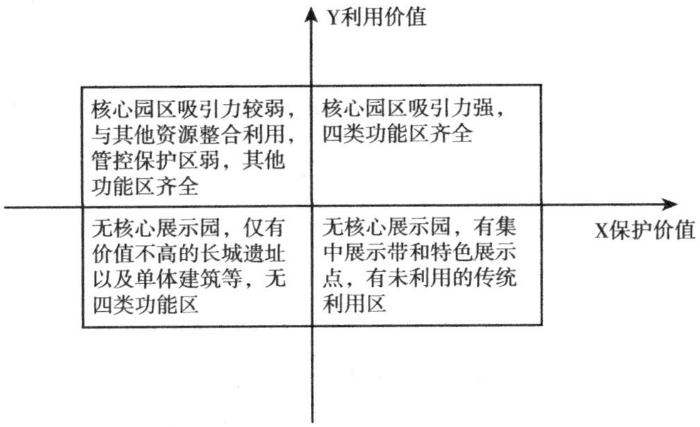

图 11.4　长城国家文化公园区段类型划分

（4）强化长城本体保护，注重周边视觉控制点管控。

按照《中华人民共和国文物保护法》《中华人民共和国文物保护法实施条例》《长城保护条例》《长城保护总体规划》《河北省长城保护条例》等法律法规的规定严格执行，强化日常养护，及时消除自然和人为因素可能造成的安全隐患。严格遵守不改变文物原状原则（国家文物局，2016）、最低程度干预原则、预防为主原则、分类分级保护原则，实现长城文化遗产“整体保护”，对长城价值、真实性、完整性全面保护。落实长城保护范围、建设控制地带的管理。加大执法督察力度，严格责任追究。依据《文物保护工程管理办法》，充分考虑到长城点段自身特点，对国家文化公园重点展示段长城进行保养维护、抢险加固、现状整修、保护性设施建设和载体加固保护等。实施长城监测预警，加强预防性保护，提升长城资源信息化管理水平。

保护长城文化景观构成要素，保持长城文化遗址的各类本体之间的空间关系，以及在此基础上形成的视线通廊。在实施保护和开发过程中，对长城本体的保护是核心，是长城文化传承的核心载体。国家文物局提出“遗产由抢救性保护向抢救性与预防性保护相统筹转变”的政策，因此河北省要逐步实施长城抢险工程与研究性修缮并重的保护方式，在修缮、抢救过程中引入长城考古，多学科专家团队从各自的专业角度提出建议，最大限度地保护长城文化，使长城的保护更具科学性，修缮效果更具原真性。不断尝试使用新技术和方法，如数字化技术、智能传感器等新技术监测长城本体及周边环境，探索建立长效监测体系。

同时注重长城所在区域周边环境的保护和管控。保护长城所在区域历史环境要素，包括山形、水系、地质、地貌等因素。保护、修复或优化长城沿线的生态环境，包括草原和湿地的保护、土地沙化防治等，保障长城赋存环境优化和生态安全。做好长城本体及沿线的文化景观风貌的整体性保护和修复，环境绿化、美化要坚持本地化、自然化和景观化，避免大规模人工化痕迹重的绿化等改变长城沿线整体风貌。注重视觉控制点管控，保留人与自然和谐的景观天际线。整治对长城景观环境造成负面影响的建筑物，合理控制长城沿线开发建设强度，维持长城所在地城市地域环境特色。

（5）深入挖掘长城文化，多样化传播弘扬长城精神。

以长城（河北段）沿线保存完整、景观价值高、主题特色明确、文化内涵丰富、影响力突出的长城文物和文化资源为主干，梳理形成长城文物和文化的核心要素，挖掘与长城产生直接或间接联系的中华优秀传统文化、红色文化以及社会主义先进文化、自然生态，充分彰显长城（河北段）文化的鲜明主题、独特创造、价值理念、丰富内涵。以长城为重要载体，对公众进行爱国主义教育。组织开展大型长城宣传保护活动，举办各类长城专题展览，建立教学实践教育基地，举办长城公开课、长城主题夏令营，建立长城研学游基地，引导公众参与长城保护，感知长城文化。围绕历史概念、文化概念、国家概念，做好长城文化的传承和发展，加强长城资源的保护与宣传，使其成为文化事业和文化产业发展的支点。充分利用和整合长城文化资源，不断放大长城文化资源的核心吸引力，使长城（河北段）成为重要核心吸引物。以历史变迁为脉络，以文明融合发展为主线，出版历史文化精品读物和对外宣传文本，拍摄纪录片，多视角、全方位诠释长城文化、边塞文化。积极推进长城（河北段）历史、地理、考古、遗址保护等领域研究，深入挖掘长城文物文化遗产的历史文化价值。

（6）分级分类优化展示方式，构建文化遗址活化展示体系。

长城本体的展示可采用原状展示、对已破坏的可修复后展示，同时也可以采用夜间“点亮”长城等方式展示以及采用科技手段进行展示（白翠玲，2022）。优化长城文化遗产的传承载体，增建续建一批特色文化博物馆、遗址博物馆、陈列馆、展览馆，探索遗址类长城现场展示阐释手段、技术，建立规范、统一的长城价值、内涵展示标识及讲解导览体系，分级分类建设长城文化主题博物馆。博物馆的展示内容除了传统的文字、图片、实物及沙盘展示形式外，要利用新技术为游客提供沉浸式的体验。同时展开不同场馆之间的定期或不定期丰富多彩的巡展等丰富展示内容和方式（见图 11.5）。

河北省长城沿线有一批长城村落，通过现存长城本体、村级博物馆进行展示，同时要注重整体环境的保护和长城特色文化的保存。优化长城文化遗址传承和活化手段，如实施“长城记忆”项目，以情景再现形式叙述发生在长城地区的重大历史事件及对中华文化产生的影响。探索“互联网 +”、AR、VR 等互联网、数字化展示手段，形成特色突出、互为补充的综合展示体系。目前已有景区建成长城官网，如山海关景区已有官网及微信公众号等不同的现代展示方式，也在积极筹建“可阅读”长城平台，丰富长城文化精神的传承方式。同时也要积极探索新的展示方式。

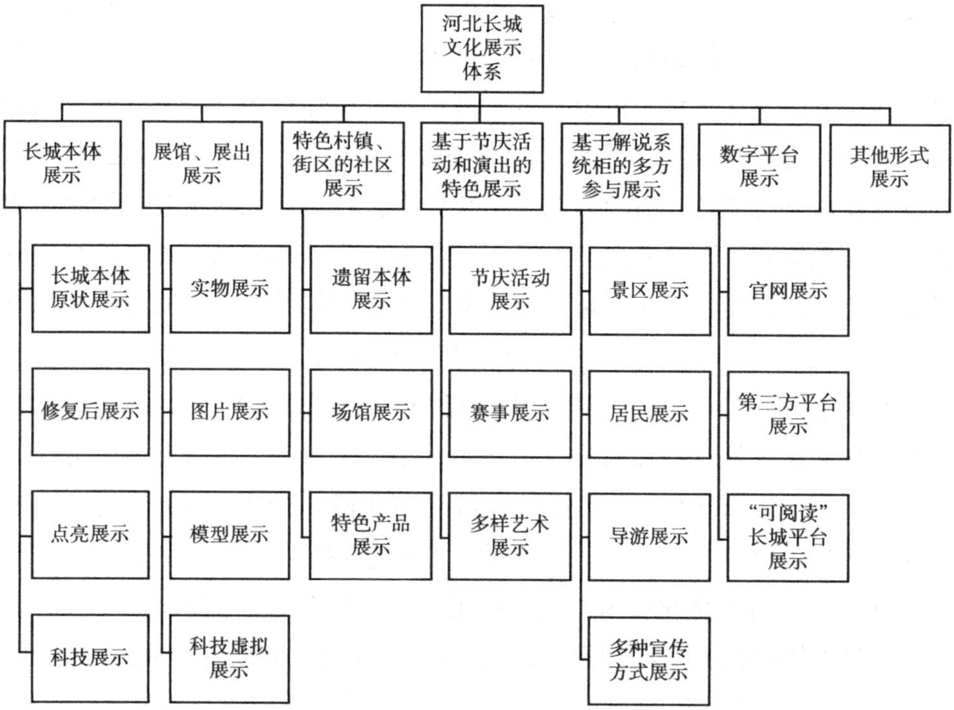

图 11.5　河北长城文化展示体系

（7）丰富产品供给体系，赋能长城文化产业化发展。

体验旅游时代的到来，要求不断丰富旅游产品的供给体系，依托河北省现有的长城文化遗产资源，在观光产品的基础上，优化游览观光产品供给品质，增加有长城文化特色餐饮、住宿、交通、文创产品和娱乐产品（见图 11.6），丰富长城文化产品供给体系。并结合环境和资源，开展“旅游+”和“+旅游”的新业态体系，如依托长城文化资源，开展长城研学项目，形成面向不同人群的“长城+研学”的产品体系；依托长城沿线优美的自然环境，不断完善基础设施，形成“长城+康养”“长城+度假”的休闲产品体系；依托经典长城民俗故事，结合现代科技，形成丰富多彩的“长城+文艺演出”的娱乐产品体系，同时塑造长城系列品牌，形成特色产品和品牌，如“长城画廊”山体康养、“长城记忆”文化教育研学、“长城人家”的乡村休闲度假等特色产品和品牌体系。

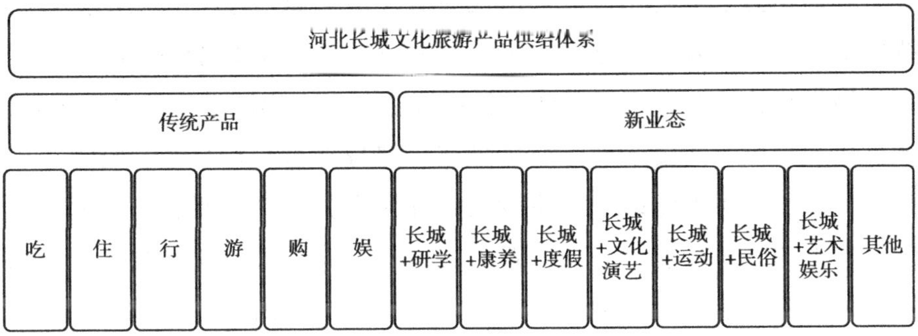

图 11.6　河北长城文化旅游产品供给体系

构建丰富的长城文化旅游产品体系，在空间上形成“核心—边缘”结构的业态集群，以长城资源丰富发展较好的景区作为核心，带动周边长城相关景区景点的发展；在链条上形成上下游衔接，节点互动有序，互相赋能的自组织产业体系；从长城文化产业带上，依托长城沿线及周边道路系统，连接河北长城国家文化公园，依据文化内涵设定大跨度、主题鲜明、精品文旅资源丰富的文化旅游线路，认定形成国家精神文化线路、红色革命文化线路、山海城文化线路等主题线路。

（8）创建主客共享的公共文旅空间服务体系。

传统的“本地居民—游客”二元空间边界日渐模糊，本地居民与游客“主客共享”场景的新的发展理念逐渐成为热潮，需要打造本地居民与游客共享基础设施、公共服务、消费场景、人居环境等公共文旅空间服务体系（见图 11.7）。建设过程中对标景区建设标准，提高旅游服务设施的标准化供给；加强服务人员的培训，提升服务人员的服务水平；提高管理水平和管理体制机制建设，提升服务人员的服务内生动力，做好对客服务，提升市场满意度。在基本设施服务满足的基础上，结合区域特色，进行个性化设施和服务的提供，提供符合长城文化特色的品质服务，提升旅游者的独特体验。

按照国家文化公园交旅融合发展规划要求，打通断头路，改善旅游路，贯通重要节点。按照《长城旅游风景道建设指南》，提升长城旅游风景道规范化建设水平，依托秦皇岛长城旅游公路、唐山（迁西）—承德（宽城）长城旅游路、太行山高速等沿线原有旅游公路，串联长城重点段落及沿线资源，构建集观光游览、文化体验于一体的长城文化和旅游景观通道。加强长城沿线旅游公路建设，建设长城绿道系统，串联沿线的乡镇、村庄、遗产点段和景区，建设景观路、风景道、健身步道和自行车骑行道等长城游憩带。在长城重点建设点段建设长城驿站和长城观景平台。按照文化旅游发展水平和区域特点，分别设置居民展示、向导式解说和自导式解说组成的解说系统。依托可阅读长城数字云平台，推进河北省长城文化数字资源共建共享。

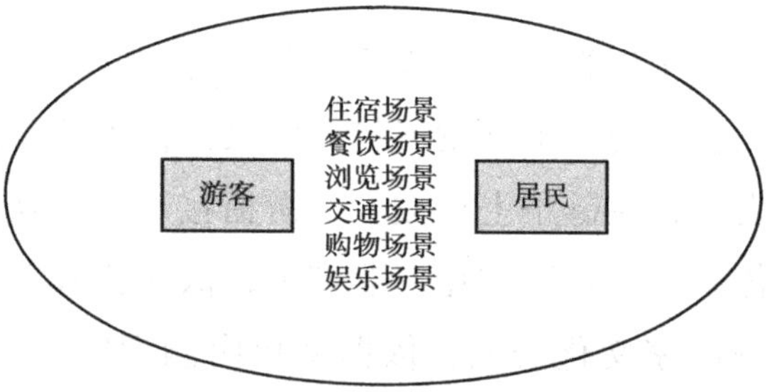

图 11.7　主客共享的公共空间

建立主客共享长效机制，切实提高旅游空间治理整体效率，切实保障实现本地居民与游客的“主客共享”目标。促进治理主体高效开展工作，提高治理场景空间的经济社会效益。将所涉及旅游服务的单位、职能部门的相关人员纳入一个平台中，采取多种形式鼓励和吸引企业、本地居民和游客参与。同时不断规范旅游场景的空间行为，提高参与人员的自律意识，持续优化和改善旅游场景空间环境，形成为全社会提供优质旅游场景空间环境的长效机制。

（9）构建统一的品牌形象识别系统，基于数字化平台塑造长城文化特色品牌。

以山海关、金山岭、大境门等重点区段为重点，在全国率先构建长城标志体系。打造视觉形象识别系统，推出长城统一运用的长城文化形象标志，广泛运用在沿线的解说系统、宣传促销活动、员工服装和行为，并通过驿站、民宿等服务体系的设置，串点成线、联线成片。利用数字化平台与 OTA 进行良好合作，促进线上销售与线下服务的无缝隙对接。利用大数据分析，利用游客画像，分析长城客源市场需求特点和行为特征，利用“两微一抖”等自媒体进行自传播，创新营销模式，实现精准营销。并进一步优化数字长城工程，依托“可阅读长城”数字云平台等载体，扩大平台应用率、参与度、影响力。强化全媒体宣传推广，加强长城国家文化公园建设理念和重要意义宣传，设置长城旅游市场推广机构，建立长城旅游市场推广联盟，借助多种新兴技术进行宣传推广，营造关注长城国家文化公园建设的浓厚舆论氛围。组织系列宣传教育活动。开展青年旅游宣传推广活动，提升河北省长城文化品牌美誉度，开展长城旅游品牌塑造和推广。

11.4　长城国家文化公园建设的保障措施

（1）建立组织保障，优化管理模式和运营机制。

按照统筹能力和长城保护价值为要素来划分（见图 11.8），管理体制分为四类。河北省长城国家文化公园属于统筹能力弱长城保护价值高，该类位于第四象限，宜采用政府事业单位和社区管理相结合，保护和发展并重的混合式管理体制。在统一部门进行管理的基础上，确保资源权属清晰，分区科学，不存在权属纠纷。以保护为前提进行综合管理和分区管理相结合，在成熟地区进行特许经营体系的探索，确保核心资源在建成国家文化公园后得到完整保存或增强。

（2）完善政策保障，推进规划条例落地实施。

强化顶层设计，健全长城保护与管理规划和法律体系。国家文化公园涵盖文物和文化遗产点多、线长、面广，在领导体制、工作机制、规划体系、项目建设和政策支撑上需要创新和突破，建立一套科学有力的工作推进体系，高效有序推动公园建设。突出规划引领，构建完善的规划实施体系，统筹利用发展和改革、自然资源、生态环境、住房城乡建设、交通运输、水利、农业农村、文化和旅游、退役军人事务、林草、文物等部门资源，联动各个部门，对新业态项目建设、政策落实、资金使用等情况进行跟踪、督导、检查和评估等。省级财政通过必要补助大力支持秦皇岛长城沿线文化遗产保护传承、生态环境保护修复、文化和旅游融合发展等领域的重大任务和重点项目。推进《河北省长城保护条例》《长城国家文化公园（河北段）建设保护规划》等规划条例的落地，推动省、地市各级财政综合运用相关渠道，积极完善支持政策，完善多元投入机制，促进长城沿线各个区域共同推进旅游产业的融合创新。

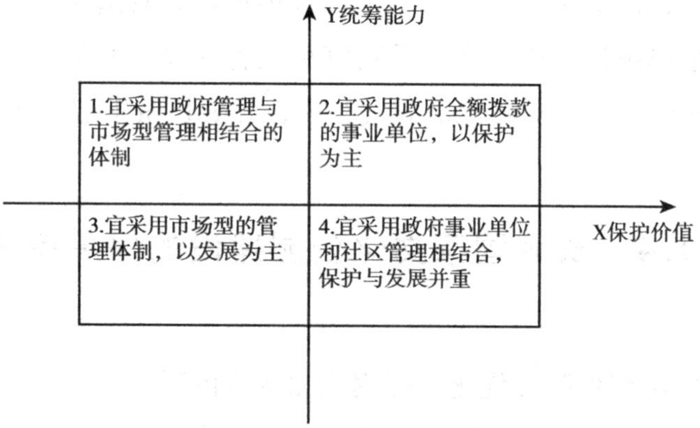

图 11.8　长城国家文化公园管理体制类型划分

（3）提升从业人员素质，为国家文化公园发展提供内生动力。

提升旅游从业人员素质。第一，发挥旅游类教学指导委员会作用，依托高校，校企合作，共同设置相关课程，加强旅游急需人才的培养和输送；第二，加强行业培训，对现有人才进行培养，采用请进来、走出去的方式，兼有现场教学和主题讲座，提升其旅游理论知识和能力；第三，发挥协会职能，组建旅游新业态智库，为长城文化和旅游高质量发展奠定基础。

参考文献

[1] 李凤山．长城带民族融合史略 [J]．中央民族学院学报，1993 (1)：55.

[2] 许慧君．长城保护员制度的现状和问题分析 [J]．中国文化遗产，2018 (3)：92－95.

[3] 白翠玲，和文征，牛天娇．太行山河北段长城旅游开发研究 [J]．河北地质大学学报，2017，40 (04)：132－136.

[4] 黄艳菲．和谐旅游体系的构建及其应用 [J]．商业故事，2016 (18)：29－31.

[5] 李宏宇．河北长城国家文化公园建设与乡村振兴融合路径研究 [J]．农村经济与科技，2021，32 (20)：93－95.

[6] 李开霁，白翠玲，张启，等．河北长城文化旅游景区绩效评价研究 [J]．河北地质大学学报，2021 (44)：122－127.

[7] 王晓芬，宋高安．推动文物数字化 实现可持续传承——评《长城绘》[J]．山西财经大学学报，2022，44 (02)：128.

[8] 耿娟娟．旅游纪念品发展模式的构想 [J]．黑龙江对外经济贸易，2007，7 (25)：87－89.

[9] 刘欢，岳楠，白长虹．红色旅游情境下情绪唤起对游客认知的影响 [J]．社会科学家，2018 (03)：84－90.

[10] 董耀会．如何理解“长城经济带”之概念 [J]．经济要参，2019，8.

[11] 魏鹏举．文化创意产品的属性与特征 [J]．文化月刊，2010，10 (2)：51－53.

[12] 马建英．浅谈民间艺术在文创产品设计中的创新 [J]．文物鉴定与鉴赏，2021 (8)：169－170.

[13] 王红宝．基于地域文化的旅游商品品牌提升研究——以燕赵文化为

例［J］．产业与科技论坛，2008（10）：67－68.

［14］王红宝，谷立霞．基于旅游体验视角的旅游商品开发研究［J］．广西社会科学，2010（12）：69－71.

［15］张宝秀．环首都国家文化公园体系探析［J］．前线，2020（10）：72－76.

［16］隋正玉，李淑娟，王蒙．山东半岛蓝色经济区旅游景区绩效评价研究［J］．中国海洋大学学报，2015（5）：67－73.

［17］白翠玲，杨立红，李开霁．长城文化旅游融合研究［J］．中国长城文化学术研讨会论文集，2019（4）：173－176.

［18］怀松垚．陕北明长城沿线军事营堡景观保护和利用思考——以建安堡、高家堡、常乐堡为例［J］．建筑与文化，2015（11）：111－113.

［19］景俊美．遗产廊道与北京长城文化带构建［J］．前线，2019（10）：67－69.

［20］雍星．重特色、守文化——山海关古城保护开发项目策划研究［J］．河北建筑工程学院学报，2005（01）：78－81.

［21］河北省人民政府关于印发《河北省旅游高质量发展规划（2018－2025年）》的通知［J］．河北省人民政府公报，2019（11）：9－67.

［22］王雁．论长城国家象征意义的形成［J］．理论学刊，2020（1）：161－170.

［23］冯清华，卢颖．长城文化中的民族精神传承［J］．人民论坛，2017（25）：67－68.

［24］闫瑶瑶，郑群明．长城国家公园旅游形象感知研究［J］．林业经济，2020（1）：44－50.

［25］董亚波，曾波，鲁东明．面向文化遗址保护的物联网技术研究与应用［J］．文物保护与考古科学，2011，23（03）：74－78.

［26］王俊岭，徐丹宁，刘辰玥．基于DEA方法的中国钢铁工业生态效率分析［J］．生态经济，2020（1）：63－69.

［27］丛日杰，韩洁平．基于DEA模型的新常态下中国区域高耗能行业生态效率研究［J］．生态经济，2018（10）：86－91.

[28] 李俊杰，景一佳．基于 DEA – Malmquist – Tobit 模型的环境效率测度及影响因素研究 [J]．生态经济，2021 (2)：132 –138.

[29] 王伟．基于平衡计分卡的公共资源类旅游景区绩效评价 [J]．资源开发与市场，2014 (6)：47 –52.

[30] 蒲小川，张宇，江松．中国采矿业上市公司经济效率的实证分析：基于 DEA 模型和 Malmq – usit 指数模型 [J]．中国矿业，2021 (2)：36 –43.

[31] 娄阳，李庆雷，赵红梅，等．云南省旅游景区经营绩效提升策略研究 [J]．资源开发市场，2017 (2)：244 –249.

[32] 谢彦君，彭丹．旅游、旅游体验和符号——对相关研究的一个评述 [J]．旅游科学，2005 (06)：1 –6.

[33] 郑文娟，李想．日本国家公园体制发展、规划、管理及启示 [J]．东北亚经济研究，2018，2 (03)：100 –111.

[34] 王江，许雅雯．英国国家公园管理制度及对中国的启示 [J]．环境保护，2016，44 (13)：63 –65.

[35] 刘翔宇，谢屹，杨桂红．美国国家公园特许经营制度分析与启示 [J]．世界林业研究，2018，31 (05)：81 –85.

[36] 谢屹，李小勇，温亚利．德国国家公园建立和管理工作探析——以黑森州科勒瓦爱德森国家公园为例 [J]．世界林业研究，2008 (01)：72 –75.

[37] 苏杨，胡艺馨，何思源．加拿大国家公园体制对中国国家公园体制建设的启示 [J]．环境保护，2017，45 (20)：60 –64.

[38] 陈朋，张朝枝．国家公园的特许经营：国际比较与借鉴 [J]．北京林业大学学报（社会科学版），2019，18 (01)：80 –87.

[39] 安超．美国国家公园的特许经营制度及其对中国风景名胜区转让经营的借鉴意义 [J]．中国园林，2015，31 (02)：28 –31.

[40] 李爱年，肖和龙．英国国家公园法律制度及其对我国国家公园立法的启示 [J]．时代法学，2019，17 (04)：27 –33.

[41] 蔚东英，王延博，李振鹏，等．国家公园法律体系的国别比较研究——

以美国、加拿大、德国、澳大利亚、新西兰、南非、法国、俄罗斯、韩国、日本 10 个国家为例 [J]. 环境与可持续发展，2017，42 (02)：13 – 16.

[42] 吴妍，刘紫微，陆怡帆，等. 美国国家公园环境教育规划与管理现状研究及其对中国的启示 [J]. 中国园林，2020，36 (01)：102 – 107.

[43] 陈东军，钟林生. 国外国家公园教育利用研究进展与启示 [J]. 生物多样性，2020，28 (10)：1266 – 1275.

[44] 陈雅如，韩俊魁，秦岭南，等. 东北虎豹国家公园体制试点面临的问题与发展路径研究 [J]. 环境保护，2019，47 (14)：61 – 65.

[45] 张朝枝. 基于旅游视角的国家公园经营机制改革 [J]. 环境保护，2017，45 (14)：28 – 33.

[46] 吴丽云，常梦倩. 国家文化公园遴选标准的国际经验借鉴 [J]. 环境经济，2020 (Z2)：72 – 75.

[47] 唐小平，蒋亚芳，赵智聪，等. 我国国家公园设立标准研究 [J]. 林业资源管理，2020 (02)：1 – 8，24.

[48] 赵悦. 国家公园体制建设中自然资源使用权管制与补偿问题研究 [J]. 湖南师范大学社会科学学报，2020，49 (03)：26 – 32.

[49] 胡锋，白洋. 我国国家公园与自然保护地法律制度衔接研究 [J]. 世界林业研究，2020，33 (05)：89 – 93.

[50] 刘伟玮，李爽，付梦娣，等. 基于利益相关者理论的国家公园协调机制研究 [J]. 生态经济，2019，35 (12)：90 – 95，138.

[51] 李正欢，蔡依良，段佳会. 利益冲突、制度安排与管理成效：基于 QCA 的国外国家公园社区管理研究 [J]. 旅游科学，2019，33 (06)：46 – 61.

[52] 张天宇，乌恩. 澳大利亚国家公园管理及启示 [J]. 林业经济，2019，41 (08)：20 – 24，29.

[53] 陈真亮，诸瑞琦. 钱江源国家公园体制试点现状、问题与对策建议 [J]. 时代法学，2019，17 (04)：41 – 47.

[54] 白翠玲，武笑玺，牟丽君，等. 长城国家文化公园（河北段）管理

体制研究［J］. 河北地质大学学报，2021，44（02）：127－134.
［55］程瑞芳，徐灿灿. 长城文化旅游带空间结构布局［J］. 经济与管理，2022，36（1）：58－64.
［56］王守法. 深入推进长城文化带建设［J］. 北京观察，2017（07）：29.
［57］刘莜，赵杰. 山西长城的价值与保护开发［J］. 晋阳学刊，2020（05）：123－126.
［58］李建州，范秀成. 三维度服务体验实证研究［J］. 旅游科学，2006（02）：54－59.
［59］刘家明，刘莹. 基于体验视角的历史街区旅游复兴——以福州市三坊七巷为例［J］. 地理研究，2010（3）：556－563.
［60］杨艳. 历史文化街区旅游体验价值结构维度探析——以南京历史街区为例［J］. 中外企业家，2016（36）：249－251，264.
［61］陈信康，杜佳毅. 主题乐园消费者体验测量量表研究——基于体验质量和体验价值的维度［J］. 财经问题研究，2019（12）：104－111.
［62］皮平凡，刘晓斌，高颜超. 旅游目的地顾客体验价值量表开发研究［J］. 价值工程，2016，35（24）：30－35.
［63］李晓青，严艳. 基于IPA方法的世界遗产地游客满意度研究——以平遥古城为例［J］. 资源开发与市场，2013，29（11）：1220－1223.
［64］吴清. 基于李克特量表的消费养老方式认知度调查［J］. 技术与场，2013，20（08）：188－189，191.
［65］苑潇卜. 长城国家文化公园（河北段）建设中非遗传承保护和发展利用研究［J］. 旅游纵览，2021（02）：134－136.
［66］龚道德，袁晓园，张青萍. 美国运河国家遗产廊道模式运作机理剖析及其对我国大型线性文化遗产保护与发展的启示［J］. 城市发展研究，2016，23（01）：17－22.
［67］张立方，韩立森，孙晶昌，等. 长城·长城之河北长城文化地标［J］. 河北画报，2021（05）：30.
［68］张颖. 加拿大国家公园管理模式及对中国的启示［J］. 世界农业，2018（04）：139－144.

[69] 李天骄，韩可为. 长城国家文化公园建设背景下清茶馆段延边边墙的保护利用研究 [J]. 福建建材，2022 (02)：41 - 43.

[70] 董耀会. 构筑河北省长城文化旅游供求良性循环 [J]. 赤峰学院学报（汉文哲学社会科学版），2021，42 (07)：119.

[71] 盛夏. 湖北森林生态旅游景区解说系统建构与优化研究 [J]. 旅游纵览，2020 (20)：64 - 66.

[72] 谢瑞欣. 新加坡概念规划经验对承德城市发展的启示 [J]. 山西建筑，2014，40 (04)：28 - 29.

[73] 钟志平. 论我国旅游商品开发创新的难点和对策 [J]. 湖南商学院学报，2002，9 (6)：60 - 61.

[74] 张平一. 河北境内长城的历史价值和作用 [J]. 文物春秋，2003 (01)：28 - 33.

[75] 刘文艳，许慧君，冯双元，等. 中国长城保护报告（2017 - 2018）[J]. 中国文化遗产，2020 (02)：91 - 102.

[76] 景智. 非遗数字化保护的探索与实践——非遗文化下数字语境的表现 [J]. 中国多媒体与网络教学学报（上旬刊），2020 (05)：174 - 177.

[77] 唐承财. 低碳旅游：促进生态文明建设与节能减排的可持续旅游形式 [J]. 旅游学刊，2014 (3)：10 - 11.

[78] 孔旭红，辛儒. 河北省长城公路沿线旅游资源系统开发研究 [J]. 商业研究，2008 (372)：148 - 151.

[79] 龚俊杰，杨华，邓华锋. 北京明长城沿线景观生态风险评价 [J] 北京林业大学学报，2015，37 (8)：60 - 68.

[80] 徐菊凤，林峰，赵晓燕，等. 北京散客旅游市场需求的实证研究——以“长城—十三陵一日游”为重点 [J]. 北京联合大学学报（人文社会科学版），2008，6 (4)：114 - 120.

[81] 阮浩波，王乃昂，牛震敏，等. 毛乌素沙地汉代古城遗址空间格局及驱动力分析 [J]. 地理学报，2016，71 (5)：873 - 882.

[82] 周宾，陈兴鹏，张旺锋，等. 基于 EF - EE 的嘉峪关生态环境容载力实证 [J]. 干旱区资源与环境，2011，25 (4)：33 - 38.

[83] 周志建，胡燕琴，李陇堂．宁夏三关口明长城旅游资源评价与资源开发初步研究［J］．江西科技师范学院学报，2008（4）：31－34.

[84] 宫元慧，韩瑛．山西省长城旅游资源整合开发研究［J］．哈尔滨师范大学自然科学学报，2012，28（3）：72－75.

[85] 曹迎春，张玉坤．基于Voronoi图的明代长城军事防御聚落空间分布［J］．河北大学学报（自然科学版），2014，34（2）：129－136.

[86] 苏明明，Geoffrey Wal．遗产旅游与社区参与——以北京慕田峪长城为例［J］．旅游学刊，2012，27（7）：19－27.

[87] 范熙晅，张玉坤．明代长城沿线明蒙互市贸易市场空间布局探析［J］．城市历史研究，2016，40（7）：99－14.

[88] 郭伟，张鹏飞．长城沿线（河北段）旅游生态位测评及空间分异研究［J］．燕山大学学报（哲学社会科学版），2021，22（05）：81－89，96.

[89] 杨丽花，白翠玲，和文征．基于生态文明视角下河北省长城旅游资源开发研究［J］．河北地质大学学报，2017，40（06）：135－140.

[90] 李晟，郑重，周伟奇，等．市县级限制开发区环境功能区划研究——以河北省张家口市为例［J］．生态学报，2020，40（21）：7851－7860.

[91] 刘燕芳．论雁门关景区的开发与保护［J］．文物世界，2019（02）：45－47.

[92] 刘振礼．关于旅游资源保护与开发的商榷——北京市旅游业可持续发展问题的初步思考之一［J］．北京联合大学学报，2000（01）：135－138.

[93] 张璐．长城保护与开发的现状及对策研究——以北京地域内的长城为例［J］．旅游纵览（下半月），2017（08）：138－139.

[94] 陈鹏．国内文化遗址旅游研究综述［J］．东方企业文化，2015（09）：11－12，16.

[95] 蒋冠林，蔺荣彦，杨晓娟．城市更新背景下的历史文化遗址整体动态保护策略研究——以延安革命遗址群为例［J］．中国名城，2015

(09): 90-96.

[96] 严胜学，胡宗山．略论文化产业领域的数字化展示策略——以文化遗产展示为例 [J]. 北京联合大学学报（人文社会科学版），2018，16(03): 47-54.

[97] 德泉，董聪明，李家华．深挖长城文化内涵 推进长城保护利用开发 [J]. 内蒙古宣传思想文化工作，2018 (06): 22-23.

[98] 邬东璠，杨锐．长城保护与利用中的问题和对策研究 [J]. 中国园林，2008 (05): 60-64.

[99] 方志强，张莹．长城学术研究现状及展望 [J]. 旅游纵览，2022 (03): 11-14，20.

[100] 董耀会．山西长城文化遗产及长城旅游发展 [J]. 史志学刊，2020 (03): 4-7.

[101] 董耀会．临洮长城国家文化公园与扶贫及经济发展关系的思考 [J]. 河北地质大学学报，2020，43 (05): 125-129.

[102] 刘媛．实施大同长城保护与利用战略的对策建议 [J]. 文物世界，2013 (01): 61-67.

[103] 孔繁德，王连龙，谭海霞．长城沿线生态环境为何脆弱 [J]. 中国林业，2006 (20): 8-9.

[104] 孔繁德．中国长城沿线生态脆弱性分析及生态保护对策 [J]. 中国环境管理干部学院学报，2002 (03): 12-15.

[105] 白洋，路雯，艾克拜尔·尼牙孜，等．新疆长城遗产资源旅游开发适宜性评价及发展模式 [J]. 湖南师范大学自然科学学报，2022，11 (02): 1-10.

[106] 冯潇，陈思淇．线性文化遗产的空间格局构建——以明长城大同段为例 [J]. 风景园林，2019，26 (11): 31-37.

[107] 徐凌玉，李严，杨慧．明长城防御工事保护与修复方法探讨——以河北徐流口长城为例 [J]. 建筑学报，2019，(S1): 188-193.

[108] 李娜．靖边县境内长城遗址遗存性质及保护措施分析 [J]. 文物鉴定与鉴赏，2022 (12): 56-59.

[109] 何军海. 浅析通渭战国秦长城遗址的保护与利用 [J]. 东方收藏, 2020 (01): 110-111.

[110] 彭菲, 孙逾哲. 明长城内蒙古清水河段建筑群落遗址调研呼吁 [J]. 城市建筑, 2019, 16 (24): 151-153.

[111] 王静丽. 革命文物遗址保护利用与红色旅游发展的关联研究——以靖边县革命旧址为例 [J]. 文物鉴定与鉴赏, 2022 (11): 59-62.

[112] 宋蒙. 长城国家文化公园内蒙古段建设研究 [J]. 前沿, 2022 (02): 97-104.

[113] 吴星. 河北省长城旅游产业高质量发展的数字化对策 [J]. 河北地质大学学报, 2021, 44 (06): 128-132.

[114] 黄志强. 高校文化引领与齐齐哈尔金长城文化资源的保护 [J]. 理论观察, 2016 (01): 103-104.

[115] 田蓁, 李晓明. 长城遗产保护与景观规划——以草原天路段为例 [J]. 居业, 2021 (02): 28-29.

[116] 张殿仁. 长城的保护与管理 [J]. 文物春秋, 1998 (02): 76-77.

[117] 李鸿宾. 长城国际学术研讨会内容综述 [J]. 中国史研究动态, 1994 (12): 13-16.

[118] 田景惠. 迎接新挑战 再建新"长城" [J]. 甘肃科技, 1997 (02): 9-12.

[119] 陈喆, 傅岳峰. 长城保护与周边村落更新 [J]. 建筑学报, 2005 (07): 21-23.

[120] 邵波. 全域旅游视域下文物古迹保护开发的理念与策略研究——以天津市蓟州区为例 [J]. 城市, 2022 (06): 47-54.

[121] 霍菲菲. 河北长城文化公园建设中景观体系构建策略 [J]. 现代园艺, 2022, 45 (06): 51-53.

[122] 裴钰. 长城开发穷途末路了 [J]. 中国经济周刊, 2010 (38): 52-53.

[123] 张华松. 济南境内齐长城的历史地位及其旅游资源的保护与开发 [J]. 山东教育学院学报, 2004 (02): 29-34.

[124] 詹秦川，赵月帅．遗址公园的保护与设计对城市人文的影响——以西安曲江池遗址公园为例 [J]．现代装饰（理论），2015（03）：82－83.

[125] 丛安琪．古城墙历史文化遗址保护开发和利用研究——以海南省儋州市中和镇古城墙遗址公园设计为例 [J]．中外建筑，2010（08）：127－128.

[126] 张凌．从遗址公园的分类看保护与开发 [J]．中外建筑，2009（07）：73－75.

[127] 梁芳．郑州市大河村遗址旅游发展模式探析 [J]．文物世界，2017（01）：53－55.

[128] 陈波．城镇化建设与文物保护要“两不牺牲” [J]．人大建设，2014（07）：10.

[129] 苏静，刘克成．基于文化线路理念建构关陇先秦秦文化遗址保护体系 [J]．人文杂志，2018（11）：85－90.

[130] 李立，朱海霞，权东计．后疫情时期的遗址保护和文化旅游产业发展策略研究——以黄河流域陕西段为例 [J]．中国软科学，2020（S1）：101－106.

[131] 郝建斌，欧新菊．河北长城国家文化公园建设中对红色资源开发利用路径探索 [J]．河北地质大学学报，2022，45（03）：126－131.

[132] 孙昕．关于积极推进长城保护与开发利用的建议——以秦皇岛市为例 [J]．文物鉴定与鉴赏，2020（06）：160－161.

[133] 张献忠．浅谈京津冀晋长城旅游资源的整合与深度开发 [J]．博物院，2017（04）：22－26.

[134] 黄志强，贾晓娜．文化遗产学视角下齐齐哈尔金长城文化资源的保护与开发 [J]．理论观察，2020（12）：113－116.

[135] 赵钧，齐一泓，王飒．明辽东镇北路军事防御聚落遗址破坏原因探析与保护策略 [J]．沈阳建筑大学学报（社会科学版），2019，21（05）：433－441.

[136] 丁疆辉，吴建民，尹晓颖．河北长城文化资源特色与旅游开发

[J]. 河北师范大学学报，2003（04）：414－417.

[137] 于占海. 古城保护与开发过程中几个专业技术环节[J]. 中国文化遗产，2009（05）：101－107.

[138] 曹象明，周庆华. 山西省明长城沿线军事堡寨的区域保护与利用模式[J]. 城市发展研究，2016，23（04）：32－38.

[139] 郝小梅，王琦，张震. 河北段大运河非遗文创产业助力乡村振兴策略研究[J]. 农村经济与科技，2022，33（06）：86－88.

[140] 申红宝. 试论陕北地区明长城周边环境整治对策[J]. 黑龙江史志，2014（09）：236－237.

[141] 阿敏. 试析大遗址保护中的修复与开发——基于陕西省西安市的个案研究[J]. 经济研究导刊，2011（14）：110－113.

[142] 刘玉芝. 非物质文化遗产视角下水浒文化保护研究[J]. 菏泽学院学报，2018，40（03）：10－13.

[143] 梁爽，杨晓锋，杨红生，刘广辉. 陕西省明长城资源管理信息系统的设计与实现[J]. 地理信息世界，2011，9（01）：88－91.

[144] 任凤珍，钱越. 长城历史文化传承创新的当代价值——基于长城经济文化带的思考[J]. 河北地质大学学报，2017，40（02）：135－140.

[145] 白翠玲，雷欣，苑潇卜. 长城国家文化公园（河北段）文化遗产展示体系研究[J]. 河北地质大学学报，2022，45（03）：117－125.

[146] 钱升华，邵波. 京津冀长城文化遗产形象感知研究——基于用户生成内容的分析[J]. 石家庄学院学报，2021，23（06）：69－77.

[147] 余煌，杜姗姗，陈京雷，等. 文旅融合引领下延庆长城文化带乡村振兴研究[J]. 北京农业职业学院学报，2021，35（05）：45－50.

[148] 吴士锋，李丹. 文化基因视角下金山岭生态文化旅游经济区创新发展研究[J]. 河北经贸大学学报（综合版），2020，20（04）：19－26.

[149] 李国庆，鲁超，郭艳. 河北省长城国家文化公园建设与区域旅游融合创新发展研究[J]. 唐山师范学院学报，2021，43（03）：125－131.

[150] 许玉庆. 一体多翼 协同创新——线性文化景观视野下的齐长城景观

建设 [J]. 人文天下, 2021 (12): 12 – 19.
[151] 李建丽. 河北明长城建筑概说 [J]. 文物春秋, 2003 (05): 39 – 43.
[152] 那梦帆, 谢彦君, GURSOY D. 旅游目的地体验价值: 维度辨识、量表开发与验证 [J]. 旅游学刊, 2019, 34 (12): 48 – 60.
[153] 于佳, 谢彦君, 卫银栋. 禁忌的张力——西藏宗教旅游场中具身体验的心理动力机制分析 [J]. 旅游学刊, 2022, 37 (09): 54 – 66.
[154] 谢彦君. 创意、跟进与范式化: 旅游理论建设的时代使命 [J]. 旅游学刊, 2022, 37 (03): 1 – 2.
[155] 文爱平, 崔健, 刘阳青, 等. 凝聚社会智慧 共言名城保护——北京历史文化名城保护论坛和访谈 (续) [J]. 北京规划建设, 2011 (04): 68 – 95.
[156] 王长松, 张然. 文化遗产阐释体系研究——以北京明长城为评价案例 [J]. 首都师范大学学报 (社会科学版), 2020 (01): 139 – 149.
[157] 程霏, 田林, 肖东, 等. 中国明代蓟州镇长城与英国哈德良长城的景观体验比较 [J]. 中国非物质文化遗产, 2022 (03): 107 – 115.
[158] 朱珏. 农村城镇化进程与文化遗址保护的契合——以良渚文化遗址保护区为样本的分析 [J]. 温州大学学报 (社会科学版), 2014, 27 (01): 28 – 34.
[159] 江苏 5500 年文化遗址内建农业开发区引争议 [J]. 华夏星火, 2007 (10): 65 – 66.
[160] 赵凤华, 凌旭. 浅谈河北旅游文化资源的开发与利用 [J]. 河北企业, 2014 (06): 49 – 50.
[161] 陈同滨, 王琳峰, 任洁. 长城的文化遗产价值研究 [J]. 中国文化遗产, 2018 (03): 4 – 14.
[162] 孙嘉渊. 跨区域国家级文化工程机遇下区域经济发展对策研究——以长城国家文化公园为例 [J]. 现代商业, 2021 (24): 92 – 94.
[163] 邢亚萍. 天津长城国家文化公园建设要探索因地制宜、科学创新、融合发展之路 [J]. 中国民族博览, 2020 (24): 202 – 204.

[164] 周小凤，张朝枝，蒋钦宇，等．搬，还是不搬？——遗产化与旅游化情境下的社区居民搬迁研究［J］．旅游学刊，2022，37（03）：83－95.
[165] 郭爱民，曹玉宝．留住历史印迹 重塑文化徽章 山海关古城在文化遗产保护与开发中寻求共赢［J］．中国文化遗产，2009（05）：8－17.
[166] 任英文，高越．河北：努力打造长城国家文化公园建设样板［N］．中国旅游新闻网，2021－10－09.
[167] 施秀萍．万里长城永不倒 新甘肃［N］，甘肃日报，2021－03－17.
[168] 赵晓娜．伍青我在箭扣修长城［N］，南方日报，2020－12－07.
[169] 李韵．《长城总规》如何阐释长城精神［N］，光明日报，2019－01－25（09）.
[170] 新华社记者．集中打造中华文化重要标志，长城国家文化公园这样建［N］．新华每日电讯，2021－10－28（006）.
[171] 曹铮．万里雄关绘就恢弘时代画卷［N］．河北日报，2022－03－10（006）.
[172] 李秋云，苑潇卜，杜森，等．河北有力有序推进长城国家文化公园建设［N］．中国文化报，2021－12－09（005）.
[173] 龚正龙．燕赵雄风起长城［N］．河北日报，2019－11－15（009）.
[174] 吴丽云．五大路径推进国家文化公园建设［N］．中国旅游报，2019－12－11（3）.
[175] 曹方超，完善生态功能区划 助力生态文明建设［N］．中国经济时报，2015－12.
[176] 那书晨．推进长城国家文化公园建设［N］．学习时报，2021－08－16（002）.
[177] 倪金星．智慧景区服务创新绩效评价研究［D］．南京：南京师范大学，2017.
[178] 朱茜．旅游景区营销绩效评价研究［D］．长沙：中南财经政法大学，2014.
[179] 董湘宁．民国时期长城的表述及其意义研究［D］．长沙：湖南师范

大学，2018.
[180] 陆旭东．基于数据包络分析法的Z公司创新绩效评价研究［D］．苏州：苏州大学，2020.
[181] 师晓莉．基于网络文本的庐山旅游感知形象与投射形象对比研究［D］．南昌：南昌大学，2019.
[182] 王立红．基于扎根理论的温泉康养旅游体验价值评价研究［D］．沈阳：沈阳师范大学，2019.
[183] 胡迎春．工业旅游体验的具身障碍与场景组织研究［D］．大连：东北财经大学，2018.
[184] 赵懿譞．沈阳市光辉现代农业示范区乡村旅游产品游客体验价值提升策略研究［D］．沈阳：沈阳师范大学，2017.
[185] 周赫群．沈北新区稻梦空间休闲农业园游客满意度调查［D］．沈阳：沈阳农业大学，2017.
[186] 蔡文超．神木段明长城保护规划研究［D］．西安：西北大学，2013.
[187] 黄丽媛，基于游客角度的美国国家公园生态系统服务社会价值评估分析［D］．上海：上海师范大学博士论文，2019.
[188] 关露．基于生态足迹法的世界文化遗产长城旅游可持续发展研究［D］．燕山大学，2010.
[189] 武笑玺．河北省长城文旅融合度及影响机制研究［D］．石家庄：河北地质大学，2021.
[190] 田帅．基于价值认知的延安红色遗产体系研究［D］．西安：西安建筑科技大学，2021.
[191] 文琦．基于耦合协调度模型的程度文化产业与旅游产业融合发展研究［D］．桂林：桂林理工大学，2020.
[192] 叶琼秀．成都金龙长城景区旅游产品开发模式研究［D］．成都：成都理工大学，2010.
[193] 邢永民．甘肃境内黄河以西地区明长城研究［D］．西安：西北大学，2013.
[194] 薛原．资源、经济角度下明代长城沿线军事聚落变迁研究——以晋

陕地区为例［D］．天津：天津大学，2007.
［195］解丹．金长城军事防御体系及其空间规划布局研究［D］．天津：天津大学，2011.
［196］姚培博．乡村旅游地游客满意度的影响因素研究［D］．开封：河南大学，2019.
［197］白翠玲．森林公园旅游品牌塑造研究［D］．保定：河北农业大学，2012.
［198］周赫群．沈北新区稻梦空间休闲农业园游客满意度调查［D］．沈阳：沈阳农业大学，2017.
［199］谢彦君．旅游体验研究［D］．大连：东北财经大学，2005.
［200］卜琳．中国文化遗产展示体系研究［D］．西安：西北大学，2012.
［201］文化和旅游部．“十四五”文化和旅游发展规划［EB/OL］．［2012－06－12］．https：// www. zhihu. com/tardis/sogou/art/395694201.
［202］“旅游＋产业”跨界创新 河北旅游又有新玩法！［EB/OL］．［2018－12－06］．http：//heb. hebei. com.
［203］李丹丹．中央有关部门负责人就《长城、大运河、长城国家文化公园建设方案》答记者问［EB/OL］．［2019－12－05］．http：//www. gov. cn/zhengce/2019－12/05/ content 5458886. htm.
［204］锆磊．非遗整体性保护　见人见物见生活［EB/OL］．［2021－12－22］ https：//www. 360kuai. com/pc/9db30e020f027284c？ cota = 3&kuai_so = 1&tj_url = so_rec&sign = 360_57c3bbd1&refer_scene = so_1.
［205］董耀会．建设金山岭长城国家文化公园要走可持续发展之路．［2020－03－10］．http：//mce. cn/bwzg/202003/10/t20200310_34456686shtml？ from = timeline.
［206］国家文物局，中国长城保护报告［R］，2016，11.
［207］中华人民共和国文化和旅游部、中华人民共和国国家文物局，《长城保护总体规划》，2019，1.
［208］付娟娟，崔利民．大遗址上的历史文化街区展示体系构建——以郑州市 古荥镇历史文化街区为例［C］//2012 城市发展与规划大会论

文集，2012：1757－1765.
［209］董耀会．长城国家文化公园建设的几点思考［C］//．万里长城——庆祝中华人民共和国成立70周年论文集．《万里长城》编辑部，2019：26－35.
［210］张平一等．河北省·长城志［M］．北京：文物出版社，2011.
［211］文化部对外文化联络局 编．联合国教科文组织《保护非物质文化遗产公约》基础文件汇编［M］．外文出版社，2012.
［212］李鸿宾 马保春．中国长城志 环境 经济 民族［M］．南京：江苏凤凰科学技术出版社，2016.
［213］张平一，河北省·长城志/［M］．北京：文物出版社，2011.
［214］谢彦君．基础旅游学［M］．中国旅游出版社，2004.
［215］谢彦君．旅游体验研究：一种现象学的视角［M］．天津：南开大学出版社，2005：13－132.
［216］Sunny H，Woo GK，Seungwhan J. Effect of information technology on perfor－mance in upscale hotels［J］．Hospitality Management，2005（24）：281－294.
［217］Mark P. Pritchar D，Mark E，et al. Destination Appraisal：An Analysis of Critical Incidents［J］．Annals of Tourism Research，2006，33（1）：25－46.
［218］Huang F，Ye Y，Kao C. Developing a novel Intuitionistic Fuzzy Importance－performance Analysis for evaluating corporate social responsibility in sport tourism event［J］．Expert Systems with Applications，2015，42（19）：6530－6538.
［219］Tiziana C，Caloger O G，Ilder R. The effects of UNESCO World Heritage List inscription on tourism destinations performance in Italian regions［J］．Economic Modelling，2016，（53）：494－508.
［220］Charnes A，Cooper W，Rhodes E. Measuring the efficiency of decision making units［J］．European Journal of Operational Research，1978，2（6）：429－444.

[221] Sheth, JN, BI, et al. Why we buy what we buy: A theory of consumption values [J]. Journal of Business Research, 1991, 22 (8): 180 – 182.

[222] Su XY, Sigley GG, Song CQ. Relational authenticity and reconstructed heritage space: a balance of heritage preservation, tourism, and urban renewal in Luoyang Silk Road Dingding Gate [J]. Sustainability, 2020, 12 (14): 5830.

[223] Sheth, JN, B. I., et al. Why we buy what we buy: A theory of consumption values [J]. Journal of Business Research, 1991, 22 (8): 180 – 182.

[224] Sheth, JN, B. I. Newman and Barbara L. Gross. Consumption Values and Market Choice [J]. South Western publishing, 1991, 22 (3): 159 – 170.

[225] Park E, Choi BK, Lee TJ. The role and dimensions of authenticity in heritage tourism [J]. Tour Manag, 2019, 74: 99 – 109.

[226] Fu X. Existential authenticity and destination loyalty: evidence from heritage tourists [J]. Destin Mark Manag, 2019 (12): 84 – 94.

[227] Katahenggam N. Tourist perceptions and preferences of authenticity in heritage tourism: visual comparative study of George Town and Singapore [J]. Tour Cult Chang, 2020, 18 (4): 371 – 85.

[228] Latiff K, Ng SI, Aziz YA, et al. Food authenticity as one of the stimuli to world heritage sites [J]. Br Food J, 2019, 122 (6): 1755 – 1776.

[229] Shen SY, Guo JY, Wu YY. Investigating the structural relationships among authenticity, loyalty, involvement, and attitude toward world cultural heritage sites: an empirical study of Nanjing Xiaoling Tomb, China [J]. Asia Pac J Tour Res, 2014, 19 (1): 103 – 121.

[230] Kolar T, Zabkar V. A consumer – based model of authenticity: an oxymoron or the foundation of cultural heritage marketing? [J]. Tour Manage, 2010, 31 (5): 652 – 664.

[231] Wang Y. Customized authenticity begins at home [J]. Ann Tour Res,

2007, 34 (3): 789 – 804.

[232] Lugosi P. Socio – technological authentication [J]. Ann Tour Res, 2016, 58: 100 – 113.

[233] Zhu YJ. Performing heritage: rethinking authenticity in tourism [J]. Ann Tour Res, 2012, 39 (3): 1495 – 1513.

[234] Reisinger Y, Steiner CJ. Reconceptualizing object authenticity [J]. Ann Tour Res, 2006, 33 (1): 65 – 86.

[235] Aldighieri B, Testa B, Bertini A. 3D exploration of the San Lucano Valley: virtual geo – routes for everyone who would like to understand the landscape of the Dolomites [J]. Geo heritage, 2016, 8 (1): 77 – 90.

[236] Orimoloye IR, Kalumba AM, Mazinyo SP, et al. Geospatial analysis of wetland dynamics: wetland depletion and biodiversity conservation of Isimangaliso Wetland South Africa [J]. King Sad Univ Sci, 2020, 32 (1): 90 – 96.

[237] Yaniv P, Richard B, David A. The Core of Heritage Tourism [J]. Annuals of Tourism Research, 2003.

[238] Lim T. Culture Heritage Tourism Engineering at Penang: Complete The Puzzle of "The Pearl of Orient" [J]. Systems Engineering Procedia, 2011 (8): 358 – 364.

[239] Chhatre A, Lakhanpal S, Prasanna S. Heritage as Weapon: Contested Geographies of Conservation and Culture in the Great Himalayan National Park Conservation Area, India [J]. Annals of the American Association of Geographers, 2017, 107: 456 – 464.

[240] Eriksson O. What is biological cultural heritage and why should we care about it? An example from Swedish rural landscapes and forests [J]. Nature Conservation – Bulgaria, 2018, 1 – 32.

[241] Horowttz L S. "It's up to the clan to protect": Cultural heritage and the micropolitical ecology of conservation in New Caledonia [J]. Social Science Journal, 2008, 45: 258 – 278.

[242] Macdonald E, King E G. Novel ecosystems: A bridging concept for the consilience of cultural landscape conservation and ecological restoration [J]. Landscape and Urban Planning, 2018, 177: 148 – 159.

[243] Miyagawa T, Yanaguchi S, Yoshino S, et al. Characteristics of Cultural Landscape in The Gateway town of KUDOYAMA [J]. International Journal of Geomate, 2020, 19: 82 – 88.

[244] Peroeridou D G, Siori S, Doxobolis V, et al. Transfer of Development Rights and Cultural Heritage Preservation: A Case Study at Athens Historic Triangle, Greece [J]. Heritage, 2021, 4: 4439 – 4459.

[245] Rossler M. World heritage cultural landscapes: A UNESCO flagship programme 1992 – 2006 [J]. Landscape Research, 2006, 31: 333 – 353.

[246] Teo Peggy, Huang. Tourism and Heritage Conservation in Singapore [J]. Annals of Tourism Research, 1995.

[247] UNWTO, UNEP and WMO (UN World Tourism Organization, Unitied Nations Environment Programme and World Meteorulogical Organization). Climate Change and Tourism: Responding to Global Challenges [R]. Paris& Madrid: UNWTO & UNEP, 2008.

[248] Mattone M. Sustainable Interventions for The Preservation of Earthen Heritage [C] //World Multidisciplinary Civil Engineering – Architecture – Urban Planning Sympo – sium (WMCAUS). Prague, CZECH REPUBLIC: Elsevier Science Bv, 2016: 2155 – 2160.

后　记

2019年长城国家文化公园建设拉开帷幕，河北省作为长城国家文化公园重点建设区，建设长城国家文化公园是贯彻落实党中央、国务院决策部署的必然要求，是推动河北文化和旅游高质量发展的生动实践。

本书是河北省社会科学基金文化研究项目“河北长城沿线文化遗址保护与开发研究（HB19WH10）”的研究成果。该课题的研究团队为河北省科学智库地学旅游与乡村振兴研究基地成员。该书不仅是河北省社科基金项目文化专项的研究成果，也是学术团队长期研究长城文化遗址保护与开发利用的结晶。课题组成员从2015年开始，先后对长城旅游开发、供求体系、河北省长城国家文化公园管理体制等方面进行研究，并先后承担河北省文化和旅游厅重点项目河北省长城国家文化公园建设研究，河北省社科联重点项目长城国家文化公园（河北段）展示体系及效果提升研究等课题。此后，一直关注并进行长城文化遗址保护、长城文化资源价值、供求体系、市场形象、文旅融合、景区绩效评价、活化利用、管理体制机制等方面的研究和思考。课题组发表了“长城国家文化公园（河北段）管理体制研究”“河北省长城文化旅游供求研究”“长城文化旅游融合研究”“太行山河北段长城旅游开发研究”“河北省长城沿线县域旅游产业集聚对经济增长的空间溢出效应研究”等相关论文。在研究中，课题组非常重视与相关单位的沟通与协作，重视理论联系实际。本著作是近年来课题组成员工作的系统总结，也是对长城国家文化公园未来发展的展望和期许，希望能够起到一些抛砖引玉的作用，让更多的人关注文化遗址保护与开发利用，关注长城国家文化公园，研究长城国家文化公园，为长城国家文化公园的发展贡献自己的力量。

本人作为总负责人，初步拟定了该著作的编写纲要，并经过课题组全体成员多轮讨论，确定了本书的研究内容和研究方法，并进行了合理分工。具体分工如下：前言（白翠玲）、第1章（白翠玲、雷欣）、第2章（杨丽花、白翠玲）、第3章（白翠玲）、第4章（白翠玲、雷欣、苑潇卜）、第5章（白翠玲、雷欣）、第6章（张启、白翠玲、武笑玺）、第7章（王红宝）、第8章（白翠玲、李开霁）、第9章（白翠玲、雷欣、刘晶淼）、第10章（白翠玲、杨丽花）、第11章（杨丽花）、后记（白翠玲）。研究生雷欣负责专著校对和资料搜集、部分数据的分析工作。全书由白翠玲统稿。

本书参考了近些年国内外关于长城文化遗址保护与开发利用研究的相关论文、书籍以及政府文件，它们为课题组的研究工作提供了坚实的理论基础、研究方法和基础数据，开拓了研究思路，在此对编者表示衷心感谢。

本书在撰写的过程中，涉及大量的调研和数据整理工作，获得了河北省文化和旅游厅、各市县文化和旅游部门、长城类景区的支持与配合，他们为课题组提供了大量有价值的信息，为最终成书奠定了良好的基础。此外，要感谢河北省高等学校人文社会科学重大研究基地、河北地质大学自然资源资产资本研究中心和河北地质大学太行山文旅融合与乡村振兴研究团队（KJCXTD－2021－04）的资助。

由于作者学浅识薄，本书中难免有疏漏或不妥之处，敬请各位专家学者和广大读者批评指正，不吝赐教。您的批评指正，不仅是对我们的鞭策与鼓励，也是我们潜心学问，继续前行的不竭动力。

白翠玲

2023年3月